掌尚文化

Culture is Future

尚文化·掌天下

Supply Chain Finance
Digital Transformation and Model Innovation

辽宁大学亚澳商学院
高质量发展系列丛书 / 科 学 研 究 系 列 /

供应链金融

数字化转型与模式创新

唐丹 / 著

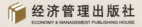
经济管理出版社
ECONOMY & MANAGEMENT PUBLISHING HOUSE

图书在版编目（CIP）数据

供应链金融数字化转型与模式创新 / 唐丹著.

北京：经济管理出版社，2025. 3. -- ISBN 978-7-5243-0004-5

I. F252.2

中国国家版本馆 CIP 数据核字第 2025DE1001 号

组稿编辑：王　倩
责任编辑：王　倩
责任印制：许　艳
责任校对：陈　颖

出版发行：经济管理出版社
　　　　　（北京市海淀区北蜂窝 8 号中雅大厦 A 座 11 层　100038）
网　　址：www. E-mp. com. cn
电　　话：（010）51915602
印　　刷：唐山玺诚印务有限公司
经　　销：新华书店
开　　本：720mm×1000mm/16
印　　张：15. 75
字　　数：256 千字
版　　次：2025 年 3 月第 1 版　　2025 年 3 月第 1 次印刷
书　　号：ISBN 978-7-5243-0004-5
定　　价：98. 00 元

前　言

　　供应链金融作为一种新兴的融资方式，在中国已稳步发展三十余年。20世纪 90 年代以来，经济金融体制改革的持续推进以及市场环境的巨大变化，促使供应链金融市场的规模稳步增长。截至 2023 年，中国供应链金融市场规模为 22.6 万亿元，预计 2027 年将达到 40.2 万亿元。① 顺应市场发展的同时，供应链融资方式和服务创新不断，已成为企业提高竞争力、降低融资成本和促进收益增加的最有效的方法之一。供应链金融主要分为应收账款类融资、存货类融资和预付款类融资三种模式，其最终目的是优化供应链中的资金流、物流和信息流，因此也一直被视作解决中小企业财务困境的最有效途径之一。然而，随着数字经济的高速发展，数字化对传统供应链业务模式提出了挑战。能否在日益激烈的商业竞争环境中持续发展，取决于供应链的安全、风险与韧性。传统供应链缺乏供应链管理战略意识，信息共享协作相对滞后，致使供应链融资流程烦琐、融资和交易成本高昂，供应链企业难以有效掌控资金流和商流，进而导致供应链融资模式的违约风险和信用风险频发。供应链系统缺乏稳定性、安全性以及韧性使传统供应链金融模式难以适应日新月异的市场经济环境，其发展的步伐逐步放缓。

　　为突破供应链金融发展所面临的现有屏障，促进供应链金融进一步发展，技术革新势在必行。大量研究表明，大数据、云计算、互联网、物联网、人工智能、区块链等数字技术可以改变供应链中各成员交换信息和价值的方式，革新供应链管理方法和运作体系，促使商流、物流、信息流、

---

　　① IDC Research. IDC Marketshare：中国供应链金融科技解决方案市场份额，2023 ［R/OL］.（2024-06-12）［2025-01-20］. https：//www.idc.com/getdoc.jsp? containerId=CHC51704424.

资金流的深度融合，实现跨区域、跨链条的供应链生态系统高效发展。这意味着数字化转型是应对传统供应链金融模式发展瓶颈的关键，也是提高供应链在数字经济时代中竞争力的有力保障。2023年，我国数字经济总量达到53.9万亿元，占GDP比重达42.8%①，数字经济已成为带动我国经济增长的核心动力。在数字经济和普惠金融发展迅猛的当下，大数据、区块链、人工智能、云计算等数字技术的应用价值在金融领域得到了广泛的认可，主要包含数字货币、跨境支付与结算、票据业务、证券交易、客户征信、供应链金融等领域。其中，数字化供应链金融是将数字技术与供应链金融相结合，将供应链业务数据化、数据资产化和资产价值化，融合金融、新兴数字技术以及数据资源三大要素，促使供应链金融形成跨地区、跨链条高效发展的创新业务模式。目前，我国供应链金融领域的数字化应用和开发成果颇丰，已处于世界领先水平。众多商业银行及科技公司已推出基于数字技术的供应链金融平台，如浙商银行"应收款链"、中国建设银行"区块链+贸易金融"、蚂蚁金服"双链通"。同时，众多大中小型企业也逐渐参与到这一新兴供应链融资模式中，如中国中车联合7家央企、4家金融机构、4家地方国资和6家民营企业成立的中企云链。因此，深入探究数字化供应链金融的本质、特征、驱动因素及发展趋势，是紧跟业界实际操作且极具现实意义的新课题。

2019年10月，党的十九届四中全会通过《推进国家治理体系和治理能力现代化若干重大问题的决定》明确指出，"健全劳动、资本、土地、知识、技术、管理、数据等生产要素由市场评价贡献、按贡献决定报酬的机制"，这标志着我国正式进入"数字经济"红利大规模释放的时代。数字经济时代下，由网络所承载的数据、由数据所加工的信息、由信息所提升的知识，正在成为企业经营决策的新驱动、商品服务贸易的新内容，带来了新的价值增值。② 在供应链网络中，生产、交付、采购和销售等各个环节中的海量交易数据，也是供应链实现数字化协同发展的新驱动、新内容和新

---

① 中国信通院. 中国数字经济发展研究报告（2024年）[R/OL]. (2024-08-27) [2025-01-20]. http://221.179.172.81/images/20240828/53111724804104890.pdf.

② 中国信息通信研究院. 数据价值化与数据要素市场发展报告（2021）[R]. 北京：中国信息通信研究院，2022.

价值。换言之，当数据成为资源、成为商品时，它就成为企业的战略资产。

　　然而，数据作为一种新兴要素和战略资产，其要素价值及其资产价值在供应链领域中的应用场景和作用模式问题还亟待探索。相比数据要素，目前学术界对数字技术和数据资源在供应链领域中的应用价值关注较多。普遍认为，作为一种技术介入，数字技术能促进供应链协调和数字化转型，即数字技术在供应链领域具有效率价值；作为一种信息化手段，数据资源的共享能驱动供应链协同发展，即数据资源在供应链领域具有信息价值。随着数字经济的深化发展，数据不仅是一种信息化手段，更是一种生产资源，其要素价值及其价值化过程在供应链领域也发挥着重要驱动作用。本书旨在现有研究的基础上，梳理供应链金融的发展现状与演进过程、分析供应链金融数字化发展的动因与过程、剖析供应链数字化转型的架构及要素、探寻供应链金融数字化转型的方法与模式并着眼于实践案例总结其发展面临的挑战，为供应链数字化转型提供路径分析、为充分释放供应链中海量交易数据的要素价值提供策略参考、为激活供应链数据要素的增值潜能提供理论依据，有助于推动供应链数字化转型和充分发挥数字化供应链的经济潜力。本书的逻辑架构如图0-1所示，具体内容分为十四章。

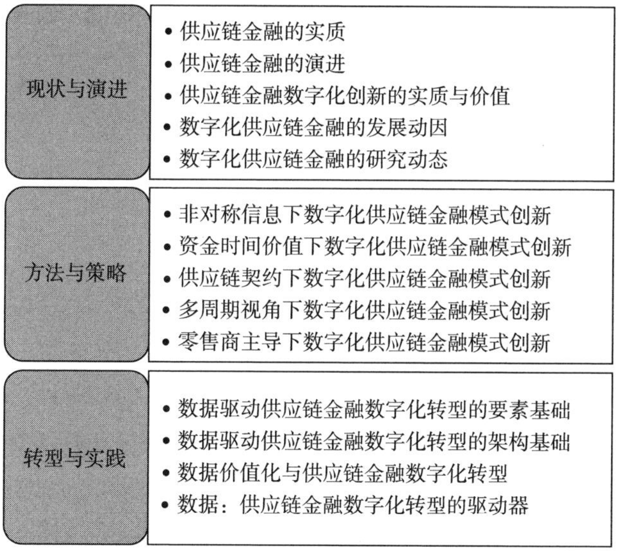

现状与演进
- 供应链金融的实质
- 供应链金融的演进
- 供应链金融数字化创新的实质与价值
- 数字化供应链金融的发展动因
- 数字化供应链金融的研究动态

方法与策略
- 非对称信息下数字化供应链金融模式创新
- 资金时间价值下数字化供应链金融模式创新
- 供应链契约下数字化供应链金融模式创新
- 多周期视角下数字化供应链金融模式创新
- 零售商主导下数字化供应链金融模式创新

转型与实践
- 数据驱动供应链金融数字化转型的要素基础
- 数据驱动供应链金融数字化转型的架构基础
- 数据价值化与供应链金融数字化转型
- 数据：供应链金融数字化转型的驱动器

图0-1　逻辑与架构

目　录

第一章　供应链金融的实质

第一节　供应链金融概念

一、国外学者对供应链金融的定义

供应链金融是供应链管理的分支，对供应链金融的研究应基于供应链管理的范畴。供应链管理是以流程为基础、以价值链优化为核心的集成化管理模式，主要涉及需求、计划、订单交付、供应、回流这五个主要阶段，其目标是通过降低供应链总成本和总库存、缩短总周期以及客户服务和物流服务最优化，实现供应链绩效最大化。《中华人民共和国国家标准：物流术语（GB/T 18354-2006）》将供应链管理定义为"利用计算机网络技术全面规划供应链中的商流、物流、信息流、资金流等，并进行计划、组织、协调与控制"。换言之，供应链管理是一种全过程的战略管理，包含合作、决策、激励、自制、风险、信任五个方面的运行机制（马士华和林勇，2011）。

供应链金融是供应链管理的一部分，其主要目标是解决供应链中的融资难题，提供灵活的融资方式，帮助企业更好地应对资金周转压力。通过供应链金融，企业可以获得更多的融资渠道，降低融资成本，并且能够根据自身的实际情况灵活选择融资方式，满足不同阶段的资金需求。同时，供应链金融还可以提供风险管理和风险评估服务，帮助企业识别和评估供应链中的风险因素，并采取相应的措施进行风险分担和控制，提高供应链的整体稳定性和安全性。供应链金融始于 19 世纪中期西方国家的存货质押贷款业务（雷蕾和史金召，2014），在经历了以票据贴现业务为主的 20 世纪中后期，逐渐由贸易融资演变而来（于海静，2018）。国外关于供应链金融的研究最早可追溯到 Saulnier（1943）对 20 世纪 40 年代美国应收账款融资情况的总结，但最初的研究没有涉及供应链的概念。Timme（2000）最早将供应链金融定义为特定目标和环境下的一种协作方式。自 20 世纪 90 年代末起的二十多年间，供应链金融的应用大幅增加，成为国外银行信贷业务的重要组成部分。2007 年美国供应链金融的使用增量相比 2006 年增加了65%（Demica，2008），而根据 Bryant 和 Camerinelli（2014）的调查，供应链金融在发达国家的年增幅为 10%～30%，在发展中国家的年增幅为 20%～25%。随后，Sommer 和 O'Kelly（2017）的研究显示，全世界范围内，供应链金融在全球贸易金融总收益中的百分比由 2010 年的 42%增加至 2016 年的57%。随着供应链金融的深化发展，供应链金融的概念越来越清晰，供应链融资模式也逐渐完善，国外学者们倾向于将供应链金融定义为：旨在协调供应链内部物流、信息流和资金流的一种金融服务（Hofmann，2005；Liebl et al.，2016；Pfohl and Gomm，2009）。国外具有代表性的供应链金融定义具体如表 1-1 所示。

二、国内学者对供应链金融的定义

供应链金融在国内的起步较晚，1999 年中国储运公司和银行合作推出的质押融资服务标志着中国供应链金融发展的开端。随后，深圳发展银行于 2006 年率先开展供应链金融服务，并为供应链金融的理论研究做出了巨大贡献。在经过 3 年的业务摸索后，2009 年，深圳发展银行（现平安银行）——中欧国际工商学院"供应链金融"课题组将传统线下供应链金融定义为：供应链金融是指在对供应链内部的交易结构进行分析的基础上，运用自偿性贸易融资的信贷模型，并引入核心企业、物流监管公司、资金流引导工具等新的风险控制变量，对供应链的不同节点提供封闭的授信支持及其他结算、理财等综合金融服务。随着供应链金融服务的实践和发展，

表 1-1　国外具有代表性的供应链金融定义

Article	Definition	(a) Role of financial institution	(b.i) Scope: only RF	(b.ii) Scope: inclusive of inventory optimisation	(b.iii) Scope: inclusive of fixed asset finance	Propsed perspecive
Hofmann (2005)	SCF is an approach for two or more organisations in a supply chain, including external service providers, to jointly create value through means of planning, steering, and controlling the flow of financial resources on an inter-organisational level				Yes	Supply chain
Camerinelli (2009)	SCF is the set of products and services that a financial institution offers to facilitate the management of the physical and information flows of a supply chain	Yes				Finance
Pfohl 和 Gomm (2009)	SCF is the inter-company optimisation of financing as well as the integration of financing processes with customers, suppliers, and service providers in order to increase the value of all participating companies			Yes	Yes	Supply chain
Gomm (2010)	(SCF is the process of) optimising the financial structure and the cash-flow within the supply chain			Yes	Yes	Supply chain
Chen 和 Hu (2011)	SCF, as an innovative financial solution, bridges the bank and capital-constrained firms in the supply chain, reduces the mismatch risk of supply and demand in the financial flow, and creates value for supply chain with captial constraints	Yes				Finance

续表

Article	Definition	(a) Role of financial institution	(b. i) Scope: only RF	(b. ii) Scope: inclusive of inventory optimisation	(b. iii) Scope: inclusive of fixed asset finance	Proposed perspecive
Lamoureux 和 Evans (2011)	SCF solutions represent a combination of technology solutions and financial services that closely connect global value chain anchors, suppliers, financial institutions and, frequently, technology service providers. They are designed to improve the visibility, availability, delivery, and the cost of cash for all global value chain participants	Yes				Finance
Grose-Ruyken 等 (2011)	(SCF) is an intergrated approach that provides visibility and control overall cash-related processes within a supply chain			Yes		Supply chain
Wuttke 等 (2013a)①	We define (FSCM) as optimised planning, managing, and controlling of supply chain cash flows to facilitate efficient supply chain material flows			Yes		Supply chain
Wuttke 等 (2013b)	(SCF is) an automated solution that enables buying firms to use Reverse Factoring with their entire supplier base, often providng flexibility and transparency of the payment process	Yes	Yes			Buyer driven
More 和 Basu (2013)	(SCF) can be defined as managing, planning, and controlling all the transaction activities and processes related to the flow of cash among SC (Supply Chain) stakeholders in order to improve their working captial	Yes				Finance

资料来源：Gelsomino L M, et al. Supply chain finance: A literature review [J]. International Journal of Physical Distribution & Logistics Management, 2016, 46 (4): 348-366.

① Wuttke D A, Blome C, Foerstl K, Henke, M. Managing the innovation adoption of supply chain finance—Empirical evidence from six European case studies [J]. Journal of Business Logistics, 2013, 34 (2): 148-166. DOI: 10. 1111/jbl. 12016.

国内学者们也对供应链金融的概念进行了界定，比如胡跃飞和黄少卿（2009）从广义上界定供应链金融为供应链企业在第三方机构的参与下，开展的一系列市场融资和交易活动，是供应链信息流、物流和资金流的"三流"合一。李毅学等（2010）从业务基础模式和企业运营决策的角度，将供应链金融视作解决中小企业融资困难的一种基于物流金融的融资方案。2023年，艾瑞咨询发布的《中国供应链金融数字化行业研究报告》将供应链金融定义为"从供应链产业链整体出发，运用金融科技手段，整合物流、资金流、信息流等信息，在真实交易背景下，构建供应链中占主导地位的核心企业与上下游企业一体化的金融供给体系和风险评估体系，提供系统性的金融解决方案，以快速响应产业链上企业的结算、融资、财务管理等综合需求，降低企业成本，提升产业链各方价值"。梳理上述定义，供应链金融的发展跃然纸上，从最初的"封闭授信支持"到"第三方机构参与下的市场融资"，再到"运用金融科技的金融解决方案"，充分展现了供应链金融的阶段性特征，也揭示了数字经济时代供应链金融的创新发展。

基于上述内容，本书将供应链金融定义为：基于供应链协作，将供应链物流、信息流、资金流和商流多流合一，为缓解企业资金约束、推动企业数字化转型、深化供应链产业链协同创新的综合性金融解决方案。通过物流、资金流和信息流等资源的深度融合，为供应链中的企业提供融资、风险管理和其他综合性金融服务，可促进供应链的协同发展，提高供应链的效率和竞争力。

第二节　供应链金融的特征

在传统银行信贷中，银行对贷款企业授信的关键在于被授信企业的信用等级、实际经营水平和可供抵质押的资产情况。通过对企业上述因素的风险考察，银行决定贷款与否和相应的贷款额度。理论上，供应链金融作为一个交易往来体系，企业间的信息流、物流和资金流往往可以充分体现存在贷款需求企业的真实还款能力，可降低银行信贷审查的难度，也可有效缓解中小企业融资难、融资贵的问题（Wang et al.，2019）。通过对比传统银行信贷模式，可以归纳出供应链金融的以下六个特征[①]：

一、现代化供应链管理是供应链金融业务开展的基础

供应链是产品从生产者到消费者所经历的一系列活动及设施（宋华，2018）。供应链金融业务的开展需要了解供应链内部的整体运作情况和企业间真实的贸易背景，这是供应链金融业务开展的前提。供应链管理本质上是对企业内部和企业间的供应和需求的集成管理（Sugirin，2009），其对供应链金融的作用在于将供应链内部的资金流整合到物流和信息流之中（Popa，2013；Wuttke et al.，2013b），通过有效的现代化供应链管理，可以提高供应链运作的协同性和稳定性，从而为供应链融资的开展提供真实可靠的贸易背景和信用来源。

二、供应链大数据体系的构建是供应链金融风险控制的前提

无论是传统银行信贷或供应链金融模式，其授信的关键都在于企业的真实运营情况和生产实力。供应链大数据体系的构建对维持和提升企业竞争力有重要作用（周茂森和张庆宇，2018），依据大数据可预测分析供应链的运作现状和发展方向。Schoenherr 和 Speier-Peco（2015）通过对供应链管理领域的预测分析及对大数据情况的实证分析，验证了大数据和预测分析对供应链管理的重要价值。供应链管理是保证供应链运作协调的关键因素，它在很大程度上决定了供应链金融业务的风险等级。通过有效的供应链管理，可以实现供应链内各个环节的协同和稳定运作，提高供应链的效率和可靠性。而供应链大数据的应用可以为供应链管理提供更准确的数据支持和决策依据，帮助企业更好地了解供应链的运作情况和趋势，并做出相应的调整和优化。

三、闭合式资金流运作是供应链金融服务及风控的关键

供应链金融中，资金流、物流和信息流的整合使供应链内的各个环节之间实现了高效的协同和配合。通过对供应链中的交易和资金流动进行跟踪和监控，银行可以实时了解资金的使用情况、流转路径和相关的交易信

---

① Snyder L V，Shen Z J M. Fundamentals of Supply Chain Theory [M]. 2nd ed. Hoboken：Wiley，2019.

息，从而可以更加准确地评估和把控风险，及时采取措施避免潜在的风险事件发生。供应链金融的实时监控和风险把控有助于提高金融机构的风险管理能力，减少不良贷款的风险。同时，对资金流动的监控也能够防止资金被挪用或滥用，保障资金的安全性和合法性。通过整合资金流、物流和信息流，供应链可实现对闭合式资金流的实时监控，能够有效评价和把控风险，为金融机构提供更可靠的风险防控手段，促进供应链金融业务的开展。

四、供应链商业生态系统是供应链金融有效运作的必要途径

商业生态系统是美国战略专家詹姆斯·弗·穆尔（Moore，1993）提出的用生态学观点看待现代企业竞争问题的新观念，商业生态系统有明显的生命体特征，即生命体共生、均衡、成长、竞争、自组织、自进化的特性（张金萍和周游，2005）。构建供应链商业生态体系意味着供应链中的各个参与主体，如供应商、制造商、零售商、物流服务商、金融机构和消费者等，在商业系统中各司其职，相互之间实现互利共生。这对于供应链金融的有效开展非常重要。在供应链商业生态体系中，各个参与主体之间的关系是相互依存的，彼此之间形成了复杂的交互作用。供应商提供原材料和零部件，制造商进行加工和生产，零售商负责销售，物流服务商负责物流运输，金融机构提供融资支持，而消费者则是商业系统的最终受益者。通过构建供应链商业生态体系，各个参与主体可以实现资源的共享和优化利用，提高整个供应链的效率和竞争力。同时，商业生态系统的自组织和自进化特性，使得供应链能够根据市场需求和变化进行灵活调整和演化，从而更好地适应不断变化的商业环境。因此，供应链商业生态体系的构建对于供应链金融的有效开展至关重要，它能够促进供应链各参与主体之间的合作和协同，提升整个供应链的运作效率和竞争力，为企业和金融机构带来更多的商机和利益。

五、发展中的中小企业是供应链金融的主要服务对象

在传统信贷模式中，中小企业由于规模较小、财务管理方式相对落后、信用风险较高，往往面临着获得银行融资的困难。然而，在供应链金融模式下，一方面，由于供应链体系的运作能够为银行提供大量的交易信息和潜在客户，因此银行向中小企业提供贷款的意愿会提升，从而有助于缓解中小企业融资难的问题。另一方面，供应链内部对成员的准入条件会进行严格和动态的监管。这样做的目的是保证供应链中的信息真实和及时，从而增加供应链融资的效益。通过对供应链参与方的准入条件进行严格监管，可以防止信息不对称和欺诈行为的发生，保障金融交易的安全性和可靠性。供应链金融模式不仅能够增加中小企业获得银行融资的机会，还能够通过严格的准入条件和监管机制来保证供应链融资的有效性和可行性。这种模式的运作有助于促进中小企业的发展，并为银行和企业双方带来更多的商业机会和利益。

六、流动性受限的资产是供应链金融的解决目标

存货、预付款和应收款项是企业在生产和贸易过程中形成的资金沉淀，这些资产通常不易流通但自偿性较高（曾小军和张三波，1995）。盘活这些资产以增加流动性和融资效率是供应链金融的主要目标。存货是指企业持有的用于生产或销售的物品，包括原材料、半成品和成品。预付款是指企业提前支付给供应商或合作伙伴的款项，以确保后续供应或合作的顺利进行。应收款项是指企业应当收取但尚未收到的客户欠款。这些资产通常不易流通，因为存货需要时间进行生产和销售，预付款需要等待合作伙伴履约，应收款项需要等待客户支付。然而，这些资产具有较高的自偿性，即可以通过销售存货、收回预付款和收取应收款项来自行偿还。为了提高流动性和融资效率，供应链金融的主要目标之一是盘活这些资产。盘活存货可以通过优化生产计划、加强库存管理和及时调整销售策略来实现。盘活预付款可以通过合理安排付款时间和与合作伙伴进行有效沟通来实现。盘活应收款项可以通过加强客户信用管理、及时催收和与客户协商付款条件来实现。通过盘活存货、预付款和应收款项，企业可以增加流动资金，提高资金使用效率，从而实现供应链金融的目标。

第三节 传统供应链金融模式

根据融资需求方所处的供应链位置，传统供应链金融模式主要分为预

付款类融资、存货类融资和应收账款类融资三大类（宋华和陈思洁，2016），主要参与者有核心企业、融资企业、金融机构、物流服务商等。其中，当核心企业为买方时，供应链融资模式通常表现为存货类融资和应收账款类融资；相反，当核心企业为卖方时，主要表现为预付款类融资。传统模式中，供应链业务的中心化特征明显，核心企业作为供应链的强势方，对供应链上下游企业的融资效率起着主导作用。若核心企业积极参与管理供应链，上下游中小企业获得融资的可能性较大。事实上，负债率较低、现金流充足的核心企业对参与供应链金融的积极性并不高（段伟常和梁超杰，2019），我国除钢铁和汽车等少数行业的企业外，大多数企业供应链管理意识不强，对参与供应链金融的动力不足，供应链显得松散且不稳定，而上下游中小企业应收账款类融资通常需要核心企业签署"债权转让同意书"，无核心企业的配合和参与，银行难以开展业务，中小企业难以获取融资。有别于传统供应链金融模式，数字经济背景催生的新型供应链融资模式——数字化供应链金融，有明显的平台化和去中心化特征。中小企业的融资基础不再局限于核心企业的信用范畴，而是回归真实交易背景，回归供应链金融的本质，即利用供应链企业间的债券和物权进行融资。以下就三种传统供应链金融模式进行梳理：

一、预付款类融资模式

预付款类融资模式是针对预付款和提货权的融资方式（屠建平，2013），在实践中多以订金（Villanacci and Zenginobuz，2012；Li et al.，2014）的形式出现，即处于弱势地位的供应链下游中小企业经销商支付给上游核心企业的商品采购保证金（Caldentey and Chen，2012）。若下游企业自有资金不足，则需通过向金融机构融资的方式来获取足够的资金以持续经营。这是预付款类融资模式的供应链外部融资视角，如黄秋萍等（2014）以该视角研究了企业采纳预付款融资在运作管理方面的影响因素，具体业务流程见图1-1。

目前，从外部融资视角探讨供应链预付款融资模式的研究不多，更多的是从内容商业信用融资角度探讨该问题（王文利等，2014）。王文利和骆建文（2013）认为，基于商业信用的供应链内部预付款融资可缓解供应商

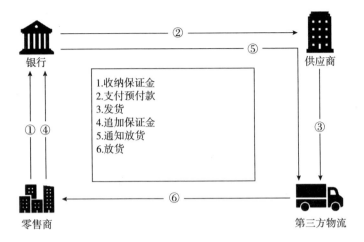

图1-1　（外部融资视角）预付款类融资业务流程

的资金缺乏问题，改善供应链的绩效。① 马士华和曾鉴明（2015）在转移支付机制的基础上，研究了零售商提前支付部分货款给受资金约束的供应商的预付款融资问题，发现该模式可以有效提高供应链整体绩效。这些预付款类融资模式体现了供应链内部融资视角，即核心企业作为下游零售商给受资金约束的上游制造商提供预付款，以缓解其经营压力。具体业务流程见图1-2。

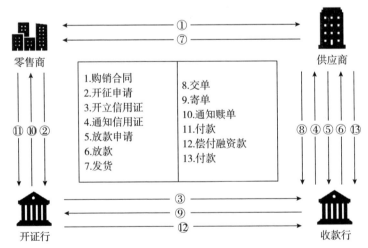

图1-2　（内部融资视角）预付款类融资业务流程

---

① 王文利，骆建文. 零售商提前支付与贷款担保下的供应商融资策略 [J]. 管理工程学报，2013（1）：178-184.

二、存货类融资模式

存货类融资模式是以资产控制为基础的融资业务。根据刘丹和朱意秋（2004）的研究成果，存货成本占供应链整体运营成本的30%，包括对运营资金的机会成本和使用成本。由于市场需求的波动性，"融资难"的中小企业既需要备有足够库存以应对市场需求的变化，又需要尽快将存货变现以加速周转。对面临两难境地的中小企业而言，供应链金融存货类融资既可以提高存货所占用运营资金的周转率，又可以降低库存成本，是中小企业增加流动性的重要途径之一。我国存货类融资主要分为静态抵质押信贷、动态抵质押信贷和仓单质押授信（宋华，2016）三大类，其中静态抵质押授信是企业将自有或他人所有的合法动产抵质押给银行以获取融资的授信业务，其特点是抵质押物受银行监管，在信贷期内不可以以货易货，企业只能到期还款以撤销抵质押。静态抵质押授信业务流程见图1-3。

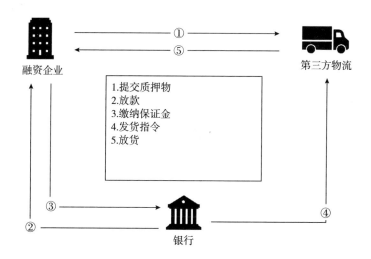

图1-3 静态抵质押授信业务流程

动态抵质押融资是静态抵质押信贷的延伸，也是目前运用较广泛的一种存货类融资。由于银行对动态抵质押的商品价值只设定一个最低限额，故企业可以将限额以上的商品进行以货易货，进而减少对生产经营活动的影响。动态抵质押授信业务流程见图1-4。

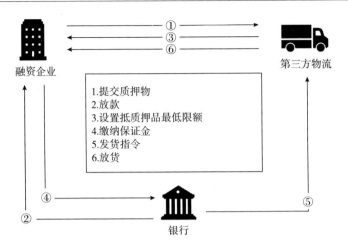

图 1-4　动态抵质押授信业务流程

仓单质押授信也是国内运用较多、较成熟的一种供应链融资方式（黄湘民和陈雪松，2008），相比动产抵质押融资，仓单质押融资手续更简便、融资成本较低，同时风险也较低，且流动性更高。以质押物是否为期货交割仓单为标准，仓单质押授信还分为标准仓单质押授信和普通仓单质押授信，标准仓单质押授信业务流程见图 1-5。

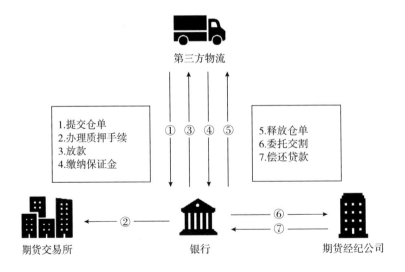

图 1-5　标准仓单质押授信业务流程

三、应收账款类融资模式

应收账款类融资模式是以买卖双方基于真实贸易背景下产生的应收账款为基础，以对应的应付账款为还款来源，以金融机构为供应商提供的信用贷款业务（Zhao，Hong and Lau，2023）。在赊销普遍存在的商业环境中，应收账款类融资是缓解供应链上游现金流压力以保持持续生产经营的主要融资途径之一。应收账款类融资是最普遍的一种供应链融资模式，主要有保理、应收账款质押类融资和反向保理等模式。保理（Factoring）融资是金融机构通过收购企业应收账款为企业提供融资服务的一种完全不同于传统银行信贷的金融业务（刘萍，2009），在中国的发展早于应收账款质押融资，1992 年中国银行就已开办保理业务，而直至 2007 年，《中华人民共和国物权法》的实施将应收账款纳入权利质押的范畴，才标志着我国应收账款质押融资模式的开端（刘萍，2009）。徐燕（2003）将保理定义为一种通过收购企业应收账款为企业融资并提供相关服务的金融业务，保理业务流程见图 1-6。

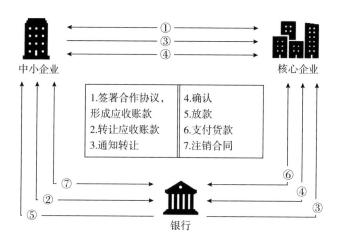

图 1-6　保理业务流程

应收账款质押类融资与保理的主要区别是保理中应收账款的所属权是转让形式，而应收账款质押类融资中所属权不变，只是将应收账款作为一种资产质押给银行以缓释风险。应收账款质押类融资业务流程见图1-7。

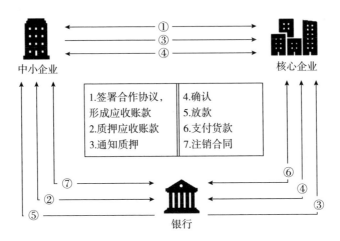

图1-7　应收账款质押类融资业务流程

受限于供应链的协作程度和供应链需求的相关风险，保理融资和应收账款质押融资并不总能提高企业价值（郑忠良和包兴，2014）和明显改善供应链效率（Avanzo et al.，2003）。同时，违约和"骗贷"事件频发，如2014年桦南县翔盛矿产物资经销有限公司2.09亿元骗贷案、2017年平安国际商业保理（天津）有限公司2.49亿元保理骗贷案等，严重制约了保理业务的发展（Pfohl and Gomm，2009）。反向保理（Reverse Factoring）是供应链中核心企业与金融机构达成的，为其上游供应商提供的以转让应收账款为途径的融资方案（刘利民等，2014）。反向保理与保理的区别在于保理商只对核心企业而非供应商进行风险评估，且基于核心企业的付款信用，可降低业务风险（刁叶光和任建标，2010），很好地规避了保理业务的风险。与保理不同的是，反向保理是零售商凭借其自身的信用，通过第三方金融机构提高供应商融资效率（Gao et al.，2018）的一种"买方驱动"的融资方式（段伟常和梁超杰，2019），也是解决中小企业供应商资金困境和提高下游零售商资金效率的有效途径之一（Coface，2019）。反向保理业务流程见图1-8。

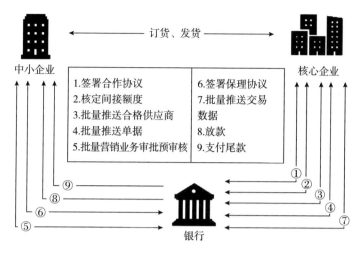

图1-8 反向保理业务流程

第四节 数字化供应链金融模式

数字技术是驱动普惠金融和数字经济的重要科技（Wang et al.，2021），数字技术的进步和应用也为供应链金融发展提供了转机（陈晓红等，2022）。数字化供应链金融是我国最早落地且发展最为迅猛的区块链等数字技术的应用场景之一。多家央企、商业银行、科技巨头为顺应产业数字化发展趋势，均推出了数字化供应链金融平台，如国家电网的"电e金服"、浙商银行的"应收款链"、蚂蚁金服的"双链通"等。数字化供应链金融得以快速发展的契机在于，其对传统供应链金融业务痛点的逐个击破（谭小芬和张辉，2018；Randall and Theodore Farris，2009）。从融资效率的角度来看，金融机构做出借贷决策的两个重要因素分别是信息、数据共享的力度和及时性，以及中小微企业提供真实有效的应急方案。数字化供应链金融模式借助大数据、区块链、云计算等数字技术，可以让中小微企业能及时将自身的经营状况和信息有效传递给金融机构，或者通过上下游关联企业将能力展示给金融机构作为决策依据，从而使供应链上的中小微企业获得资金的可能性大幅提升。

一、数字化供应链金融业务背景

当前，数字技术在金融领域的应用大多在数字货币、跨境支付与结算、票据业务、证券交易、客户征信和供应链金融等方面。传统供应链金融由于缺乏供应链管理战略意识和相关信任机制，且供应链内部信息追溯能力不足，信息共享协作滞后，其发展受到极大制约。2018 年，我国的全球供应链绩效指数（LPI）[①] 排名第 26 位，这与我国目前的经济体量极不相称，充分说明了我国传统供应链正面临着亟待解决的困境。供应链金融是以供应链为基础的一系列经济融资活动，其实质是为处在核心企业上下游的中小微企业提供融资渠道，因此供应链金融的发展主要依赖于一个供应链的管理和协作程度。传统供应链金融对金融机构和人工操作依赖程度较高，往往运行效率低下且成本高昂。区块链技术等金融科技的应用，可解决供应链金融领域的交易真实证明和单证操作高成本等问题。表 1-2 对比了传统供应链管理和应用区块链技术的供应链管理，显而易见，区块链技术的不可篡改、可追溯性、去信任化等技术特性能很好地应对传统供应链管理中存在的弊病。

表 1-2 区块链技术应用到供应链的主要优势

序号	类别	传统供应链管理	应用区块链技术的供应链管理
1	数据追溯审核	难以实时、准确监测和审核供应链上的有关数据和事件	区块链技术可创建不可篡改、可追溯、永久存储的供应链过程记录，支持完成穿透数据追溯和审计
2	数据真实	难以获取和处理标准化、合规化的真实数据，并对造假信息难以及时发现处置，信息不对称严重	应用时间戳、联盟链、公钥、私钥等区块链技术可以确保信息不被篡改，实现链上信息完整、准确，按需调用，按权限应用
3	快速反应	面对突发事件和复杂化运营环境无法快速反应，增加成本	区块链技术可以实时连续跟踪数据的发生和流转，在线、智能化处理各种常态和突发业务

---

① LPI（Logistics Performance Index）为世界银行每两年发布一次的国际性指数，是指基于对跨国货运代理商和快递承运商的绩效调研得出的一系列数据指标。

序号	类别	传统供应链管理	应用区块链技术的供应链管理
4	链上成员管理	成员之间各自为政，信用成本高，难以高效沟通和管理	区块链供应链是可信共识价值网络，点对点在线对接交互，较低信任成本和风险

资料来源：刘洋．区块链金融：技术变革重塑金融未来［M］．北京：北京大学出版社，2019：194．

当前，区块链应用至供应链金融领域主要包括智能保理、数字票据、"资产数字化+数字资产证券化"等方面。在智能保理中，区块链技术的引入可实现应收账款等资产确权（不可篡改、信息透明化），从而能进行保理等资产交易（简化交易流程、帮助供应商融资），并且留下交易存证，规避债权重复转让等风险（邓爱民和李云凤，2019）。在数字票据中，区块链的可追溯性及不可篡改性可确保票据的信息一经验证，便可永久地存储起来（避免人为操作风险），时间戳和全网公开特性可有效防范传统票据市场中"一票多卖""打款背书不同步"等问题（降低运营和操作风险），同时区块链技术中数据透明的特性还可以真实反映市场对资金的需求程度（控制市场风险）（陀前途和许重建，2020）。在"资产数字化+数字资产证券化"中，供应链交易中产生的仓单、合同、应收账款等资产通过区块链技术的散列算法转变为数字资产（唯一性、不可篡改性），然后再将非标的企业贷款需求转化为标准化的金融产品（增强供应链金融资产的流动性，优化供应链金融生态）（段伟常和梁超杰，2019）。

二、数字化供应链金融案例

智能保理业务，也可称为区块链保理业务，是目前各大 BaaS 平台应用最广泛的一种业务模式，以下将详细介绍该业务模式的具体流程及相关案例。

1. 智能保理业务流程

如图 1-9 所示，智能保理业务的流程为：核心企业从一级供应商进货，开具对应应收账款票据；一级供应商对应收账款票据进行拆分，向二级供应商转票；同样，二级供应商可向三级供应商拆分转票；随后各级供应商都可凭借自己拿到的票据向金融机构融资；银行通过区块链保理平台对该票据贸易背景进行审查，经核心企业确权后，通过风控审核；银行分别与各级供应商签订合同，发放贷款；合同到期后，核心企业履约向金融机构兑付欠款。

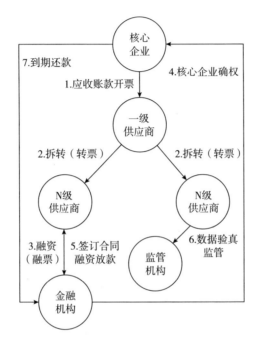

图 1-9　智能保理业务流程

为更清晰地表述智能保理融资模式相比传统保理融资模式的不同之处，以下基于郭菊娥等（2014）就线上、线下供应链金融特征的比较范畴，结合本书模型设定和数值分析的结果，从多方面对两种模式进行理论上的对比分析，结果如表 1-3 所示。

表 1-3　区块链智能保理与传统保理对比

比较范畴	融资模式	
	区块链智能保理	传统保理
目标客户	中小企业	中小企业，以中型企业为主
融资额度	按需融资	融资金额受限于授信额度
融资频率	频率高，可按需将应收账款任意拆分、转让、质押、兑付	频率低，融资期限固定

续表

比较范畴	融资模式	
	区块链智能保理	传统保理
参与主体	银行（区块链债转平台）、融资企业、核心企业	银行、融资企业、核心企业
授信条件	核心企业确权、银行（区块链债转平台）信用	动产、应收账款转让等
评级模式	债项评级	主体评级+债项评级
授信过程	平台上应收账款签发、承兑、支付、转让、质押、兑付等业务全面线上化操作，授信高效	供应商质押应收账款单据，银行审核单据真实性以及主体信用，核心企业承诺付款，银行审批，信贷放款，时间较长
流转速度	应收账款可任意拆分，满足支付、质押、转让等需求，流转速度快，流动性高	受限于应收账款账面金额和账期，流转速度慢
解押操作	账款到期时，核心企业于平台自动支付欠款，债权债务关系解除	提出申请，核心企业支付欠款，供应商支付融资本息，注销合同
营销模式	客户集中，以核心企业为突破口，沿着供应链开展营销	客户分散，以中小企业或核心企业为突破口，沿着供应链开展营销
服务效率	分布式账本技术记录应收款信息，不可篡改、便捷高效，通过智能合约技术来确保合约规则自动、无条件履约	纸质或电子资料，登记手续烦琐，融资需到银行办理，效率较低，放款时间较长
服务作用	盘活应收账款、降低负债率、增加财务收益、减少现金流出、银行提供增信	解决暂时的贸易融资，提升供应链整体竞争力
信息共享	多方信息共享，操作效率高，监控成本低	不能实现各方信息共享，监控成本较高
融资费用	定价透明，费用较低	含隐性成本，费用较高
管理难度	掌握各参与方实时且不可篡改的贸易数据，可及时监控预警	难度较大，需各参与方积极配合

2. 技术架构

如图 1-10 所示，整个区块链保理业务一共有六个功能平台，其中保理平台主要负责组织机构（核心企业、供应商、金融机构等）的注册、账户管理和风控，以及供应商的票据管理、融资和转票等；核心企业平台主要负责票据管理，如开票、债务关系确权以及到期还款等；金融机构平台负责对供应商的融资报价、放款及风控等工作；监管机构平台则负责整条供应链上的数据监管；数据库 MongoDB 用于存储平台库、核心企业库、金融机构库和监管机构库的非核心数据；区块链账本则负责记录有关票据和合同的公开及私密数据等。

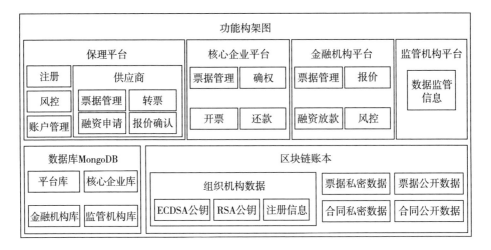

图 1-10　区块链保理业务功能架构

资料来源：陀前途，许重建．区块链实战：金融与贸易落地案例分析［M］．北京：电子工业出版社，2020.

三、数字化供应链金融模式价值

数字技术在供应链金融领域的应用已成为一个热门趋势，其为供应链金融带来的价值不容小觑。总的来说，有如下几点价值：

1. 企业价值——信用的多层级传递

在传统供应链金融中，核心企业的信用往往只能辐射到其下上一级的供应商和经销商，无法延伸到位于供应链末端且融资需求更高的小微企业。如图 1-11 所示，区块链等数字技术的应用可打破传统供应链中信用传递的障碍，利用区块链去信任化、不可篡改等特性实现供应链系统中扁平的点对点信用网络，有效解决金融机构融资门槛高、小微企业融资难和融资贵的困境。

2. 行业价值——数字资产化

传统供应链金融中的各类票据（银行承兑汇票、商业承兑汇票等）、应收应付账款、存货等资产流转困难，同时虚假贸易背景、萝卜章和重复授信等问题使得这类资产融资的风险很高，造成传统供应链金融的融资效率低下且融资成本高昂。通过采用区块链技术，此类资产可转化为数字化资

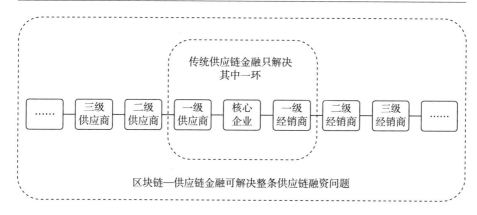

图1-11 基于区块链的数字化供应链金融的信用传递

资料来源：笔者自绘。

产，大大增强其流动性。数字化资产易于拆分，更能按需满足企业的融资需求，从而大幅降低企业的负债率。同时，经区块链平台登记后的数字资产，极大程度上减少了金融机构对资产审核的繁杂工作及对应的放贷风险，给供应链金融行业带来了颠覆式的变革。

3. 监管价值——流程智能化

传统供应链金融电子化程度相对低下，各类经济活动（交易结算和融资活动等）大多数还依靠纸质合同和人工操作，很难实现全程且实时的管控。通过区块链技术的智能合约、实时记录以及时间戳等特性，可以有效减少供应链经济往来活动中的人为干预，从而降低人工操作风险。同时，区块链平台还能提供线上实时监控的功能，确保各类业务的合法合规。表1-4进一步整理了数字化供应链金融相较传统供应链金融的主要优势。

表1-4 数字化供应链金融与传统供应链金融对比

序号	类别	传统供应链金融	应用区块链技术的供应链金融
1	融资审批时间	金融机构对供应链上中小企业的经营状况不掌握，融资审批时间长	金融机构实时穿透掌握借款人真实情况，利用信用流转等方式，大幅缩短融资审批时间
2	融资成本	融资手续费高	高效审批，降低手续成本
3	工作效率	需借款人提供各类单证和资信材料，金融机构离线逐笔审核	全线上实时操作，自动简便

续表

序号	类别	传统供应链金融	应用区块链技术的供应链金融
4	信息验证	人工核验，表单烦琐	区块链保存各层交易过程
5	交易透明化	交易信息不透明，容易产生信用风险	数据上链后无法篡改，真实性验证可追溯
6	风险	资产难确权，信用风险高	依靠和有效利用核心企业资信，风险降低

资料来源：笔者整理。

第五节　本章小结

本章主要从概念界定、模式特征、发展现状等方面对供应链金融的实质进行了归纳和分析。首先，回顾了供应链金融的相关概念，介绍了供应链金融的模式分类及各类模式的特点，并给出了本书对供应链金融的定义；其次，描述了供应链金融的特征，如现代化管理、大数据体系、资金流运作和风险管控、供应链商业生态系统、渠道和解决目标等；再次，分析了传统供应链金融的主要模式，如预付款类融资模式、存货类融资模式、应收账款类融资模式；最后，梳理了数字化供应链金融模式，分析了该模式的发展背景、发展现状、业务构架、相关案例及相对传统供应链金融的优势。本章给出的相关概念及理论是本书后续研究工作的主要理论依据。

第二章　供应链金融的演进

第一节　贸易融资与物流金融：
供应链金融 1.0 的基础

一、贸易融资与物流金融

贸易融资与物流金融形成了供应链金融 1.0 发展的基础。《巴塞尔协议》（2004 年 6 月版）第 192 条和第 193 条共同构成了贸易融资的概念：贸易融资是指在商品交易中，银行运用结构性短期融资工具，基于商品交易中的存货、预付款和应收账款的融资。在贸易融资业务中，银行作为资金提供方是主要参与方和主导方。物流金融是物流要素与金融的结合（宋华，2018），具体形态有代替采购、信用证担保、仓单质押、买方信贷、授信融资、反向担保等（陈祥峰等，2005）。在物流金融业务中，供应链内部的交易结构是供应链融资的关键，供应链各参与主体运用自偿性贸易融资的信贷模型来实现内部封闭的授信支持、支付结算等综合金融服务。"供应链金融"概念最早出自 Timme 等（2000），其将物流金融中内部封闭的金融活动与外部金融服务提供方建立起协作关系，并称这种综合考虑到物流、信息流和资金流的协作关系为"供应链金融"。

二、供应链金融 1.0

在供应链金融 1.0 阶段，供应链金融作为供应链管理的分支，其目标是满足企业对提升供应链效率的需求，主要关注基于"物流"的要素和最基本的融资功能。资金方通常服务于供应链中的核心企业，同时依据供应链交易背景，为上下游中小企业提供线下融资服务。这种供应链线下金融活动，又被称为"1+N"模式，即依据核心企业（1）的主体信用，向其上下游 N 个中小企业提供综合融资方案的模式。随后，深圳发展银行（现已更名为平安银行）将"1+N"进一步拓展至"M+1+N"，即上游 M 个供应链，下游 N 个零售商。供应链金融 1.0 的标志是中心化、线下化，商业银行主要依托核心企业的信用基础延伸金融服务。在这个阶段，供应链金融主要关注传统的贸易融资，如应收账款融资和存货融资。这些融资方式主要通过银行提供，风险较低，但融资规模有限。

第二节　线上供应链：供应链金融 2.0 的基础

一、"M+1+N"线上供应链

随着技术的进步和互联网的普及，供应链金融逐渐引入了电子商务平台和第三方支付机构。这些平台和机构通过整合供应链信息和支付服务，为供应链企业提供更多的融资选择，如订单融资和预付款融资，这意味着供应链金融业务的开展逐渐从"物流"等要素拓展至供应链结构和流程。供应链金融 2.0 基于线上系统直连"M+1+N"，将供应链金融 1.0"从点到链"的金融服务升级至"从链到面"的金融创新。资金方、核心企业、上下游中小企业和服务方通过线上协作，实现商流、物流、资金流和信息流的整合。供应链金融 2.0 强调供应链管理和供应链协同的重要性，首先，核心企业与其上下游企业需在多方协同的基础上实现系统对接和数据交互；其次，银行通过挖掘这些信息的价值，为供应链企业提供完善的金融解决方案和增值服务。

二、供应链金融 2.0

理论上，这种线上"M+1+N"模式有利于构筑银行、企业和商品供应链互利共存和良性互动的供应链生态。然而，实践表明该模式存在着一些弊端，主要体现在：银行难以进行风险管控、核心企业的参与意愿低下、供应链权力结构失衡等。具体而言，第一，供应链金融涉及多个参与方，涉及的信息和风险较为复杂，而传统的商业银行不参与供应链运营，仅通过线上"信息流"难以掌控真实的"物流"和"资金流"。第二，核心企业的信用基础并不总是牢固。因此，如何进行有效的风险管控是一个挑战。缺乏准确的数据和风险评估工具可能导致风险的扩大和无法及时被发现。供应链金融通常需要核心企业的参与和支持，但一些核心企业可能对供应链金融的潜在好处持保留态度。它们可能担心信息泄露、合作伙伴的信用风险等问题，从而降低了参与的意愿。第三，供应链金融依托整个供应链参与者之间的协作。然而，在某些供应链中，核心企业可能拥有较大的市场份额和资源优势，从而对供应链中的其他参与方施加较大的控制和影响力。这可能导致其他参与方的议价能力降低，甚至被迫接受不公平的交易条件，如延迟付款、强制降价等。一旦供应链协作的平等性和交互性不复存在，供应链金融2.0的基础也就不再稳固。

第三节 智慧供应链：供应链金融3.0

一、智慧供应链的内涵

互联网、物联网、人工智能、区块链等新兴技术的发展，促使企业间、供应链间形成了商流、信息流、物流、资金流有机组合的产业集群，供应链由线上供应链模式发展为智慧供应链。物联云仓数字研究院发布的《智慧供应链行业研究报告》，将智慧供应链定义为"运用人工智能和数字化技术赋能供应链业务，解决供应链中的成本高、信息不对称、环节不透明、流程不标准、管理不高效等痛点问题，通过提供解决方案和应用场景的创新，实现整个供应链的可见、可控、可信"。换句话说，智慧供应链可以实现供应链中商流、信息流、物流、资金流"四流"合一，尽可能地消除不对称影响因素所带来的影响，以提高企业及整个供应链的效率与运营质量。也有学者把智慧供应链称为网络供应链（宋华，2018），认为智慧供应链的价值更多来源于社会结构、学习和网络外部性，同时依据供应链决策智能化管理、供应链运营可视化管理、供应链组织生态化管理、供应链要素集成化管理可有效提升绩效、推动产业发展。

二、数字化与供应链金融 3.0

基于供应链管理的智慧化发展，供应链金融也迈进了 3.0 阶段，即从"M+1+N"的点线面协作逐渐拓展至网络化、平台化的价值创造。在该阶段，作为金融服务主体的核心企业，其功能和位置发生了更大拓展。核心企业不仅是供应链运营的组织者，还是供应链平台的建构者。区块链技术是供应链金融 4.0 阶段的代表技术创新。2017 年是我国"区块链应用元年"（郭菊娥等，2014）。以浙商银行和招商银行等为代表的国内大多数知名传统商业银行也已开始实施与区块链分布式账本有关的项目（张偲，2016），国内银行开发的基于区块链技术的金融项目的情况见表 2-1（刘洋，2019）。

表 2-1　国内银行开发的区块链金融项目

序号	银行	区块链项目
1	浙商银行	区块链数字汇票
2		应收账款链
3	中国银行	区块链电子钱包
4	中国工商银行	自主可控的区块链平台（企业级区块链产品）
5	交通银行	信用证区块链应用
6	中国建设银行	区块链银行保险平台
7	中国农业银行	涉农电商融资系统"E 链贷"
8	中国邮政储蓄银行	基于区块链的资产托管系统
9	招商银行	现金管理领域跨境直联清算
10		全球账户统一视图
11		跨境资金归集
12	中国民生银行	和中信银行联合推出信用证区块链应用
13	兴业银行	电子合同防伪平台

续表

序号	银行	区块链项目
14	中国光大银行	阳光融 e 链
15		与中国银联合作 POS 电子签购单系统
16	浦发银行	和中国工商银行、中国银行、杭州银行在数字票据交易平台完成数字票据签发、承兑、贴现和转贴现业务

资料来源：刘洋. 区块链金融——技术变革重塑金融未来［M］. 北京：北京大学出版社，2019：16.

从业界实际操作来看，2015 年 12 月，IBM 率先创立 Hyperledger 开源项目，次年 2 月，又推出区块链服务平台 BaaS。基于此平台，2017 年 8 月，腾讯云正式发布区块链金融级解决方案 BaaS，成功落地的案例有微企链、税务链、链动时代等。2018 年，零售业巨头沃尔玛联合雀巢等知名零售商推出了 IBM Food Trust 区块链应用系统，大幅缩短了食品溯源时间（从 7 天减少到仅 2.2 秒）。2019 年 6 月，脸书（Facebook）推出了基于区块链技术的数字加密货币和金融基础设施服务平台 Libra，旨在构建一个普惠金融体系。从国内来看，2016 年 7 月，蚂蚁金服率先将区块链技术运用到支付宝爱心捐赠平台上，成功让每一笔善款全程可追踪。2018 年，阿里巴巴相继推出蚂蚁区块链和企业级区块链服务（BssS），承接了万吨冷链、易联众、海南公积金电子缴存证明平台等业务。表 2-2 详细列举了具有代表性的国内外业界区块链应用情况，可见区块链技术的实际应用正蓬勃发展。

表 2-2　国内外区块链应用情况

国际机构/企业	区块链服务	典型解决方案	国内机构/企业	区块链服务	典型解决方案
IBM	IBM BaaS	供应链溯源、跨行积分通兑	国家信息中心、中国移动、中国银联	BSN 服务网络	服务基础设施平台
Oracle	Oracle BaaS	食品溯源	华为	华为云 BCS	供应链溯源、众筹公证
Amazon	AWS Managed Blockchain	跨境贸易、供应链管理、零售激励	腾讯	腾讯云 TbaaS	供应链金融、电子票据

续表

国际机构/企业	区块链服务	典型解决方案	国内机构/企业	区块链服务	典型解决方案
Microsoft	Azure Blockchain Service	金融服务、供应链溯源	阿里巴巴	阿里云 BaaS	供应链金融、电子票据、跨境贸易融资
Vmware	Vmware Blockchain	金融市场基础设施、供应链	百度	Xuper 超级链	版权溯源
Google	Firebase	发布和监控、构建类	京东	京东 BaaS	信贷风控、物流溯源
SAP	SAP Baas	供应链溯源	万向	万向区块链平台	物流监控、供应链金融

资料来源：笔者整理。

如果说供应链金融 2.0 是以中心化、线上化、信息化为标志，那么，3.0 阶段的供应链金融具有明显的数字化、自动化特征，融合了产业链，并嵌入了大数据、物联网、人工智能、区块链等技术，其模式更加开放、智能，为企业、供应链，乃至产业链的数字化升级转型做了充分的准备工作。

第四节　数字化供应链：供应链金融 4.0

一、工业 4.0 时代与数字技术

供应链金融 4.0 的概念来源于工业 4.0 时代。工业 4.0 的概念最早于 2011 年由德国政府提出，旨在推动德国制造业的数字化和智能化转型。信息技术的快速发展，物联网、云计算、大数据分析、人工智能等关键技术的逐渐成熟，为工业 4.0 的实现提供了技术基础。

随后各国开始积极探索和实践工业 4.0 的理念和技术，纷纷制定工业 4.0 相关的政策和战略，以推动本国制造业的转型升级。随着工业 4.0 的理念和技术逐渐在各个行业和领域得到应用和推广。制造业、物流业、能源领域等各行各业都在不同程度上应用工业 4.0 的技术和解决方案。工业 4.0 时代的发展旨在实现制造业的数字化、自动化和智能化转型，推动工业生产方式的革新和升级。

工业4.0时代，数字技术（DT），一种重要的资产，理论上可以帮助企业实现端到端的透明度，预测潜在风险，并减少需求的不确定性。许多公司正在其供应链中积极部署各种DT资产链条（刘萍，2009），以实现数字化转型，即采用数字技术来增加组织间和组织内的实时数据流并为公司的流程和技术提供"智能"（郑忠良和包兴，2014）。2021年12月，国务院印发了《"十四五"数字经济发展规划》，其中"加快构建算力、算法、数据、应用资源协同的全国一体化大数据中心体系"，强调了深化数字技术融合创新的重要性。目前，受新冠疫情和线上竞争等多重压力，线下实体零售业面临诸多挑战，运用大数据、云计算、物联网、区块链、人工智能等数字技术，搭建"零售联合云"第三方技术赋能平台，可实现精准营销、智能补货和提升运营效率（Gao et al.，2018）。

二、数据要素与供应链金融4.0

顺应数字经济发展的趋势，新兴数字技术的迅猛发展正推动生产方式的转变、促进数据要素的发展，为新颖价值创造和寻求经济租金提供机会（戚聿东和肖旭，2020）。一方面，通过引入更多的数字技术，企业有更多机会争夺产品、技术和服务优势（Parida et al.，2019）；通过利用数字技术重塑业务结构及服务流程（Ardolino et al.，2018），企业可改善与上下游伙伴及客户的价值互动关系及价值共创关系（Urbinati et al.，2019）。另一方面，企业也可以利用基于数字技术的异构性知识资源及数字产品的无限重组来创建、交付和挖掘数据价值（Kohtamäki et al.，2019）；同时，数字技术还有助于企业采集、加工、清理和分析多来源数据，强化其对客户需求与生产力的认知，促进生产方式向敏捷化生产和网络化协同等方向转型（陈剑等，2020）。不难看出，数据资源也已成为产业转型和经济发展的重要推动力。《"十四五"数字经济发展规划》明确指出，数据要素是数字经济深化发展的核心引擎。① 供应链网络中，生产、交付、采购和销售等各个

---

① 中华人民共和国国务院. 国务院关于印发"十四五"数字经济发展规划的通知（国发〔2021〕29号）[EB/OL]. (2022-01-12)[2025-01-20]. https：//www.miit.gov.cn/xwdt/szyw/art/2022/art_ 4ecc233a663b44329d0863e60b51192b. html.

环节所涉数据庞大、主体多且交易复杂，海量的交易数据是供应链中最重要的资源之一（李余辉等，2022）。如何挖掘并体现供应链数据资源的要素价值，以及如何利用数据要素价值化的驱动力来促进供应链数字化协同发展，是推动供应链金融数字化转型和充分发挥数字化供应链潜力的关键问题。

在此趋势下，各类数据交易平台纷纷成立。截至 2022 年 8 月，我国已成立 40 家数据交易机构。各大数据交易平台经过摸索，逐步形成了数据登记、技术赋能数据权益使用等确权模式[①]。以上海数据交易所为例，其挂牌数据产品已覆盖金融、航运交通、贸易、先进制造等应用板块，产品类型有数据集、数据服务、数据应用三大类。金融机构可基于上述数据交易平台，选购所需数据产品（见表 2-3），以获取客户的基本信息、经营信息、税务信息、司法信息等多维度数据来全面分析企业综合情况，从而全方位了解企业的综合实力；企业也可凭借数据交易平台了解同行业企业的重要数据，以更好地做出生产及销售决策。

表 2-3　在营规模以上数据交易所详情

成立时间（年）	机构名称	地区	交易总额	产品和服务案例（金融应用场景）	产品和服务简介
2015	贵阳大数据交易所	贵州	16 亿元	壹佰利信用信息查询系统	从 8 个一级维度、22 个二级维度，详细展示企业信用信息情况，提供企业信用评分、企业关系图谱、企业信用报告等
2015	武汉东湖大数据交易中心	湖北	不详	企业工商信息（全维度）	适用于各类企业查询平台，网站后台认证，自动填充企业工商信息、企业注册核名或移动 App 对于工商信息的展示等
2016	武汉长江大数据交易所	湖北	不详	信息查询服务	查询其他企业发布的信息、行业动态等
2016	浙江大数据交易服务平台	浙江	不详	企业信用分详情查询	企业信用分析详情，包括企业资本背景、企业规模、成长性、知识产权、经营质量、风险状况的行业排名信息

---

① 国家工业信息安全发展研究中心. 2022 年数据交易平台发展白皮书［R/OL］.（2022-09-02）［2025-01-20］. https://www.secrss.com/articles/46611.

续表

成立时间（年）	机构名称	地区	交易总额	产品和服务案例（金融应用场景）	产品和服务简介
2017	青岛大数据交易中心	山东	不详	贷前信审风控报告	配套合规数据源，生成客户信审风控报告，形成客户全面的风险画像
2019	山东数据交易平台	山东	不详	企业授信审查报告	基于企业的发票经营数据，辅以工商、司法、税务等多维数据，建立企业的成长、履约、信用评分、授信额度等多个模型，对企业的还款能力、还款意愿等方面进行充分评估，为金融机构的信贷审查提供决策支持，为授信过程提供准入和额度建议
2020	北部湾大数据交易中心	广西	3亿元	金融风控	通过整合贸易流、资金流、信息流和物流等供应链产业链大数据，聚焦工商照面信息、企业主要人员信息核验、企业失信查询等多类风控数据，为金融机构提供企业征信数据服务及企业风控数据服务
2021	北京国际大数据交易所	北京	不详	企业全景画像数据	提供企业的相关数据、企业实力数据、企业经营等信息，帮助金融机构了解潜在合作伙伴或投资对象的真实情况，减少风险
2021	上海数据交易所	上海	10亿元	经营稳定性指数	反映企业的当前经营的稳定程度，是否会有短期破产、跑路、发生重大变故等方面的问题
2021	深圳数据交易所	广东	11.07亿元	科技金融贷	针对科技型企业的不同发展阶段，建立多维度的指标模型，基于企业创新能力和知识产权，以及科技企业发展潜力评价，为企业提供融资增信服务，为参与科技创新积分评价的企业拓展融资途径，降低融资成本，分担贷款风险
2022	郑州数据交易中心	郑州	超2亿元	金融信贷风险控制平台综合解决方案	基于对大数据及互联网信贷业务的经验为金融金机构提供包括互联网信贷业务的咨询服务、交易结构设计、定制化模型搭建、联合信贷产品运营等服务，同时提供本地化风控系统、本地化运营解决方案等服务

续表

成立时间（年）	机构名称	地区	交易总额	产品和服务案例（金融应用场景）	产品和服务简介
2022	湖南大数据交易所	湖南	2.97亿元	暂未发布相关产品	暂未发布相关产品
2022	广州数据交易所	广东	1.55亿元	企业综合评估服务	基于企业相关数据的分析和建模，挖掘出高成长、市场占有率高的单项"隐形冠军"企业等优质企业，帮助金融机构快速定位中小微企业，降低信贷风险，制定与企业对接的策略和融资方案，并为政府提供企业筛选和优先支持的依据
2023	杭州数据交易所	浙江	不详	企业全景分析报告	根据企业历年经营情况等数据，全方位综合评估企业经营风险点、融资被拒原因解读等详细报告。其中，主要涵盖企业基本信息、企业经营信息、企业风险信息以及风险评估等内容

资料来源：企查查、数据交易所官方网站。

2020 年，麦肯锡咨询公司发布的《供应链 4.0——下一代数字化供应链》将数字化供应链定义为通过数据集成和分析，使得供应链各个环节形成一个完整、网状的生态系统。该定义充分体现了供应链金融 4.0 发展的基础——数据驱动的数字化供应链。显然，相比 3.0 阶段，供应链金融 4.0 阶段具有更为明显的网络生态化特点，金融、新兴数字技术以及数据资源三大要素相互交织、互促并进，促使供应链金融跨地区、跨链条高效发展。就金融机构而言，围绕企业供应链生态，金融机构可全面整合金融与非金融资源，一方面利用数字技术有效拓展渠道、业务的开展，另一方面利用数据资源高效率低成本地深化业务、防控风险。就数据交易平台而言，基于先进数字技术和庞大的数据资源体系，可设计更具标准化、组件化、工具化的供应链金融产品，以快速适应各行业、各企业的需求。就企业而言，依托第三方数据服务机构和数字科技，可更高效、更充分利用金融资源，在掌控信息流的基础上进一步掌握资金流。

因此，从产业的价值链、企业链、供需链、空间链四个维度来看，供应链金融 4.0 能更高效、更精准地满足产业链各个环节的供应链金融需求。

第五节　本章小结

本章系统性地阐述了供应链金融的演变历程，深入剖析了其各个发展阶段的特征与内涵。

针对供应链金融 1.0 阶段，本章详细探讨了贸易融资与物流金融从孤立节点向链条化整合的演进路径。此阶段标志着供应链金融初步形成，通过针对单一交易或物流环节的金融服务，逐步构建起连接上下游企业的金融桥梁，实现了资金流与物流的初步融合。

针对供应链金融 2.0 阶段，本章着重介绍了线上供应链金融 M+1+N 模式的兴起与发展。该模式以核心企业（1）为中心，通过数字化平台（M）连接上下游多级供应商（N），实现了供应链金融服务的线上化、高效化与规模化，极大地拓宽了金融服务的覆盖范围与深度。

针对供应链金融 3.0 阶段，本章聚焦于智慧供应链的构建，及其在实现商流、信息流、物流、资金流"四流"合一方面的突破性进展。通过集成先进的信息技术与物联网手段，此阶段不仅提升了供应链的透明度与响应速度，还促进了供应链金融服务的智能化与个性化。

针对供应链金融 4.0 阶段，本章深入分析了数字化供应链金融模式的崛起，强调了数字技术（如大数据、区块链、人工智能等）与数据资产在驱动供应链金融创新中的核心作用。此阶段，供应链金融不仅实现了更高程度的自动化与智能化，还呈现出网络生态化的显著特征，即各参与方在数字平台上形成紧密协作、共享共赢的生态系统，共同推动供应链金融向更加开放、包容、可持续的方向发展。

第三章 供应链金融数字化创新的实质与价值

第一节 业务流程与运营管理的智能化

智能化是数字化供应链运营管理区别于传统供应链的重要特征之一，即利用人工智能、物联网、云计算、大数据、自动化等技术，实现对采购、定价、库存、销售、物流、配送等环节的精准化管控，同时对供应链业务及管理数据的智能化采集。例如，在商品供应链中，人工智能能够帮助企业实时分析需求，以动态管理其供应计划，同时也可借助 RFID、EPC 等射频技术，通过设备扫描物流码管控物料等出库入库，实现更精准的库存管理。这些应用都大大降低了运行成本，同时提高了数据信息采集的准确性和实时性，使供应链运行终端和管理水平更加智能化，也为供应链金融业务开展提供了智能化的基础。

供应链金融业务流程智能化基于供应链运营管理智能化，利用人工智能和相关技术来优化和提升供应链金融管理的效率和准确性。智能化的供应链金融业务流程可以通过自动化、数据分析、风险评估和智能决策等技术手段，实现对供应链金融业务各个环节的智能化管理和优化。

图 3-1 为智能化的供应链金融业务流程，具体包括以下方面：

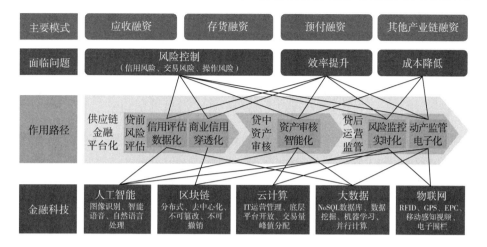

图3-1 智能化的供应链金融业务流程

资料来源：通信世界网，http：//www.cww.net.cn/article？id=467103。

一、业务流程自动化处理

利用人工智能、云计算、大数据等技术，可以实现供应链金融中一些烦琐的任务的自动化处理。在贷前风险评估中，智能化的供应链金融平台在对企业进行信用评估时，能做到全流程数据化，这些沉淀的业务数据有助于金融机构对融资企业的真实交易背景进行充分审核，充分识别可能存在的信用风险、交易风险、操作风险等，从而实现对应收账款融资和存货融资等供应链金融业务的风险控制。在贷中资产审核中，自动化处理的智能化业务流程可以提高工作效率和业务准确性。以预付款融资（保兑仓）为例，融资过程中，买方需分次向银行提交提货保证金，银行再分次通知卖方向客户发货，这个过程涉及多次资金流动和货物流转。自动化处理的业务流程能够确保资金流动和货物流转的高度匹配，从而提升资产审核效率和资金流动效率。在贷后运营监管过程中，人工智能、区块链等技术可实现数据和信息的实时流转和存储，实时化监控和电子化监管能在大幅提升金融机构的运营监管效率的同时省去相关物力和人力，有效降低成本。

二、业务数据的智能化分析

在数据收集、清洗及存储阶段，采用大数据、云计算、区块链等数字技术可实现包括供应商和客户的交易记录、库存数据、运输信息等各种业务数据的自动收集和存储。同时，对收集到的数据进行清洗和整理，去除错误或冗余数据，将其转化为可用的格式，继而将清洗和整理后的数据存储到数据库或数据仓库中，以便随时查询和分析。在数据分析阶段，利用大数据分析工具和技术，对存储在数据库的海量数据可进行常规或个性分类及分析，以满足常规及个性化的分析需求。数据分析的过程还伴随价值挖掘，基于对现有数据各种算法的计算，可进一步满足更高级的数据分析需求。这些分析可以帮助企业和金融机构了解供应链的运作情况和风险因素，发现潜在的风险和机会，如供应商的信用风险、库存过剩或不足等，从而采取相应的措施来降低风险。整体而言，智能化的数据分析可以帮助企业更好地管理风险、优化成本、提高预测能力和实现供应链协同，从而提升企业的竞争力。金融机构通过对供应链金融相关数据的分析和挖掘，可以更好地了解供应链中的风险和机会，并基于数据进行决策，提高风险控制和资金利用效率。

三、风险评估和管控的智能化管理

在上述供应链融资相关业务数据的收集、清洗、存储和分析过程的基础上，利用机器学习和数据挖掘技术，构建风险评估模型。一方面，根据历史数据和特定的风险指标，对供应链中的各个环节进行评估，金融机构可识别供应链金融业务中存在的潜在风险。另一方面，通过对供应链业务数据进行实时监控和分析，智能化的供应链金融业务系统可以快速识别并预警潜在的风险事件，如供应商的信用风险、订单履约风险等。一旦潜在风险被识别，智能化系统可以根据预设的规则和策略，自动触发相应的风险管理措施。如调整信用额度、采取供应链融资措施、调整订单安排等。通过智能化的风险评估和风险管理过程，数字化供应链金融模式可以更加准确地评估和管理供应链中的风险，提高供应链的稳定性和可靠性。同时，智能化系统可以实现实时监控和反馈，及时应对风险事件，降低潜在损失。

四、智能决策

通过对供应链中的各类数据（交易数据、供应商和客户的信用信息、财务数据等）的整合、分析、挖掘、评估，金融机构可以做出智能化的决策，如调整信用额度、制定风险管理策略等。这些决策可以通过建立决策引擎和规则引擎，将智能决策模型和策略嵌入系统中。当有风险事件发生时，系统可以自动触发相应的决策流程，快速做出决策并执行相应的操作，提高决策的效率和准确性。同时，金融机构可以实时监控决策的执行情况，并及时反馈给相关的利益相关方。通过智能化系统的实时监控和反馈，金融机构可以及时调整和优化决策，确保其有效性。决策的智能化，有助于金融机构更好地理解和管理供应链中的风险，提供更准确和及时的金融服务，同时降低自身的风险暴露，最终提高金融机构的决策效率和决策质量，为客户提供更灵活和定制化的金融服务，从而促进供应链的发展和企业的持续增长。

以腾讯云的供应链金融（Tencent Supply Chain Finance，TSCF）产品为例（见图3-2），该产品基于云计算、大数据、区块链、物联网等新技术手段，为金融机构及核心企业提供数字化供应链金融解决方案，具有全流程线上管理、支持多业务场景管理、降低操作风险、信用多级传递、业务流程配置化、强大的数据风控六个特征。该产品可以解决资金端和资产端的需求匹配问题，构建了简捷、高效、标准化的供应链协作、供应链融资在线全流程和全流程风控体系，实现了从贷前、贷中、贷后的底层资产透明化，降低了操作风险、运营及人工成本，改善了企业现金流管理，提升了小微企业融资能力。

"瀚华云链"是由腾讯与瀚华金控股份有限公司共同打造的供应链金融线上服务平台。该平台通过小程序、智能决策引擎、大数据风控等技术手段的应用，实现了数字化运营和智能化决策，为企业提供更高效、便捷的融资服务。该平台构建了企业数字身份认证、远程电子签约、量化风控决策等系统模块，实现了贷前、贷中和贷后的全流程智能化、数字化运营，大大缩短了融资服务的作业流程，提升了客户体验感。同时，该平台与核心企业、产业平台、银行等生态合作伙伴建立了实时交互的数字化通道，

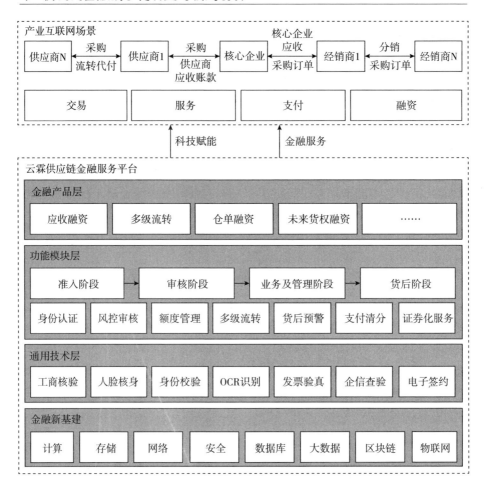

图 3-2 腾讯云的供应链金融业务流程

资料来源：腾讯云官方网站 https：//cloud. tencent. com/product/tscf。

进一步提高了服务效率和质量。该平台还推出了工程保函产品，并成功完成了首笔业务。客户可以通过自助方式在线完成全流程操作，大大提升了融资体验。这种数字化创新和科技赋能解决了中小企业融资困难、融资成本高的问题，推动了产业链的发展和经济的增长。这样的供应链金融平台不仅提升了融资服务的效率和客户体验，也为金融机构和企业提供了更多的商业机会和合作空间。

第二节　业务数据、风险管控的可视化

供应链可视化，是基于供应链的需求，利用信息技术提升供应链管理能力的重要环节，通过采集、传递、存储、分析、处理供应链中的订单、物流以及库存等相关信息，最终以图形化、虚拟现实等方式展现出来。供应链金融可视化一方面依托于供应链管理的可视化，另一方面依赖于供应链融资业务的可视化。利用信息技术和可视化工具，结合供应链管理流程的可视化，供应链金融相关的业务数据和指标，可以图形化、仪表盘等形式展示出来，以便用户更直观地了解和分析供应链金融的运作情况和业务指标。以下是供应链金融可视化的一些方面：

一、供应链数据的可视化呈现

以图表、图形、仪表盘、网络图、拓扑图等形式展示的形式（见表3-1），可以使复杂的数据变得直观易懂。在传统供应链金融模式中，数据多以人工收集、处理，线上化的发展往往只体现在数据形式的转换，如纸质版业务单据转换为电子单据，但业务本身依旧离不开繁杂的业务单据。随着数字时代的发展，业务开展的模式逐渐从冗杂的线下流程转向便捷的无纸化数字流程。例如，可以通过可视化展示供应商的交易数据、库存情况、运输信息等，金融机构以及供应链企业均可更好地了解供应链的运作情况，从而更高效地掌握供应链的交易背景和信用背景。

表3-1　供应链数据的可视化呈现

可视化呈现方式	使用数据类型	作用与效果
折线图、柱状图	用于展示供应链中的时间序列数据，比如订单量、库存水平、销售额等	折线图可以清晰地显示数据的趋势和波动，柱状图则适合比较不同时间点或不同类别之间的数据差异
散点图、气泡图	用于展示供应链中的关联性数据，如供应商的交货时间与产品质量之间的关系	散点图可以直观地展示数据的分布情况，气泡图则可以通过不同大小的气泡表示不同的数值

续表

可视化呈现方式	使用数据类型	作用与效果
地理图、地图热力图	用于展示供应链中的地理位置和区域数据,如仓库分布、运输路线、销售地区等	地理图可以帮助用户直观地了解地理分布情况,地图热力图则可以通过颜色深浅表示不同区域或位置的数据密度或数值大小
仪表盘、指标卡片	用于展示供应链关键指标的实时状态和变化趋势,如库存周转率、订单履约率、供应商评级等	仪表盘可以集中展示多个指标,指标卡片则可以单独展示某个指标的详细信息
网络图、拓扑图	用于展示供应链中的网络关系和拓扑结构,如供应商与客户之间的关系、物流节点之间的连接等	网络图可以清晰地展示不同节点之间的关系和连接方式
3D 可视化、虚拟现实	用于展示供应链中的复杂数据和场景,如物流运输的路径规划、仓库布局的优化等	通过 3D 可视化和虚拟现实技术,用户可以更直观地观察和模拟供应链的运作情况

资料来源:笔者整理。

二、供应链融资服务可视化

受益于新兴数字技术,供应链融资服务可视化可以通过多种方式来展现,包括融资申请、贷中管理、放款等环节。在数字化供应链金融平台中,用户可以通过可视化界面实时查看自己的融资申请进度、授信额度等信息,提高融资服务的透明度和可操作性。从企业端来看,在贷前服务方面,融资申请和审批流程可视化便于融资企业清晰地了解每个环节的进展情况,通过一个可视化的流程体系,能显示融资申请从提交到审批的不同阶段,以及每个阶段的状态和所需的操作。在贷中服务中,一方面,通过图表或仪表盘等方式展示供应链融资额度的分配情况和使用情况,用户可以直观地了解融资额度的分布、使用情况以及剩余额度,帮助他们更好地管理和优化融资资源;另一方面,融资费用和利率的可视化也利于用户比较不同产品之间的费用和利率差异,以供其选择更符合其需求的融资产品。在贷后服务方面,融资订单和还款状态的可视有助于融资企业实时了解订单的履约情况、逾期情况以及还款的进展,以便其及时采取相应的措施。从金融机构端来看,在贷前服务方面,金融机构一方面可利用可视化操作对供应链历史数据进行分析,清晰地评估供应链业务流程中各个环节的潜在风险，从而高效识别供应链金融业务中存在的潜在风险；另一方面，金融机构可利用智能化的供应链金融业务系统，对供应链业务数据进行实时监控和分析，快速识别并预警潜在的风险事件，如供应商的信用风险、订单履约风险等。在贷中服务中，风险、资金流、业务回报率，以及未来业务开展方向都是金融机构关注的重点。对于风险监控，数字化供应链金融模式的可视化，能实时且充分展示供应链融资中可能存在的风险情况，例如，供应商的信用评级、逾期率等指标有利于金融机构及时进行风险管理和控制。对于资金流管理，可视化的供应链金融业务平台也能清晰展示融资资金的流向和使用情况，以实时监控资金的流动和管理。在业务回报率方面，可视化的业务平台能实时反馈供应链融资业务的收益率、回款情况以及相关指标的变化趋势，有利于金融机构及时评估融资业务的绩效和回报情况。此外，可视化的智能业务平台还能协助金融机构了解融资数据的趋势、关联性和预测结果，以便做出更准确的决策和未来业务开展规划。通过以上可视化体现，数字化供应链金融模式有助于金融机构充分了解供应链业务流程中的各个环节，提高决策的准确性和效率；也有助于供应链企业更好地理解供应链管理的重要性，从供应链协同、绩效、融资效率等多方面提升供应链竞争力。

第三节　数据资源价值化

一、数据价值化发展进程

2021 年 12 月，国务院印发《"十四五"数字经济发展规划》（以下简称规划），"规划"明确指出：数据要素是数字经济深化发展的核心引擎（Buchak et al. , 2018）。在供应链网络中，生产、交付、采购和销售等各个环节所涉数据庞大、主体多且交易复杂，海量的交易数据是供应链中最重要的资源之一（Chen et al. , 2020），其蕴藏的信息价值和要素价值不可估量。供应链金融场景下供应链数据资源的价值化过程是供应链金融数字化创新发展中最重要的实质与价值。研究供应链数据形态从数据资源到数据产品的使能策略、从增信辅助手段到供应链金融加速器的释能机制，有助于我国数据要素市场的高质量发展。

中国信息通信研究院发布的《数据价值化与数据要素市场发展报告（2021 年）》提出数据价值化的"三化"框架，即数据资源化、数据资产化、数据资本化（见图 3-3）。数据要素的"三化"过程体现在：数据从最初的数据资源原材料到被加工成产品、进入流通、实现价值增值，最终才能实现数据在市场中起到资产配置、资本衍生的作用（尹西明等，2022）。因此，作为数据要素价值化的载体，数据实质上经历了数据原料、数据资源、数据资产、数据资本的性质转换（金骋路和陈荣达，2022）。

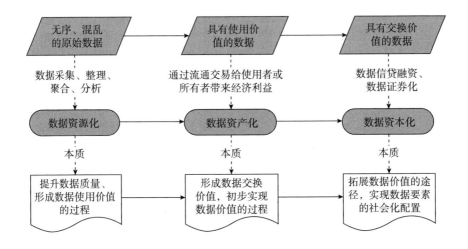

图 3-3　数据价值化框架

资料来源：中国信息通信研究院，笔者整理绘制。

二、数据技术的发展阶段

根据中国信息通信研究院发布的《数据要素白皮书（2023 年）》，数据技术的发展经历了三个阶段（见图 3-4）。

DT1.0 时代，企业间业务运转为主要数据来源，文件系统和数据库作为主要技术支撑手段。该阶段内，数据的资源化特征明显，无序、混乱的数

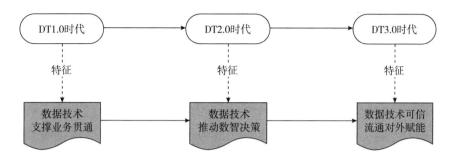

图 3-4　数据技术的演化过程

资料来源：笔者绘制。

据经过采集、整理、分析后成为信息。然而，相比数据的资源化特征，数据作为一种信息化手段备受关注，如供应链内部的信息结构（Li and Lai，2021；Zhou et al.，2019）、供应链信息质量（刘浪等，2021）、供应链信息泄露（Li et al.，2022；李秋香等，2023）等方面对供应链运营决策以及融资绩效的影响问题。

DT2.0 时代，数据经过挖掘、清晰、筛选、分析后，可实现业务的智能化决策。该阶段内，数据资源的挖掘和共享是已有研究关注的重点。有研究认为，数据是一种蕴藏着巨大价值的资源，通过数据挖掘与共享策略企业可以获得有效数据（黄甫等，2018），分析、存储和使用该数据资源可以增加企业收益（Maryam et al.，2018）。拥有良好数据分析能力的企业，包括数据挖掘、基于案例的数据推理、探索性数据爬取和机器习技术等，可以帮助企业挖掘海量的非结构化数据，探索新商机，这对于在数字化环境竞争中取得优势非常重要（Jia et al.，2020）。也有研究从数据资源赋能中小企业融资的视角，论述了中小企业需要利用供应链的业务交易数据来帮助自身展示融资优势（Xu et al.，2018）。还有部分研究从理论上论述了数据资源整合和开放共享能够实现不同类型数据资源的协同，充分利用数据资源价值，可释放"数字红利"（易宪容等，2019）。一方面，每一单位的客户需求数据都可以通过一定的转化系数为数据挖掘企业带来一定的经济价值（Li et al.，2018）；另一方面，供应链成员企业可以收集、存储和转换数据的价值以获得利润（Wang et al.，2021）。因此，在数字经济背景下，数据资源的潜在价值提供了"外部激励"，且数据资源价值的确定性程度、数据资源价值转换系数越高，市场增长效应越明显（刘东霞和陈红，2022）。

DT3.0时代，数据不仅在企业内部流转，也能通过流通发挥更大价值，已具备资产化和资本化的特征。数据作为一种新兴生产要素，是数字经济的核心资源，它与其他生产要素深度融合，赋能传统产业，会对经济增长产生乘数倍增作用（欧阳日辉和杜青青，2022）。目前，研究多考虑了企业数据资源化的情况，仅有部分学者对数据要素的资产化及资本化做了初步探索。数据确权及定价、数据交易、数据要素配置等问题是已有研究主要关注的内容。其中，数据确权及定价问题是健全数据交易机制的关键（李三希等，2023），健全的数据交易机制是推进数据要素市场化配置的先决保障（龚强等，2021）。普遍认为，数据要素具有虚拟性、非竞争性、价值不确定性等独特的技术经济特征（Jones and Tonetti，2020；蔡继明等，2022；蔡跃洲和马文君，2021；龚强等，2021；刘涛雄等，2023），这使数据的产权分配和交易机制不同于传统商品和服务（熊巧琴和汤珂，2021；徐翔等，2021）。一方面，数据产权在用户和数据收集者之间存在配置问题（李三希等，2023）；另一方面，数据要素不能独自发挥经济价值，必须与劳动、资本、技术等传统生产要素协调和配合（谢康等，2020b；林志杰和孟政炫，2021）。尽管目前数据要素在实践层面的界权、核算还面临较大挑战（蔡继明等，2022），但促进数据交易流通依旧是健全数据要素市场、激活数据要素潜能的重要一环（龚强等，2021）。

随着数字时代的深化发展，对于数据要素价值的研究已逐渐成为学界关注的重点。已有研究对数据资源化过渡到资产化的过程做了翔实的分析，从数据资源在促进企业业务流程优化、产品和服务创新升级、提高生产效率等经济和社会效益，逐渐扩展到数据要素具备的资产价值等方面，充分论证了数据要素本身的经济价值，以及数据交易和数据要素配置对于数字经济发展的重要作用。然而，关注数据的交易模式和流通场景的研究还较为有限。

第四节　本章小结

本章介绍了供应链金融数字化创新的实质与价值，分析了数字化供应链金融的业务流程和运营管理的智能化，如业务流程自动化、业务数据的智能化分析、风险评估和管控的智能化管理、智能决策；介绍了数字化供应链金融在业务数据、风险管控的可视化方面，如供应链数据的可视化呈现、供应链融资服务的可视化；梳理了数据资源价值化的发展进程，如DT1.0阶段数据的资源化特征、DT2.0阶段数据资源的挖掘和共享、DT3.0阶段数据的资产化和资本化特征，以及数据要素在供应链金融中的应用方式和驱动模式。

第四章　数字化供应链金融的
发展动因

第一节　传统供应链金融发展制约因素

一、企业的供应链管理意识不强，核心企业掌控力不足

供应链管理（Supply Chain Management）作为一种学术概念最先由 Kraljic（1983）和 Shapiro（1984）提出，供应链管理的思想是供应链各参与主体将整条供应链看作一个集成组织来进行集成管理，以提高整个供应链的综合竞争力（刘丽文，2003）。供应链管理的概念自提出以后，经过多年发展，国际上关于供应链管理的相关研究和应用已趋于成熟，而由于供应链管理的概念进入我国的时间相对较晚，且实践发展慢于理论发展，目前我国各类企业的供应链管理意识仍然不强，尤其是处于主导地位的核心企业。根据全球供应链金融论坛（Global Supply Chain Finance Forum）2015 年的研究结果，核心企业赊销的方式极大程度上增加了大量中小企业供应商的资金压力（GSCFF，2015）。Coface（2019）对中国中小企业支付状况的研究报告显示，中国中小企业平均账期由 2017 年的 76 天增加至 2018 年的 86 天，62% 的中小企业遭遇过拖欠账款的情况。这些数据表明，核心企业作为供应链的主导者，在督促自身以及协助中小企业供应商的供应链

管理方面，并未发挥应有作用，而这种对链条上各企业管理和约束的缺乏，最终使供应链协同优势无法发挥，同时阻碍了供应链金融的发展。

二、供应链金融技术薄弱

供应链金融的发展依赖于相关科学技术的支撑，尤其是大数据和云计算、区块链等技术。在国外，以先进的科技金融技术为基础的供应链金融已趋于成熟，电子化程度很高。但由于我国金融信息技术、平台搭建技术、大数据、电子商务技术等科技金融方面，起步较晚，发展较慢（陈晓华和吴家富，2018），我国金融机构电子化程度偏低，在办理供应链金融相关业务如单据、文件传输、文件存储等业务时仍需要人工录入和手工操作，很大程度上降低了融资效率，最终影响供应链金融绩效。并且，人工操作的业务办理模式相比电子模式，在环节复杂的供应链金融业务中，更易出现纰漏，引发操作风险。这些原因都制约了供应链金融的进一步发展。

三、供应链风险控制机制不完善

供应链金融被视作一种具有自偿性的贸易融资业务（宋华和杨璇，2018），较传统信贷业务而言风险更低，但由于供应链金融参与主体较多，涉及很多环节，业务品种较复杂，整个业务过程中仍然存在一定的风险（李毅学，2010）。供应链金融的风险主要有外生风险和内生风险两个方面：外生风险包含宏观与行业系统风险和供应链系统风险，内生风险主要包括信用风险、担保存货变现风险和操作风险等。根据文献（李毅学，2010）对供应链金融风险的评估体系，总结具体风险见表4-1。

表4-1 供应链金融风险类别

风险类别	主要风险分类
宏观与行业系统风险	宏观系统风险、行业系统风险、区域风险
供应链系统风险	供应链竞争风险、供应链协调风险、供应链控制风险
信用风险	借款企业信用风险（规模与发展前景、财务状况、管理水平）、物流企业信用风险（企业规模、历史信用、监管水平）
担保存货变现风险	质物形态风险（变现能力、标准化水平、易损易腐程度、配套保管条件）、销售风险（销售渠道稳定性、销售客户稳定性、销售范围、市场容量、销售账期合理性）

续表

风险类别	主要风险分类
操作风险	合规风险（法律风险、规则与政策风险、执行状态）、模式风险（商业模式、质押方式、监管方控制方式、财务评估报告模式）、流程风险（流程标准化程度、流程信息化程度）、具体操作风险（银行的具体操作风险、物流企业的具体操作风险）

资料来源：笔者整理。

为了防控表4-1中的各类供应链金融风险，成熟的供应链金融风险控制机制必不可少。然而，目前国内的供应链金融风险控制系统并不完善，缺乏信用评估体系和数据收集与分析系统，缺乏有效的规范和监控办法等。这些现状一定程度上制约了供应链金融的发展速度和规模。

四、创新能力不足，产品服务单一

目前，国内相比国外供应链金融业务的种类较少（见表4-2）。由于国内现有的供应链金融服务和业务种类对供应链资质的要求较高，很多不满足要求的中小企业无法参与其中，例如被强势核心企业拖欠账款的中小企业，无法通过转让或质押应收账款以获取融资，同时可选择的其他供应链融资方案并不多，面临融资需求的中小企业很难改善其融资难的困境。此外，受我国利率水平的确定机制影响，供应链金融的收益水平与传统银行信贷的收益水平相比，并不具备优势，因此企业缺乏参与动力和创新动力。

表4-2 国内外供应链金融业务品种

	供应链金融业务品种
国内	以应收账款融资、保兑仓融资和仓单质押为主
国外	出口信用证项下授信、票据池授权、商业承兑汇票、仓单质押授信、先票后货授信、进口信用证项下未来货权质押授信等

资料来源：陈晓华等. 供应链金融 ［M］. 北京：人民邮电出版社，2018：31.

五、供应链金融信息化程度低

供应链金融是协调商流、信息流、物流和资金流的融资服务（Hofmann and Zumsteg，2015）。其中，信息流是提高供应链运作和融资效率的关键之一。然而，从供应链内部结构来看，在现实操作中，由于中小企业的财务披露机制不完善，财务管理技术相对落后，国内供应链的内部信息结构往往是不对称的，从而导致链条上的信息传递受阻，供应链金融业务无法顺利展开；然后供应链金融模式下普遍存在的委托代理关系也增加了信息关系的复杂性（陈卫华，2018）；此外，供应链内部信息结构不对称的情况，还会导致供应链各参与主体无法就已掌握信息做出正确的决策，容易引发逆向选择和道德风险的问题（李雪松和于霞，2010）。从供应链外部环境来看，中国人民银行征信系统于 2006 年 3 月才正式成立，发展时间相对较短，企业覆盖还不够充分。供应链金融各参与主体在衡量彼此信用时，信息来源不足，尽管金融机构也在参与构建征信体系，但其可靠性和全面性也是亟待解决的问题。综合来看，无论是从供应链内部视角还是外部视角，信息化程度低下的现状都是制约供应链金融发展的主要因素之一。

第二节　数字化供应链金融应对
传统供应链金融痛点

一、传统供应链金融与数字化供应链金融差异

以区块链为例，作为一种分布式账本技术，区块链有时间戳、哈希算法、智能合约，以及工作量证明等特征，可缩短交易流程、通过实时提供不容篡改的真实贸易数据来降低风险，从而安全自动地存储所有交易数据。这些特征很好地应对了制约供应链金融进一步发展的痛点。表 4-3 总结了传统供应链金融和数字化供应链金融在各方面的主要差异。

表 4-3　传统供应链金融与数字化供应链金融的主要差异

序号	类别	传统供应链金融	数字化供应链金融
1	融资审批时间	金融机构对供应链上中小企业的经营状况不掌握，融资审批时间长	金融机构实时穿透掌握借款人真实情况，利用信用流转等方式，大幅缩短融资审批时间

序号	类别	传统供应链金融	数字化供应链金融
2	融资成本	融资手续费高	高效审批，降低手续成本
3	工作效率	需借款人提供各类单证和资信材料，金融机构离线逐笔审核	全线上实时操作，自动简便
4	信息验证	人工核验，表单烦琐	自动保存各层交易过程
5	交易透明化	交易信息不透明，容易产生信用风险	数据上链后无法篡改，真实性验证可追溯
6	风险	资产难确权，信用风险高	依靠和有效利用核心企业资信，风险降低

资料来源：笔者整理。

二、数字化供应链金融应对方案

本书沿用龚强等（2021）对数字化供应链金融的定义（区块链技术与传统供应链金融结合的金融创新产物），以下均以"数字化供应链金融"指代区块链赋能的供应链金融模式。数字化供应链金融是我国最早落地且发展最为迅猛（龚强等，2021）的区块链应用场景之一。截至 2020 年，我国数字化供应链金融项目数量在区块链金融应用领域中位列第一①。多家央企、商业银行、科技巨头为顺应产业数字化发展趋势，均推出了数字化供应链金融平台，如国家电网的"电 e 金服"、浙商银行的"应收款链"、蚂蚁金服的"双链通"等。以"双链通"为例，"双链通"平台已经为全国 7800 万家②中小微企业提供秒级融资服务，可触达供应链上近 85%的中小企业。

三、数字化供应链金融发展契机

数字化供应链金融得以快速发展的契机在于其对传统供应链金融业务痛点的逐个击破（Tang and Zhuang，2021；Du et al.，2020；Zheng et al.，2020）。表 4-4 归纳了现有研究具有代表性的观点。数字化供应链金融领域的理论建立晚于实际发展，但和实际应用规律相符，我国对该领域的科学探索也领先国际。早期，学界对该领域的理论探索大多是基于实践中已落

---

① 中国互联网金融协会 . 中国区块链金融应用与发展研究报告（2020）［R］.（2020-04-08）［2025-01-20］. https：//www. yunduijie. com/upload/article/ppt/5ee4332caa6ed9seZuanrJW84723. pdf.

② 刘洋 . 区块链金融：技术变革重塑金融未来［M］. 北京：北京大学出版社，2019：16.

地的相关应用模式，例如，朱兴雄等（2021）认为可利用基于联盟链的区块链信息平台开展供应链金融、精准营销等业务，一方面解决核心企业不愿提供信用背书的难题，另一方面加强风险管理，完善资金流监控。唐丹和庄新田（2019）以浙商银行应收款链作为理论建模基础，对比传统供应链金融模式，发现数字化供应链模式可促进供应链协调。

表 4-4　数字化供应链金融应对传统供应链金融痛点的代表性观点

痛点	数字化供应链应对方案		文献来源
信息不对称（Li et al.，2021；刘露等，2021）；银行难以识别特定信息真实性（龚强等，2021）	分布式记账	多主体之间的信息在链条上记录并共享	郭菊娥和陈辰（2020）；Du 等（2020）；Chod 等（2018）
	共识机制	验证交易的真实性，实现去中心化"无信任的信任"	张亮和李楚翘（2019）；Du 等（2020）
中小企业融资难，融资贵（刘露等，2021；郭菊娥和陈辰，2020）	点对点交易	信用穿透，核心企业信用可转化为数字权证流转和拆分	刘露等（2021）；Guerar 等（2020）；Tang 和 Zhuang（2021）
账期长，回款慢，中小企业资金周转率低（Li et al.，2021）	哈希算法	数字资产拓宽了融资渠道，如数字仓单质押，应收账款融资	Du 等（2018）；Chen 等（2020）
商业机密数据安全性难以保证（Du et al.，2020）	加密算法	联盟区块链+同态加密算法	Du 等（2020）
	点对点交易	第三方机构无法获取和使用数据	Clohessy 和 Acton（2019）；Wamba 等（2020）
上下游末端企业供应链活动参与度低（郭菊娥和陈辰，2020）	分布式记账	分布式记账让信息点对点传输，帮助其获得核心企业信用背书和关联授信	刘露等（2021）；Tang 和 Zhuang（2021）
流程手续复杂，交易和审计成本高（郭菊娥和陈辰，2020）	智能合约	自动执行合同，智能无纸化信息记录和传递过程降低运营成本提升效率	郭菊娥和陈辰（2020）；Du 等（2020）；Yu 等（2017）；Chen 等（2020）；Chod 等（2018）
虚假抵押，一票多押（Du et al.，2020；Guerar et al.，2020）	工作量证明	共识机制使得供应链上协议不可篡改	Guerar 等（2020）
	哈希算法	货品和票据可追溯	Guerar 等（2020）
贸易风险高（Li et al.，2021）	透明可追溯	透明化监管，落实责任主体	郭菊娥和陈辰（2020）

在理论追赶实际的过程中，经过对区块链激励机制（张路，2019）、智能保理（Tang and Zhuang，2021；邓爱民和李云凤，2019）、多周期多层级供应链（Tang and Zhuang，2021）、牛鞭效应（Chen and Wang，2020）、区块链+行业，如汽车零售（Chen，2020）、时尚行业（Choi et al.，2020）等多视角的研究和探索，数字化供应链金融领域已从实际应用联系理论的模式初探阶段（钟腾等，2017；Yu et al.，2017；唐丹和庄新田，2019）过渡到了创新应用摸索阶段（Chen et al.，2020；刘露等，2021；龚强等，2021）。如 Chod 等（2018）将 b-verify——一种可验证交易记录的开源区块链新协议，引入供应链系统中，验证了利用该技术对供应链交易信息的透明化记录可有效提升运营和融资效率。龚强等（2021）认为，区块链技术可提升企业的数字化水平（上链企业数量增加和上链数据质量提升），数字化供应链金融模式可显著提升供应链融资效率。Choi 和 Xu（2021）对比了使用和不使用数字货币作为激励机制的供应链融资绩效，发现同时采用区块链技术与数字货币的供应链可实现多方共赢。Liu 等（2021）考虑了供应链风险共担情况，论证了数字化供应链金融模式在运营和融资效率上的优势。

综上所述，数字化供应链金融取得成功的内在原因在于区块链技术对企业融资中信息不对称问题的有效攻克，以及足够高的信息触达程度和足够低的运营和融资成本。数字化供应链金融这一成果应用场景是区块链技术驱动的供应链金融行业的新业态，也是一种高效、普惠金融的支持手段（龚强等，2021）。

四、数字技术赋能供应链金融的理论价值

很多研究均建议把注意力集中在数字技术融合创新这一维度上，建议将区块链、云计算等数字工具引入实践交易中，这会带来更好的表现（Lerman et al.，2022；龚强等，2021；Cole 等，2019）。实践中，金融机构与相关企业积极开发区块链驱动的供应链金融平台，如工商银行的"工银e信"、平安银行的"供应链应收账款服务平台（SAS）"、京东的"智臻链BaaS平台"、腾讯的"腾讯云 TbaaS"等。

在工业 4.0 时代（Dutta et al.，2020），区块链作为一种分布式账本技术，具有可追溯性、去中心化、公开透明、集体维护、不可篡改等（Gao et al.，2018）特性，是应对传统供应链金融弊病（管理成本高、信息不对称、数据造假等）的创新方案（Liu et al.，2020；Choi，2020）。区块链技术去中心化的应用，使原本处于供应链低层级的上下游末端企业，更加积极地参与到供应链经济活动中（郭菊娥和陈辰，2020），以促进供应链协同发展。

理论上，国内外学者也积极探索区块链赋能供应链的价值。表 4-5 归纳了部分代表性观点。Philipp 等（2019）、Gurtu and Johny（2019）认为，区块链技术有颠覆传统供应链管理模式的潜力，因为其透明化、信任化、真实和安全性、去中心化等特性，可有效降低管理成本、提高运营效率和减少浪费。在此基础上，Queiroz 等（2019）认为，所有基于区块链技术的交易都更具有效率、更安全和更透明。因此，学界普遍认为，区块链的分布式技术在数据管理和供应链可视化以及运营方面的优势可以减轻传统供应链中信用、运作和合规风险，也可降低由信息不对称、流程烦琐等造成的运营及合规成本（Dutta et al.，2020；Min，2019）。

表 4-5　区块链赋能供应链的代表性观点

区块链赋能供应链的价值	代表文献和代表观点
数据管理 （Data Management）	能够校准供应链各节点产生的数据（Dutta et al.，2020）； 实时抓取信息（张夏恒，2018）
供应链可视化 （Transparency）	产品可追溯性增加产品透明度（Tapsott，2017）； 攻克了获取消费者信任的难题（Anjum et al.，2017；Banerjee，2018）
运营效率 （Operational efficency）	智能化生产简化运营流程（Martinez et al.，2017）； 智能合约节省交易成本（Ko et al.，2018；Niu and Li，2019）
脱媒 （Disintermediation）	去中心化特性可弱化第三方中介（Cong and He，2019）； 提升供应链各主体间信任（贺超和刘一锋，2020）
信息和物流安全性 （Resilience）	不可篡改特性可减少数据造假风险（Min，2019；Cole et al.，2019）； 可追溯产品从制造到交付的整个过程（Li et al.，2021）
生态化治理 （Ecological governance）	有效督促和检测企业的社会责任（Venkatesh et al.，2019）；促进企业从竞争关系走向共生关系（李勇建和陈婷，2021）
可持续发展 （Sustainability）	可靠性和可视性促进供应链物流、信息流传递效率（Saberi et al.，2019）；降低企业资源浪费（林木西和张紫薇，2019；张令荣等，2021）

由于区块链各节点之间的数据交换遵循固定且预知的算法，其数据交互是无须信任的（区块链中的程序规则会自行判断活动是否有效），交易对

手无须通过公开身份的方式让对方自己产生信任（贺超和刘一锋，2020），可以基于地址而非个人身份进行数据交换。因此，区块链技术的去中心化和匿名性，可以弱化供应链运作过程中第三方中介机构（如银行、物流平台）的参与强度（Cong and He，2019），从而降低由第三方机构介入所产生的委托代理成本，并简化传统供应链"三流"合一（商流、信息流、物流）各环节中的烦琐流程。同时，区块链技术的可追溯性和不可篡改特性也确保了产品和信息流动过程中的安全。

此外，区块链技术在供应链的可持续发展（社会、经济和环境）（Seuring and Muller，2008）方面，也起着促进和正向激励的作用（Saberi et al.，2019）。例如，农业和饮食业，区块链技术可以为饮食供应链和食品供应链提供实时的产品信息溯源方案，一方面可确保食品和农产品安全，另一方面可防止假冒伪劣产品危害社会和经济秩序（Tian，2017）；再者，通过实时洞悉市场变化，可提高生产效率，杜绝产能过剩，避面造成不必要的浪费（林木西和张紫薇，2019；张令荣等，2021）。

传统供应链以核心企业为主导，将供应商、制造商、分销商，以及消费者串联成一个整体的网链式结构。由于信息阻滞、供应链成员协作意识薄弱等弊病使供应链的经营导向偏离了最终消费者，导致供应链不协调和营运效率低下等问题。通过区块链等新兴科技的赋能，传统供应链管理的职能将被颠覆（陈剑等，2020），可视化、责任化的追溯机制等技术特征可更好地满足消费者需求，从而带来更多的经济效益（Wang and Gunasekaran，2016）。

第三节　外部商业环境的推动

一、外部商业环境的发展趋势

数字化供应链金融（Digital Supply Chain Finance）是区块链技术与传统供应链金融相结合的金融创新产物，也是我国最早落地且发展最为迅猛的区块链应用场景之一。截至 2020 年 5 月，电 e 金服已帮助 4.5 万家中小微企业获得低成本融资 343 亿元、释放保证金 255 亿元、累计节约融资成本 10 亿元，"电 e 金服"服务对象涵盖全产业链市场主体，既包括系统内 1200 余家单位，又覆盖上游 10 万多家供应商，还面向下游 5.2 亿用电客户。截至 2021 年 6 月末，浙商银行"应收款链"平台累计服务民营企业 25710 户，融资余额 1086.47 亿元。蚂蚁区块链平台经过多年的积淀与发展，达到金融企业级水平，具有独特的高性能、高安全特性，能够支撑 10 亿账户×10 亿日交易量的超大规模场景应用。各种迹象表明数字化供应链金融正进入快速发展阶段。①

二、中小企业"链式"数字化转型

中国工业互联网研究院和国家工业信息安全发展研究中心编纂的《中小企业"链式"数字化转型典型案例集（2023 年）》收录了 66 个案例，其中有 7 个案例通过整合数据资源，助力中小微企业提升数字信用和融资获取能力；7 个案例提供供应链金融综合解决方案；1 个案例提供数据要素交易（见表 4-6）。

表 4-6　中小企业"链式"数字化转型典型案例整理

序号	公司名称	案例名称	数据驱动供应链金融模式	取得成效
数据增信				
1	浙江新凯迪数字科技股份有限公司	通过混合应用组合模式+工业互联网平台服务创新赋能五金产业中小企业数字化升级	依托五金产业区块链综合服务平台，以永康五金产业的链上中小微企业供应链金融科技服务为切入点，整合多方数据和资源，助力解决企业融资难、融资贵、融资慢问题，引导金融机构入驻参与投融资，构建五金产业信用生态	累计服务链上企业 355 家，总放款金额达到 6.38 亿元
2	拉卡拉支付股份有限公司	通过"数字支付+开放平台+数字金融服务平台"为中小企业经营赋能推动制造业企业实现链式数字化转型	搭建数字金融服务平台，链接银行，为供应链上的中小微企业、商户提供金融产品支持。整合核心经营数据整合生成区块链下不可篡改的数据资产，帮助中小微企业建立金融机构认可的数字信用，提升融资获取能力	已服务超过 10 个不同行业的企业，帮助其解决向上游厂商的设备及其他生产要素采购等场景中的资金需求

---

① 资料来源：笔者整理。

续表

序号	公司名称	案例名称	数据驱动供应链金融模式	取得成效
数据增信				
3	浪潮工创（山东）供应链科技有限公司	通过数字化供应链模式赋能钢铁行业中小企业"链式"数字化助力泛五金产业集群中小企业数字化转型	借助数字化供应链平台，为供应链上、下游企业提供数字产融服务。对企业真实交易数据进行数据分析，搭建风控模型，为金融机构企业征信管理提供持续的可信数据支撑。通过平台授信银行等金融机构向供应链中小企业发放贷款，帮助缓解企业资金压力	数字化供应链模式在钢铁行业下游高速护栏领域迪乐普公司部署后，正向山东中安能源科技有限公司进行复制
4	中国铁建股份有限公司	通过"铁建云租"产融互联网平台助力设备租赁产业链中小企业数字化转型升级	铁建云租平台基于物联网、区块链等技术，可采集全流程交易的真实数据，开展物流、资金流和数据流等交叉验证，形成金融供应链数据，通过大数据算法分析生成数据报告，提供给金融机构，为金融机构提供数据增信依据	针对设备租赁供应商，结合其主体信用和平台上的数据信用，为其量身定制基于应收账款的融资租赁模式
5	河钢数字技术股份有限公司	通过"智能制造园区创新服务平台"推动河间电线电缆中小企业协同发展	平台充分发挥政府组织优势，同步采取"互联网+政务+金融+大数据风控"模型和"线上+线下"结合的金融服务模式，建设内容包括金融超市及融资撮合模块、大数据分析及风控模型模块、供应链融资服务平台三大模块	金融服务系统注册企业100余家，入驻金融机构12家，上线23款金融产品，融资需求18.5亿元，实际投放52亿元
6	迪塔班克（浙江）数据科技有限公司	建设华塑智联工业互联网平台推动石化及新材料产业链供应链高效协同	中小企业的数字化转型，针对订单溯源机制，能够有效降低中小企业融资难度，增加银行授信可能性。数据赋能对接地方银行资源，提升中小企业融资能力	与浙商银行、舟山市工商联合会等合作伙伴商谈合作，获得相应授信额度，更好地服务平台内中小企业
7	浪潮工业互联网股份有限公司	通过建设运营砂石行业公共服务平台助力砂石行业双链协同以及链上中小企业数字化转型升级	浪潮工业互联网运用金融科技手段，构建可信体系，将资金流有效整合到供应链管理的过程中，运用货物流、资金流等真实交易数据，构建一体化的金融供给体系和风险评估体系，通过供应链服务提供融资服务	通过供应链金融提供资金服务，为产业链中小型企业提供资金，提升资金周转效率20%以上，降低企业垫资风险

续表

序号	公司名称	案例名称	数据驱动供应链金融模式	取得成效
供应链金融服务				
1	湖北华纺供应链有限公司	通过数字化供应链综合服务平台助力纺织服装链上企业降本增效升	在纺织服装产销两端，根据产业链条不同环节进行细分，创新供应链金融产品。有序开展代采、代收、货押及保理等金融业务，扩大企业融资供给，降低企业融资成本，提升融资效率	在汉川电商产业园、荆州岑河童装产业园、潜江户外运动集群等地开展整体集采、供应链金融等业务合作
2	TCL 实业控股股份有限公司	通过大供应链协同平台助力链上中小企业实现"链式"数字化转型	以"以融促产、以融促销"为初心，帮助解决 TCL 产业链上、下游企业融资难和融资贵问题，建设了"简单汇"数字化平台。从供应链场景入手，以金融科技赋能，运用大数据、人工智能、生物识别、发票采集与查验、区块链等技术，为产业链属企业提供全线上一体化的供应链金融综合解决方案	累计已服务超50000家（次）中小微企业，助力中小微企业获得融资2300亿元
3	重庆宗申动力机械股份有限公司	通过构建"一链一网一平台"推动动力系统产业链上下游企业协同发展	提供供应链应收款融资、预付款融资、资金流、信息流整合等解决方案，实现核心企业对资金合理调度、锁定未来销售，满足产业链配套企业在结算、融资、财务管理方面的综合需求，减少融资风险、降低融资成本、提高产业链运行效率	接入平台的企业数量达到301家
4	中国工商银行股份有限公司	创新数字金融服务体系赋能"专精特新"中小企业数字化转型	以"专精特新"龙头企业为核心的科技产业链数字金融服务新模式，以资金链引导创新链，以创新链带动产业链，以产业链反哺资金链，形成科技、金融、产业三链融合的服务新模式，助力将核心企业的优质信用传导到整个产业链	为智能机械、先进材料、精密仪器、空间导航等领域专精特新企业带来超 50 万次潜在客户关注、实现超 35 万家产业链上下游企业的连接
5	宁波蓝源产城集团有限公司	联合龙头企业打造"众车联"汽车零部件产业互联网平台推动汽车产业链上下游企业降本增效	联合国内外汽车零部件龙头企业，打造"众车联"平台，构建起以"特色产业链+产业互联网+金融资本"为核心路径的 B2B+O2O 汽车零部件产业链的全球性平台，是目前中国最大的汽车零部件产业互联网平台	"众车联"平台自成立以来，因其抱团发展的行业资源整合能力和创新的运营模式，极大地吸引了风投、保险等金融资本，加强了助推行业转型升级的能力

序号	公司名称	案例名称	数据驱动供应链金融模式	取得成效
供应链金融服务				
6	美云智数科技有限公司	基于佛山市汽车零部件产业打造具备行业属性的公共技术服务平台助力中小企业集群式高质量数字化转型	围绕美的集团产业生态圈，聚焦发展供应链金融，形成涵盖第三方支付、小额贷款、消费金融、商业保理、融资租赁等金融体系布局，重点打通供应链、供销端、售后和物流等场景，带动资金流转和供应链上下游共生	提供覆盖中小企业数字化转型所需的顶层规划、方案设计、投融资、后评估等全方位数字化服务，提升中小企业价值创造的动态能力
7	四川数智化科技有限公司	通过链网数智化协同平台打造产业链链主企业与中小企业数字协同构建装备制造行业数字化集群生态圈	采用订单融资方式，通过原材料集中采购、下料、配送，为中小企业提供供应链金融服务，解决长期以来德阳中小装备企业想融资无抵押物、库存积压占用流动资金、分散采购成本居高不下、下料切割利用率低等制约发展的痛点	平台与多家金融机构达成战略合作，助力企业融资金额超过4.5亿元
数据要素交易				
	绍兴市柯桥织造印染产业大脑运营有限公司	通过"织造印染产业大脑平台"推动印染行业高质量发展	织造印染产业大脑通过与政府、企业合作共建的模式，建设织造印染产业数据仓	通过织造印染产业数据仓的大数据加工与分析，织造印染产业大脑平台发布数据产品14个

第四节　数字化战略思维的牵引

一、数字经济相关政策梳理

世界正在经历一场数字技术的变革（汪晓文等，2023）。新兴数字技术的迅猛发展正推动生产方式的转变、促进数据要素的发展，为新颖价值创造和寻求经济租金提供了机会（戚聿东和肖旭，2020）。一方面，通过引入更多的数字技术，企业有更多机会争夺产品、技术和服务优势（Parida et al.，2019）；通过利用数字技术重塑业务结构及服务流程（Ardolino et al.，2018），企业可改善与上下游伙伴及客户的价值互动关系及价值共创关系（Urbinati et al.，2019）。另一方面，企业也可以利用基于数字技术的异构性知识资源及数字产品的无限重组来创建、交付和挖掘数据价值（Kohtamäki et al.，2019）；同时，数字技术还有助于企业采集、加工、清理和分析多来源数据，强化其对客户需求与生产力的认知，促进生产方式向敏捷化生产和网络化协同等方向转型（陈剑等，2020）。为促进数字经济的深化发展，我国出台了一系列政策。

如图4-1所示，2018年国家颁布《数字经济发展战略纲要》，我国数字经济发展在基础设施和服务等方面有了明确的战略方向；2023年《数字中国建设整体布局规划》明确提出。数字中国建设必须要有强大的数字基础设施作为支撑，指出从两方面夯实数字中国建设基础的数字基础设施建设路径：一是打通数字基础设施大动脉，主要是通过发力建设网络基础设施、算力基础设施；二是畅通数据资源大循环，着重推进内容数据开放和循环，让数据资源流动起来。这意味着我国数字经济发展已迈入数字中国建设的整体战略布局阶段，是我国经济增长的关键动能。

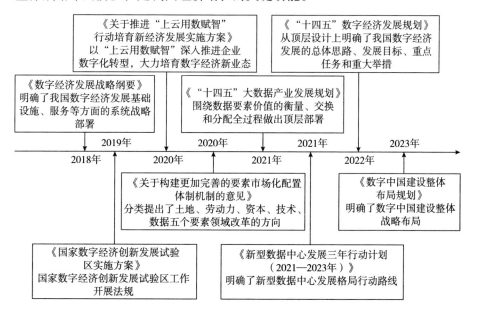

图4-1　相关政策梳理

二、数据要素相关政策梳理

自 2019 年党的十九届四中全会数据被首次增列为生产要素以来，数据已从信息的载体转变为资源、资产、资本。国家高度重视数据要素的重要地位，全方位战略布局数据要素发展，出台了一系列政策举措（见图 4-2）。这些数据要素发展历程中具有里程碑意义的政策举措，为推动数据要素发展筑牢了政策基础、指明了发展方向。

图 4-2　数据要素发展历程

资料来源：中国政府网。

《"十四五"数字经济发展规划》指出，"数据要素是数字经济深化发展的核心引擎"。"数据二十条"强调"以促进数据合规高效流通使用、赋能实体经济为主线，以数据产权、流通交易、收益分配、安全治理为重点。"这意味着数字经济的发展在于数据要素的价值释放，而数据要素的流通交易是价值释放的关键路径。

图 4-3 分别为《"十四五"数字经济发展规划》词云和"数据二十条"

词云，可以看出，"十四五"以来，数据要素的战略地位越发明确。从"数据要素是数字经济深化发展的核心引擎""加快数据要素市场化流通"，到"以促进数据合规高效流通使用、赋能实体经济为主线，以数据产权、流通交易、收益分配、安全治理为重点"，数据要素流通交易的重要性不言而喻。然而，目前我国数据要素的生产力属性还不够，数据流动还不够活跃，数据潜在价值还未得到高效释放。本书认为基于供应链的数据价值释放路径，正是以促进数据要素流通交易为导向，通过研究供应链数据形态从数据资源到数据产品的使能策略、从增信辅助手段到供应链金融加速器的释能机制，能够为激活数据要素潜能提供新颖的视角。

（a）《"十四五"数字经济发展规划》词云　　　　（b）"数据二十条"词云

图 4-3　相关政策词云

资料来源：笔者绘制。

第五节　本章小结

本章分析了数字化供应链金融的发展动因。首先分析了传统供应链金融发展的制约因素，如供应链管理意识不强、供应链金融技术薄弱、供应链风险控制机制不完善、创新能力不足、供应链金融信息化程度低等；其次分析了数字化供应链金融在应对传统供应链金融痛点中的相关特征，如数字技术对企业融资中信息不对称问题的有效攻克，以及足够高的信息触达程度和足够低的运营及融资成本等；再次分析了数字技术赋能供应链金融的价值的相关看法，如可降低由信息不对称、流程烦琐等造成的运营及合规成本，在供应链的可持续发展方面的政协激励作用等；最后分析了外部商业环境对数字化供应链金融发展的推动作用，梳理了中小企业"链式"数字化转型的典型案例以及数据经济和数据要素的相关政策。

第五章　数字化供应链金融研究动态

第一节　国内外相关研究统计分析

本书将整合数据要素价值化与供应链金融两种理论来探究数据要素赋能下供应链金融的模式创新与价值创造问题。这一议题涉及应用经济学和管理学两大学科领域，因此本书分别选取了在这两个领域具有较高国际影响力的英文期刊和同样具有较高声誉的国内期刊作为主要文献来源。

一、国外文献统计分析

对于国外相关研究，本书以"Data * Supply Chain Finance（数据 * 供应链金融）or Digital * Supply Chain Finance（数字化 * 供应链金融）"为主题词，以2021—2024年发表作为检索条件，在 Web of Science 收录的核心数据库进行检索。通过筛选影响因子在 2 以上的文献，最终得到相关文献共计330 篇。针对上述文献，项目申请人运用 Citespace 做了如下统计分析。

图5-1为国外相关文献的关键词词频统计分析结果。国外在数据与数字化供应链金融领域的研究侧重于数字技术，如区块链技术（Blockchain Technology）、大数据（Big Data）、人工智能（Artificial Intelligence），以及对于供应链绩效（Performance）、供应链管理（Management）、企业创新（Innovation）、贸易融资（Trade Credit）等方面的影响（Impact），同时该领

域发展的策略（Strategy）、面临的挑战（Challenges）和风险（Risk）也是国外研究关注的重点。

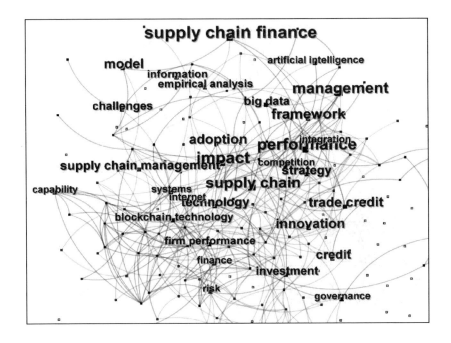

图 5-1　国外相关文献关键词词频分析

图 5-2 为国外相关文献的关键词聚类统计分析结果。如图所示，在供应链金融方面，国外研究更多关注基于数字技术的供应链金融业务框架（Framework）、模式（Model）、策略（Strategy）和管理（Management），以及数字化供应链金融对于供应链绩效（Performance）、贸易融资（Trade Credit）等方面的影响（Impact）。研究类别多集中于供应链金融（Supply Chain Finance）、绿色金融（Green Finance）、创新能力（Innovation Capability）等领域，其中在供应链金融领域内，绩效（Performance）和影响（Impact）备受关注。

图 5-3 为近三年来国外相关研究变化趋势统计分析结果。如图所示，早期研究更关注区块链技术（Blockchain Technology）、机器学习（Machine Learning）等供应链创新应用（Innovation）对于供应链各方面的影响；随

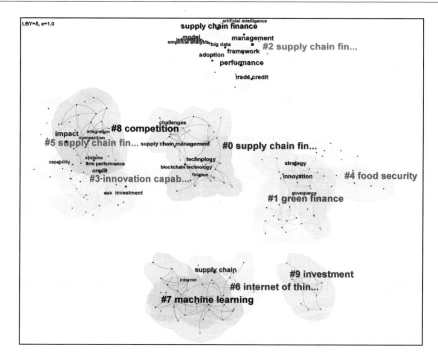

图 5-2　国外相关文献的关键词聚类分析

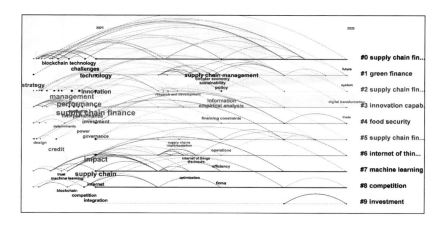

图 5-3　国外相关研究的发展趋势分析

后，供应链资金约束（Financial Constraints）、信息（Information）、运营（Operations）、效率（Efficiency）以及可持续发展（Sustainability）等视角是国外研究展开的主要方面。2023 年，供应链金融的数字化转型（Digital

Transformation）也逐渐受到了国外学者的关注。然而，上述发展中，数据要素的重要性尚未凸显。

二、国内文献统计分析

对于国内相关研究，项目申请人以"数字"并含"供应链金融"、"数据"并含"供应链金融"为主题词，以2021—2024年发表为筛选条件，在知网收录的 EI 来源期刊、核心期刊、CSSCI、CSCD 数据库进行检索，最终得到相关文献共计 139 篇。针对上述中文文献，项目申请人也做了如下统计分析。

图 5-4 为国内相关文献的关键词词频统计分析结果。与国外研究相似，国内对于数据及数字化供应链金融领域的研究同样侧重于区块链、金融科技、人工智能、大数据、物联网等数字技术对于供应链融资模式的作用。不同的是，国内研究还对数字金融、产业链、产业金融、数据要素、中小企业等方面进行了深入探索。其中，数据要素和模式创新是本书关注的重点，也是相比其他供应链金融研究领域，目前国内研究较少关注的领域。

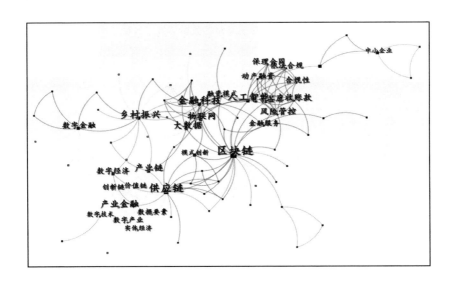

图 5-4　国内相关文献关键词词频分析

图 5-5 为国内相关文献的关键词聚类统计分析结果。不用于国外研究，国内相关研究多集中于物联网、产业链、区块链、人工智能、中小企业、

数字金融等类别，聚类分析结果反映了国内研究对于数字经济下数字技术带来的供应链产业链模式创新、新兴供应链金融模式对于中小企业发展的促进作用的关注，也一定程度反映了当前我国数字经济的发展热潮。

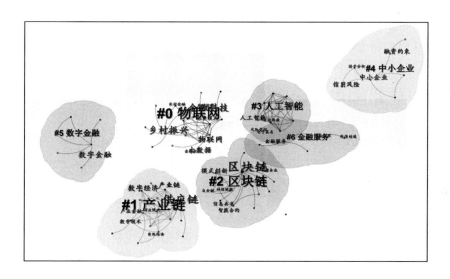

图 5-5　国内相关研究的关键词聚类分析

　　图 5-6 为 2021—2024 年国内相关研究变化趋势统计分析结果。如图所示，早期国内研究更关注基于数字技术的供应链模式创新。区块链等数字

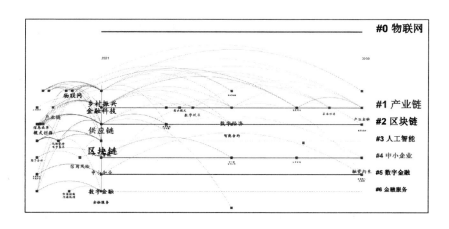

图 5-6　国内相关研究的发展趋势分析

技术促进供应链信息共享，是应对中小企业信用风险的关键技术突破。随着新时代我国数字经济的发展，实体经济是产业链研究方面的重点，产业金融是区块链研究方面的新热点。在数字金融方面，国内研究从中小企业的信用风险逐渐过渡到考虑双循环背景以及企业创新投入的融资约束问题。然而，数据要素驱动的供应链金融模式研究尚未形成趋势。

第二节　数字化供应链金融研究现状

基于上述相关研究统计分析，以下主要对与本书最为相关的三个研究细分领域：供应链数字化转型、数字化供应链金融创新模式、供应链数据要素价值化研究回顾进行梳理和分析。

一、供应链数字化转型

数字化转型是采用数字技术来增加组织间和组织内实时数据的流动，并为组织的流程和技术提供"智能"（Liang et al.，2018）。在工业 4.0 时代，数字技术如物联网、云计算、大数据和人工智能等尖端技术有助于企业的数据流管理（Holmström et al.，2019；Dutta et al.，2020）。目前，很多研究均建议将注意力集中在数字技术融合创新这一维度上，建议将区块链、云计算等数字工具引入供应链实践交易中，这会带来更好的表现（Cole et al.，2019；龚强等，2021；Lerman et al.，2022）。供应链数字化转型不仅是技术的革新，还包括经营理念、战略、组织和运营等全方位的升级。一方面，通过引入更多的数字技术，企业有更多机会争夺产品、技术和服务优势（Parida et al.，2019）；通过利用数字技术重塑业务结构及服务流程（Ardolino et al.，2018），企业可改善与上下游伙伴及客户的价值互动关系及价值共创关系（Urbinati et al.，2019）。另一方面，企业也可以利用基于数字技术的异构性知识资源及数字产品的无限重组来创建、交付和挖掘服务价值（Kohtamäki et al.，2019）；同时，数字技术还有助于企业采集、加工、清理和分析多来源数据，强化其对客户需求与生产力的认知，促进生产方式向敏捷化生产和网络化协同等方向转型（陈剑等，2020）。

业界和学界围绕供应链数字化转型展开了一系列讨论。首先，供应链数字化转型的价值方面：普遍认为，作为一种技术引入，数字技术能促进供应链协调（陈剑等，2020；Lerman et al.，2022；Tang and Zhuang，2021；Chod et al.，2018；Choi and Xu，2021）。传统供应链以核心企业为主导，将供应商、供应商、分销商，以及消费者串联成一个整体的网链式结构（Lerman et al.，2022）。由于信息阻滞、供应链成员协作意识薄弱等弊病使得供应链的经营导向偏离了最终消费者，导致供应链不协调和营运效率低下等问题（唐松等，2020）。通过新兴数字科技的赋能，传统供应链管理的职能将被颠覆（王文隆和王成军，2020），数字技术在数据管理和供应链可视化以及运营方面的优势可以减轻传统供应链中的信用、运作和合规风险，可降低由信息不对称、流程烦琐等造成的运营及合规成本（Holmström et al.，2019），同时也可更好地满足消费者需求，从而带来更多的经济效益（Liu et al.，2020）。

二、数字化供应链金融创新模式

经历了数字加密货币、智能合约应用和延伸创新这三个阶段（宋华等，2021）的发展后，区块链+供应链的"双链"模式成为最受关注的研究领域。目前，围绕"双链"展开的研究主题主要有数字贸易金融（Luo et al.，2021；Patel et al.，2021；Meralli，2020）、数字化供应链管理（Liu et al.，2020；Choi，2020a；Azzi et al.，2019）和数字化供应链金融（Chod et al.，2018；Tang and Zhuang，2021；Choi，2020b）等。从当前国内外关于"区块链+供应链"这一新兴领域的研究情况上来看，大部分现有研究成果从以下两方面为区块链技术驱动的数字化供应链相关价值提供了理论支撑：

1. 贸易金融

目前，我国金融体系还存在一定的运行低效和资源错配问题（钟腾和汪昌云，2017），商业银行依旧占据金融体系的主导地位（张勋等，2019）。随着大数据、人工智能、区块链等金融科技的兴起，传统金融体系为数字金融的跨越式发展提供了空间与机遇。一方面，竞争加剧的数字化商业环境逼迫商业银行均积极拥抱区块链这一热点技术，落地了涵盖金融细分领域的众多项目，如中国银行的区块链电子钱包、交通银行的信用证区块链应用、招商银行的跨境资金归集等；另一方面，区块链技术的技术特征（如智能合约、自治性等）可大幅提升银行交易和服务效率（Lee and Shin，2018），具备改变金融基础架构、颠覆银行与金融业的潜力（Osmani et al.，2021），这为我国数字金融行业的发展打下了坚实的基础。

目前，我国区块链赋能数字金融的应用场景和投融资规模在全球处于领先地位（唐松等，2020），对该领域的科学探索也成为研究热点（黄浩，2018）。以便捷、安全、高效、智能为特征的区块链如何通过智能合约、分布式存储技术、可视化技术改善传统银行金融业普遍存在的信息不对称、高风险溢价和信贷资源错配等问题，驱动数字金融高效服务于实体经济，是一个值得探究的问题（Demertzis et al.，2018）。现有研究大多从简化交易流程（Osmani et al.，2021）、提升清算和支付效率（Lee and Shin，2018）、降低贸易金融成本（胡颖，2019）等方面阐述区块链技术如何应对传统金融业发展痛点。还有从金融科技与商业银行的关联路径探索区块链技术如何推动传统金融业数字化发展。例如 Buchak 等（2018）从商业银行推出的相关产品和项目来分析区块链等新兴科技驱动金融业务平台化的过程。Thakor（2020）研究了各类金融科技度银行业的影响，认为智能合约对提升银行在交易和对账等方面的运营效率有重要作用。也有从区块链技术推动征信系统发展的视角，分析该技术在银行识别融资企业贸易背景真实性（Luo and Yan，2021）、跟踪信贷风险等方面的背书作用（Patel et al.，2021）。

上述成果为本书探究区块链如何赋能实体经济这一宏观议题，提供了充足的微观视角和强有力的理论支撑。大量研究表明，金融发展促进经济增长（King et al.，1993；郑志刚，2007），同时数字化时代中，数字金融服务实体经济，有利于推动数字经济发展，也逐渐成为一种共识（张勋等，2019；唐松等，2020）。科技创新是经济发展最重要的内驱力（Romer，1990），区块链等创新科技与贸易金融业的深度融合，是数字经济发展的关键点。

2. 供应链金融

数字化供应链金融是我国最早落地且发展最为迅猛的区块链应用场景

之一。截至 2020 年，我国数字化供应链金融项目数量在区块链金融应用领域中位列第一。多家央企、商业银行、科技巨头为顺应产业数字化发展趋势，均推出了数字化供应链金融平台，如国家电网的"电 e 金服"、浙商银行的"应收款链"等。

　　数字化供应链金融的快速崛起，归因于其精准定位并逐一解决了传统供应链金融业务中的核心痛点，展现了理论与实践相辅相成的发展路径。尽管该领域的理论体系构建滞后于其市场实践，但其核心理念与实际操作机制高度契合，体现了我国在此领域的科学研究已走在国际前列。初期，学术研究紧密围绕已成功实施的案例展开。例如，朱兴雄等（2018）提出的基于联盟链的区块链信息平台策略，旨在通过此平台推进供应链金融与精准营销活动，既缓解了核心企业信用背书意愿不足的难题，又强化了风险控制机制，优化了资金流的监控体系。唐丹和庄新田（2019）则以浙商银行的应收款链模式为理论模型原型，通过与传统模式的对比分析，揭示了数字化供应链模式在促进供应链整体协同方面的显著优势。

　　在理论与实践相互追赶的过程中，学者们从多维度深入探索，包括区块链激励机制（张路，2019）、智能保理机制（邓爱民和李云凤，2019）、多周期多层级的复杂供应链结构（Tang and Zhuang，2021）、牛鞭效应（Chen and Wang，2020），以及区块链技术在特定行业如汽车零售（Chen et al.，2020）、时尚产业（Choi et al.，2020）的应用等，推动了数字化供应链金融从初步的理论联系实际模式探索（钟腾和汪昌云，2017；Yu et al.，2017）向创新应用深度挖掘阶段的转变（龚强等，2021；Chen et al.，2020；刘露等，2021）。例如，Chod 等（2018）引入 b-verify——一种开源的、可验证交易记录的区块链新协议至供应链系统中，实证了该技术通过提升交易信息的透明度，能有效加速运营与融资流程。龚强等（2021）指出，区块链技术不仅促进了企业数字化程度的提升（体现在上链企业数量的增加与数据质量的飞跃），还显著增强了供应链融资的效率。Choi 和 Xu（2021）则通过对比研究，揭示了结合区块链技术与数字货币作为激励机制的供应链能实现多方利益的最大化。Liu 等（2020）在考虑了供应链风险共担的情境下，进一步论证了数字化供应链金融模式在提升运营与融资效率上的显著优势。

综上所述，数字化供应链金融的成功根源在于区块链技术有效解决了企业融资中的信息不对称难题，实现了信息的高度可达性与运营、融资成本的显著降低。这一创新应用不仅是区块链技术驱动下的供应链金融行业新生态，也是推动高效、普惠金融体系发展的重要支撑手段（龚强等，2021）。

三、供应链数据要素价值化研究回顾

中国信息通信研究院发布的《数据价值化与数据要素市场发展报告（2021 年）》提出数据价值化的"三化"框架，即数据资源化、数据资产化、数据资本化。数据要素的"三化"过程体现在：数据从最初的数据资源原材料到被加工成产品、进入流通、实现价值增值，最终才能实现数据在市场中起到资产配置、资本衍生的作用（尹西明等，2022）。因此，作为数据要素价值化的载体，数据实质上经历了数据原料、数据资源、数据资产、数据资本的性质转换（金骓路和陈荣达，2022）。

当前，随着数据供给能力增强，数据资源化产业链日益完善，数据要素市场快速发展，数据价值化进程不断深化，数据资源作为数字经济最重要的生产要素，正成为企业获得经济利益、获取可持续竞争优势的关键性资源（邢海龙等，2020；Ritter and Pedersen，2020）。在供应链网络中，生产、交付、采购和销售等各个环节所涉数据庞大、主体多且交易复杂，海量的交易数据也是供应链中最重要的资源之一（李余辉等，2022）。如何挖掘、运用数据资源，并将数据资源转变为供应链可量化的具备要素价值的数据资产和数据资本，是本书关注的重点。

现有研究主要集中分析了供应链如何挖掘和共享数据资源，以及数据资源如何赋能供应链数字化协同发展方面的问题。在数据资源的挖掘和共享方面，现有研究关注数据的资源价值，有学者认为数据是一种蕴藏着巨大价值的资源，通过数据挖掘与共享策略企业可以获得有效数据，分析、存储和使用该数据资源可以增加企业收益（黄甫等，2018）；有学者认为拥有良好数据分析能力的企业，包括数据挖掘、基于案例的数据推理、探索性数据爬取和机器学习技术等，可以帮助企业挖掘海量的非结构化数据，探索新商机，这对于在数字化环境竞争中取得优势非常重要（Maryam et al.，2018）；也有从数据资源赋能中小企业融资的视角，论述了中小企业

需要利用供应链的业务交易数据来帮助自身展示融资优势（Jia et al.，2020；Xu et al.，2018）；还有部分学者从理论上论述了数据资源整合和开放共享能够实现不同类型数据资源的协同，充分利用数据资源价值，可释放"数字红利"（魏益华等，2020；易宪容等，2019）。上述研究仅分析了数据资源在促进供应链运营绩效提升的效率价值，没有进一步探讨数据要素价值化（资源化、资产化、资本化）的作用，即忽略了数据本身作为一种生产要素所蕴藏的要素价值。

数据作为一种新兴生产要素，是数字经济的核心资源，它与其他生产要素深度融合，赋能传统产业，会对经济增长产生乘数倍增作用（欧阳日辉和杜青青，2022）。目前，研究多考虑了企业数据共享的情况（Moody and Walsh，1999），仅有小部分学者对供应链中数据要素的价值化做了初步探索。Brinch（2018）指出，数据要素价值分析应是未来供应链管理领域的研究热点，与此相近的研究内容为供应链中的需求信息共享与激励问题。王静（2022）认为数字化供应链的核心内容是数字化与智能化，其关键生产要素是数据资源共同形成的一种新经济形态。Li 等（2018）发现每一单位的客户需求数据都可以通过一定的转化系数为数据挖掘企业带来一定的经济价值。Wang 等（2021）通过构建供应链决策模型，发现供应链成员可以收集、存储和转换数据的价值以获得利润，其中需求驱动的数据价值使得供应链最优定价和增值服务水平下降，但供给驱动的数据价值则会使之上升。刘东霞和陈红（2022）在数字经济背景下，分别构建数据资源挖掘策略与数据资源共享策略下的产品服务供应链定价动态博弈模型，发现数据资源的潜在价值提供了"外部激励"，且数据资源价值的确定性程度、数据资源价值转换系数越高，市场增长效应越明显。分析上述工作，发现尽管部分研究考虑到了供应链数据资源的价值，但未考虑数据作为一种要素具有交易场景的情形（2019），即当前供应链数据要素价值化的研究甚少涉及数据要素的市场结构（Zhang and Beltran，2020）和参与主体（Spiekermann，2019；Kitching and Lauriault，2015），以及数据要素价值化对供应链发展的作用机理和影响机制问题。

此外，还有部分学者分析了数据要素价值化过程中存在的问题。许志勇等（2021）认为目前数据孤岛还广泛存在，信用数据未实现互联互通，缺少统一标准；且数据碎片化程度高，部分数据可信度低，信用信息不全，数据更新步伐不一致。陈晓红等（2022）关注了数字资本过度集聚带来的垄断问题和隐私外部性问题。刘小鲁和王泰明（2022）认为数据通常需要经过采集、清理、加工和分析等一系列高成本投入过程才能成为生产要素。Jones 和 Tonetti（2020）在讨论数据产权的分配问题，认为数据要素的非竞争性导致了数据使用上的无效率，同时数据产品的成本（Shapiro and Varian，1998）和定价（Arribas-Bel，2021）也是其价值化中亟待分析和解决的问题。

四、当前工作存在的不足和问题

从国内外已有研究成果看，目前数字技术和数据资源在供应链领域的应用价值已有充分的理论依据，现有研究对供应链数字化转型、数字技术和数据资源赋能下供应链信息共享及协同发展方面展开了大量研究工作。一方面，现有研究普遍认为，作为一种技术介入，数字技术能促进供应链协调和数字化转型，即数字技术在供应链领域具有效率价值。但数字经济背景下，数据作为一种新兴生产要素，其要素价值及其价值化过程在供应链领域也发挥着重要驱动作用。数据要素的价值化体现在数据资源化、数据资产化、数据资本化"三化"过程，即数据从最初的数据资源原材料到被加工成产品、进入流通、实现价值增值，最终才能实现数据在市场中起到资产配置、资本衍生的作用。然而，现有研究仅分析了数据资源在促进供应链运营绩效提升的效率价值，没有进一步探讨数据要素价值化（资源化、资产化、资本化）的作用，即忽略了数据本身作为一种生产要素所蕴藏的要素价值。

另一方面，学界也认为，作为一种信息化手段，数据资源的共享能驱动供应链协同发展，即数据资源在供应链领域具有信息价值。数据和信息之间是相互联系的。数据是反映客观事物属性的记录，是信息的具体表现形式。数据要素化以前，供应链网络中的海量交易数据被视作信息的加工基础，其本身所蕴含的要素价值往往被忽略，因此学界更关注供应链内部的信息结构和信息共享策略对供应链运营决策的影响问题。随着数字经济的深化发展，数据不仅是一种信息化手段，更是一种生产资源，但其要素价值及其价值化过程对供应链内部信息结构和信息共享策略的影响问题尚未被充分探索。

目前，仅有小部分研究对供应链中数据要素的价值化做了初步探索。这些研究工作考虑到了供应链数据资源的资产价值，但未考进一步考虑数据作为一种要素具有交易场景的情形，换言之，缺乏数据要素市场化过程中所涉及的市场结构和市场参与主体的识别和分析，以及缺乏对数据要素价值化对供应链信息决策和运营决策的影响分析。

综上所述，现有研究大多只考虑了数字技术对供应链协同发展的驱动作用，以及供应链中海量交易数据的信息价值和资源价值，缺乏对数据这种新兴生产要素在供应链应用场景中的价值化过程探索。

第三节　本章小结

本章回顾了数字化供应链金融相关研究动态，采用文献计量的方式对国内外相关文献进行了统计分析。对于国外相关研究，以"Data * Supply Chain Finance（数据 * 供应链金融）or Digital * Supply Chain Finance（数字化 * 供应链金融）"为主题词，以2021—2024年发表为检索条件，得到相关文献共计330篇，并进行了关键词词频统计分析、相关文献的关键词聚类分析、相关研究的发展趋势分析。对于国内相关研究，以"数字"并含"供应链金融"、"数据"并含"供应链金融"为主题词，以2021—2024年发表为筛选条件，在知网收录的核心期刊数据库进行检索，最终得到相关文献共计139篇。针对上述中文文献，也做了关键词词频统计分析、相关文献的关键词聚类分析、相关研究的发展趋势分析。

第六章　非对称信息下数字化供应链金融模式创新

第一节　问题描述

供应链内部的信息结构是影响供应链金融模式创新的一个重要因素。由于供应链本质上是由彼此独立的决策主体构成的商业体系，供应链各主体会依据各自掌握的信息进行相应生产和融资决策（李怡娜和徐学军，2011），而中小企业财务因信息披露方式落后所产生的信息成本往往会对供应链价值造成影响。因此，精准真实且相互对称的信息是提高供应链运作和融资效率的关键（徐晓燕和吴三平，2009）。基于供应链信息结构对称的信息共享可有效降低供应链缺货成本（Lee et al.，2000）、库存成本（Cheng and Wu，2005），促使供应链协调以及供应链各主体收益最大化（De Giovanni，2017）。然而，现实中，由于供应链各方经济往来活动的相互关系较为复杂，信息结构往往是不对称的，且许多行业的供应链数字化水平不足，难以整合交易相关信息，供应链各参与方之间的信息不对称、可信度不高。因此，银行很难通过中小企业自身提供的信息进行征信系统的评级从而有效风险防控（Xie et al.，2017；谭小芬和张辉，2018）。

缺乏对票据贸易背景的真实性掌控、居高不下的违约风险、烦琐的贷款流程和高昂的融资和交易成本等因素，使银行对开展应收账款类融资业务的意愿低下，这加剧了中小企业"融资难，融资贵"的现状，甚至危及整个供应链（郎艳怀，2012）。供应链金融本为解决中小企业融资困境的最佳融资方案，但由于上述种种原因，供应链金融虽有一定市场规模，仍不能有效应对目前数量众多的中小企业"融资难"的现状。为突破供应链金融发展所面临的现有屏障，促进供应链金融进一步发展，对现有技术和行业模式的革新势在必行。区块链技术作为一个集合时间戳、加密算法、智能合约，以及分布式数据存储等多种研究成果的技术体系，从底层的交易逻辑上改变了供应链信息和价值交换的规则，是应对传统供应链金融信息不对称这一弊病的创新方案。

自 2008 年中本聪首次提出区块链的概念以来，区块链从比特币这一项底层技术逐步发展成一种成熟的技术体系，可应用于医疗、教育、金融、传媒等多个领域。2015 年起，区块链技术慢慢渗透至供应链金融领域，经过 5 年的发展，基于区块链的数字化供应链金融已成为业界的一种发展趋势和热潮，即业界所称"数字化供应链金融转型"。① 越来越多的企业、金融机构和电商平台等，均参与到区块链供应链金融的创新合作模式中，如蚂蚁金服的"双链通"区块链平台。该平台以产业链上各参与方间的真实贸易为背景，让核心企业的信用可以在区块链上逐级流转，从而使更多在供应链上游的中小微企业获得平等高效的普惠金融服务。又如浙商银行应收款链平台，截至 2019 年 6 月末，该平台已帮助 8000 多家企业融通了 1700 多亿元资金。②

本章以基于区块链技术的应收款链平台，将供应商信息分享水平作为切入点，构建了在市场需求随机且供应商资金约束的条件下供应链各方以及供应链整体收益的对比模型，研究了供应商信息分享水平的变化及其对传统供应链金融各方及供应链整体的效率影响，通过数值分析方式验证了基于区块链的数字化供应链金融模式在提升供应链金融各方以及供应链金融整体效益的促进作用。

---

① https：//www.forbes.com/sites/stevebanker/2019/09/18/20－things－to－know－about－digital－supply－chain－transformations/#7011e0bb45b1.

② www.lianmenhu.com/blockchain－15483－1.

第二节 模型背景和变量定义与假设

一、模型背景

考虑一个由受资金约束的供应商 S 和核心企业零售商 R 组成的供应链，在该供应链系统中，产品的市场需求随机，成本价、批发价、销售价和剩余价值均在销售期内保持不变，符合典型的"报童"模型特点。该供应链可选择的融资方式有传统应收账款质押融资和基于区块链的数字化供应链金融平台融资。在传统应收账款融资模式下，供应商凭核心企业开具的具有真实贸易背景的应付账款凭证向银行 B 申请应收账款质押融资，并支付一定利息。

基于区块链的数字化供应链金融平台融资模式下，供应商可将应收账款要素提炼及标准化为债权凭证，经核心企业确权后即可转让用于支付货款或及时贴现，核心企业到期付款。交易过程中该平台可准确完整记录企业贸易数据，真实反映交易情况以及企业自身运营情况，同时也可盘活企业应收账款，提升企业资金管理能力且有效解决中小企业融资难贵的问题。如图 6-1 所示，供应商与核心企业均在基于区块链的数字化供应链金融平台 H 上，上链信息充分完备，可真实反映企业的实际运营情况，视作完全信息。供应链双方于平台签订商品供应合同，供应商完成产品生产及配送后，会收到核心企业开具的账款凭证。受资金约束供应商向平台 H 提出债转融资申请，经过债权债务关系核对确权后，供应商可用已确权应收账款平台 H 支付原材料欠款。待销售期结束回款后，核心企业兑付款项，解除债权债务关系。假设核心企业强势，由供应商按债转总额一定比例支付平台使用费。

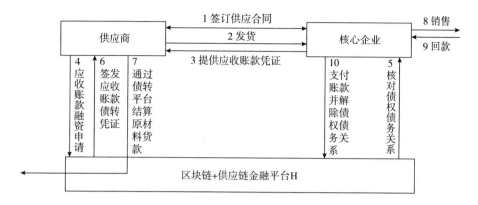

图 6-1　应收款链平台业务流程

资料来源：笔者绘制。

二、变量定义

x 为产品市场随机需求量，$f(\cdot)>0$ 为其概率密度，$F(\cdot)$ 为分布函数；

p 为产品的单位销售价格；

ω 为产品的单位批发价格；

c_1 为供应商的单位产品制造成本；

c_2 为核心企业的单位订购成本，包含运输及订购过程中除生产成本外产生的一切费用；

τ 为单位产品残值；

Q^* 为应收账款质押融资模式下核心企业的最优订货量；

Q_H^* 为基于区块链的数字化供应链金融平台下核心企业的最优订货量；

β 为基于区块链的数字化供应链金融模式下核心企业的外部收益；

m 为供应商期初资金；

θ 为基于区块链的数字化供应链金融平台收取的平台使用费率；

γ 为供应商的信息分享水平($0 \leqslant \gamma \leqslant 1$)；

α 为应收账款质押贷款的质押率($0 \leqslant \alpha \leqslant 1$)；

r 为供应商的贷款利率，令其满足学习曲线 $r=G(\gamma)=\bar{r}\gamma^k$，$\bar{r}$ 为银行贷款的基准利率，$k=\dfrac{\ln\mu}{\ln 2}$，$0<\mu<1$ 为参数学习率；

π_i^j，$i=B$，H；$j=r$，s，sc，为核心企业、供应商及供应链整体分别在两种融资模式下的收益，其中，B 为应收账款质押融资模式，H 为基于区块链的数字化供应链金融模式。

第三节　模型构建与分析

一、应收账款质押融资模式下各方期望收益分析

在传统供应链应收账款抵押贷款模式下，核心企业首先和供应商签订买卖合同，核心企业根据市场需求得出使其利益最大化的最优订货量 Q^* 向供应商采购商品，并提供相应价值的应付账款 ωQ^*。供应商以此具有真实贸易背景的应收账款向银行提出融资申请。银行需对核心企业和供应商的经营情况都进行贷前评估、综合考虑核心企业和供应商的信用水平后，再给供应商提供贷款。评估后，银行提供供应商质押率为 α、利率为 $r=\bar{r}\gamma^k$ 的贷款。

1. 核心企业期望收益

应收账款质押融资模式下核心企业的收益函数为：

$$\pi_B^r(Q) = \begin{cases} (p-\omega-c_2)Q, & Q<D; \\ pD+\tau(Q-D)-\omega Q-c_2Q, & Q \geqslant D \end{cases} \tag{6-1}$$

核心企业期望利润为：

$$E[\pi_B^r(Q)] = (p-\omega-c_2)Q - (p-\tau)\int_0^Q F(x)\,dx \tag{6-2}$$

由 $\dfrac{d^2E[\pi_B^r(Q)]}{dQ^2} = -(p-\tau)f(Q)<0$，可得核心企业的最优订货量为：

$$Q^* = F^{-1}\left(\frac{p-\omega-c_2}{p-\tau}\right) \tag{6-3}$$

2. 供应商期望收益

若供应商仅用自有资金进行生产，产量 $Q=\dfrac{m}{c_1}$ 小于 Q^*，其收益为：

$$\pi^s = (\omega - c_1)\frac{m}{c_1} - m \tag{6-4}$$

若供应商选择生产量为 Q^*，因受资金约束，仅使用其初始资金进行生产所得产量不能满足核心企业订货量。为满足订货量，供应商向银行 B 发起应收账款质押融资并支付利息，利润函数为：

$$\pi_B^s = (\omega - c_1)Q^* - m - \alpha\omega Q^* r \tag{6-5}$$

命题6.1：供应商愿意从银行质押应收账款融资的充分不必要条件为：

$$\gamma > G^{-1}\left[\frac{(\omega - c_1)(c_1 Q^* - m)}{\alpha\omega c_1 Q^*}\right] \tag{6-6}$$

证明：供应商为理性人，易知只有当 $\pi_B^s > \pi^s$ 时，供应商才会选择应收账款融资。

$$\pi_B^s - \pi^s = (\omega - c_1)Q^* - m - \alpha\omega Q^* r - (\omega - c_1)\frac{m}{c_1} + m$$

$$= (\omega - c_1)\left(Q^* - \frac{m}{c_1}\right) - \alpha\omega Q^* r > 0 \tag{6-7}$$

由式（6-7）可得，$r < \dfrac{(\omega - c_1)(c_1 Q^* - m)}{\alpha\omega c_1 Q^*}$，因 $r = G(\gamma) = \bar{r}\gamma^k$，$k = \dfrac{\ln\mu}{\ln 2} < 0$，$0 < \mu < 1$，$G'(\gamma) < 0$，$G(\gamma)$ 为单调递减函数，可知只有当 $\gamma > G^{-1}$ $\left[\dfrac{(\omega - c_1)(c_1 Q^* - m)}{\alpha\omega c_1 Q^*}\right]$ 时，$\pi_B^s > \pi^s$，供应商才会选择从银行融资，命题得证。

从该命题可以看出，若供应商存在资金约束，需从银行融资来满足核心企业订货量，则理性人供应商愿意支付的银行贷款利率要低于一定水平，以确保其选择融资的收益不低于不融资的收益。

3. 供应链期望收益

应收账款质押融资模式下供应链整体期望收益为：

$$E[\pi_B^{sc}] = E[\pi_B^r] + E[\pi_B^s] = (p - c_1 - c_2)Q^* - m - \alpha\omega Q^* r - (p - \tau)$$

$$\int_0^{Q^*} F(x)dx \tag{6-8}$$

二、基于区块链的数字化供应链金融模式下各方期望收益分析

基于区块链技术去中心化、去信任化及不可篡改的特征，供应链各方可将经营信息上传至基于区块链的数字化供应链金融平台 H，信息于链条上实现交互式传递，借贷双方可更直观了解彼此真实经营状况，视同于完全信息，即 $\gamma=1$。该模式下，核心企业与供应商签订买卖合同并提供价值为 ωQ_H^* 的应付账款。供应商以此凭证向平台 H 申请债转融资。平台 H 签发等值确权应收账款凭证，并向供应商收取费用 $\theta\omega Q_H^*$。

1. 核心企业期望收益

基于区块链的数字化供应链金融模式下，核心企业承诺到期兑付，应收账款管理电子化，同时在生产和管理过程中，核心企业可凭借区块链平台的信息透明化节约管理成本、提高资金周转率、降低缺货成本等获取一定外部收益 β。则该模式下核心企业利润函数为：

$$\pi_H^r(Q) = \begin{cases} (p-\omega-c_2)Q+\beta, & Q<D; \\ pD+\tau(Q-D)-\omega Q-c_2Q+\beta, & Q\geqslant D \end{cases} \tag{6-9}$$

其期望收益为：

$$E[\pi_H^r(Q)] = (p-\omega-c_2)Q+\beta-(p-\tau)\int_0^Q F(x)dx \tag{6-10}$$

由 $\dfrac{d^2E[\pi_H^r(Q)]}{dQ^2} = -(p-\tau)f(Q)<0$，可得核心企业最优订货量为：

$$Q_H^* = F^{-1}\left(\frac{p-\omega-c_2}{p-\tau}\right) \tag{6-11}$$

由式（6-11）可知，基于区块链的数字化供应链金融模式下核心企业的最优订货量与应收账款质押融资模式下的最优订货量一致，这说明供应链融资模式的改变不影响核心企业的订货决策。

2. 供应商期望收益

基于区块链的数字化供应链金融模式下，供应商得益于平台应收账款流转的便捷性，无须通过现金折扣的方式资金便可及时回流，加快了资金周转速度，省去了传统供应链金融模式下烦琐的贷款环节，仅需支付融资数额一定比率 θ 作为平台使用费用。则该模式下供应商期望收益为：

$$E[\pi_H^s] = (\omega-c_1)Q_H^* - m - \theta\omega Q_H^* \tag{6-12}$$

3. 供应链期望收益

基于区块链的数字化供应链金融模式下供应链期望收益为：

$$E[\pi_H^{sc}] = E[\pi_H^r] + E[\pi_H^s] = (p - \omega - c_2)Q_H^* - m + \beta - \theta\omega Q_H^* -$$

$$(p - \tau)\int_0^{Q_H^*} F(x)dx \tag{6-13}$$

第四节　不同供应链金融模式对比分析

因传统供应链金融模式下，资金提供方为银行，而基于区块链的数字化供应链金融下，资金需求可由应收账款债转凭证转化，银行不参与供应链，但基于区块链的数字化供应链金融平台 H 算作第三方平台而参与供应链。因参与方不一致，故此处融资成本的对比分析仅考虑核心企业、供应商，以及供应链整体。

一、核心企业期望收益对比

两种模式下核心企业的收益差异为：

$$\Delta\pi_{H-B}^r = E[\pi_H^r] - E[\pi_B^r] = (p - \omega - c_2)(Q_H^* - Q^*) - (p - \tau)$$

$$\int_{Q^*}^{Q_H^*} F(x)dx + \beta \tag{6-14}$$

命题 6.2：在市场出清且区块链技术成熟的前提下，应收款链平台融资模式与应收账款质押融资模式下核心企业的收益差恒大于零。

证明：由 $Q_H^* = F^{-1}\left(\dfrac{p-\omega-c_2}{p-\tau}\right)$，$Q^* = F^{-1}\left(\dfrac{p-\omega-c_2}{p-\tau}\right)$，易知当 $Q_H^* = Q^*$，则 $\Delta\pi_{H-B}^r = \beta > 0$，命题得证。从该命题可知，核心企业通过应收款链平台可提高资金周转率、降低缺货成本和增加客户黏度等，从而获取一定外部收益，将该部分收益用于扩大生产可增加其收益。

二、供应商期望收益对比

两种模式下供应商的收益差异为：

$$\Delta\pi_{H-B}^s = E[\pi_H^s] - E[\pi_B^s] = (\omega - c_1)(Q_H^* - Q^*) - \theta\omega Q_H^* + \alpha\omega Q^* r \tag{6-15}$$

命题 6.3：在市场稳定且区块链技术成熟的前提下，若 $\theta \leqslant \alpha r$，则基于区块链的数字化供应链金融模式与应收账款质押融资模式下供应商的收益差恒大于零，且随供应商信息分享水平 γ 增大而减小。

证明：对式（6-15）代入简化可得：

$$\Delta \pi_{H-B}^{s} = (\omega - c_1)(Q_H^* - Q^*) - \theta \omega Q_H^* + \alpha \omega Q^* r$$

由 $Q_H^* = Q^*$ 可知，只有当 $\theta \leqslant \alpha r$ 时，基于区块链的数字化供应链金融模式才优于应收账款质押类融资模式，即 $\Delta \pi_{H-B}^{s} > 0$。由于 $r = G(\gamma) = \bar{r} \gamma^k$，$k = \dfrac{\ln \mu}{\ln 2}$，$0 < \mu < 1$，可知 $k < 0$，$G'(\gamma) < 0$，为单调递减函数，故 $\Delta \pi_{H-B}^{s}$ 随供应商信息分享水平 γ 增大而减小，命题得证。

从该命题可以看出，只有当基于区块链的数字化供应链金融平台收取的费率 $\theta \leqslant \alpha r$ 时，供应商在基于区块链的数字化供应链金融模式下的期望收益恒大于传统供应链金融模式下的期望收益，供应商不会选择基于区块链的数字化供应链金融模式。在实际商业环境中，基于区块链的数字化供应链金融平台为招揽客源获得资金沉淀，收取的使用费率 θ 往往较为低廉，甚至免费为企业提供技术平台，命题 6.3 所得出的费率 $\theta \leqslant \alpha r$ 较为贴近真实情况。

三、供应链期望收益对比

两种模式下供应链整体的收益差异为：

$$\Delta \pi_{H-B}^{sc} = E[\pi_H^{sc}] - E[\pi_B^{sc}] = (p - \omega - c_1)(Q_H^* - Q^*) + \alpha \omega Q^* r - \theta \omega Q_H^* +$$
$$\beta - (p - \tau) \int_{Q^*}^{Q_H^*} F(x)\,dx \tag{6-16}$$

命题 6.4：在市场出清且区块链技术成熟的前提下，当 $\theta \leqslant \alpha r + \dfrac{\beta}{\omega Q_H^*}$ 时，基于区块链的数字化供应链金融模式与应收账款融资模式下供应链整体的收益差恒大于零，且随着供应商信息分享水平 γ 减小而增大。

证明：因 $Q_H^* = Q^*$，可知当 $\theta \leqslant \alpha r + \dfrac{\beta}{\omega Q_H^*}$ 时，$\Delta \pi_{H-B}^{sc} = (p - \omega - c_1)(Q_H^* - Q^*) + \alpha \omega Q^* r - \theta \omega Q_H^* + \beta - (p - \tau) \int_{Q^*}^{Q_H^*} F(x)\,dx > 0$。又 $r = \bar{r} \gamma^k$ 为单调递减函数，故两种模式下供应链整体的收益差随 γ 减小而增大，命题得证。

从命题 6.4 可知，基于区块链的数字化供应链金融模式下，供应商信息分享水平为完全信息水平，无须银行参与审核供应商真实运营情况，且供应商可与平台上使用已确权应收账款支付上游企业的原材料采购费用，省去了传统供应链金融的融资成本。该平台可促使核心企业降低缺货成本、提高市场占有率等多方面增加其外部收益，并以此外部收益链条式作用于整个供应链，收益增加。

第五节　应用案例

为更直观地分析基于区块链的数字化供应链金融模式对核心企业和供应商，以及整个供应链带来的价值，采用实例分析法进一步展开分析。

一、参数设置

本书依据"浙商链融"（见图 6-2）2018 年第二期企业应收账款基础资产支持票据的基础资产情况中第 7 笔交易作数据分析，应收账款签发人和付款人为陕西汉中变压器有限责任公司，应收账款收款人为汉中金星电工器材有限责任公司，应收账款到期日为 2019 年 10 月 7 日，应收账款承兑日为2018 年 10 月 9 日，应收账款金额为 10000000 元。从该项交易招标公告获知，陕西汉中变压器有限责任公司（隶属于陕西省国资委组建的大型国有企业集团陕西电子信息集团）从汉中金星电工器材有限责任公司采购电工器材并生产成变压器出售，具体采购价格以及后期成品销售价格系商业机密无法获知，本书选取产品的市场可查询价格的均价为对应原材料成本价、采购价、销售价和残值，供应商初始资金量为汉中金星电工器材有限责任公司的注册资本，利率水平均参考银行 2018 年的存款利率基准情况。2017 年西北和西南地区的变压器招标总量为 32457 台[1]，2018 年西北和西南地区的变压器制造商一共有 1572 家（其中，陕西省 150 家，甘肃省 48 家，青海省 88 家，宁夏回族自治区 55 家，新疆维吾尔自治区 114 家，四川省164 家，云南省 648 家，贵州省 206，重庆市 78 家，西藏自治区 21 家）。[2]

---

[1] 中国采招网，https：//www.bidcenter.com.cn/。

[2] 中国客户网，http：//data.ltmic.com/。

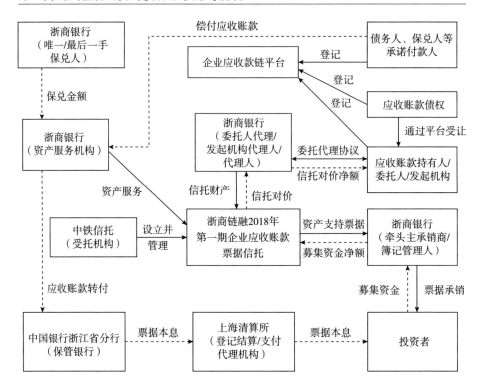

图 6-2　浙商链融业务流程

资料来源：联合资信评估有限公司，浙商链融 2018 年第一期企业应收账款资产支持票据信用评级报告。

因变压器市场为完全竞争行业，依据以上数据，估计陕西省变压器的市场需求满足 $[20, 240]$ 的均匀分布。具体参数设置见表 6-1。

表 6-1　参数设置

参数名称	参数数值
变压器销售价格/万元	$p = 4$
电工器材批发价格/万元	$\omega = 2$
电工器材单位制造成本/万元	$c_2 = 0.5$
电工器材的单位订购成本/万元	$c_2 = 0.1$
变压器单位残值/万元	$\tau = 1.2$

续表

参数名称	参数数值
供应商的起初资金量/万元	$m = 80$
银行应收账款质押率	$\alpha = 0.4$
银行存款基准利率	$\bar{r} = 4.9\%$

二、案例分析

因核心企业的收益不受供应商信息分享水平影响，其收益为常数，以下只对供应商、银行和供应链作图分析，由式（6-5）、式（6-7）和式（6-15）做图6-3和图6-4。

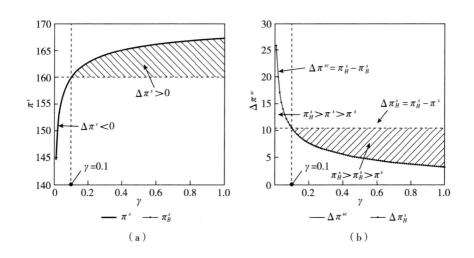

（a）　　　　　　　　　　（b）

图6-3　两种模式下供应商期望收益对比

从图6-3（a）可知，供应商期望收益随供应商信息分享水平增加而增加，对比供应商不融资的情况（$\pi^s = 160$），供应商选择从银行融资的条件为信息分享水平 $\gamma > 0.1$，即应收账款质押融资下供应商的收益大于其不融资时的收益。图6-3（a）与命题6.1的结论一致，即满足 $r < \dfrac{(\omega - c_1)(c_1 Q^* - m)}{\alpha \omega c_1 Q^*} = $ 0.1027 时，即 $\gamma > 0.1004$，$\Delta \pi^s > 0$。

图 6-3（b）为应收账款质押与基于区块链的数字化供应链金融这两种融资模式下，供应商的期望收益差异。如图所示，当 $\gamma>0.1$ 时，基于区块链的数字化供应链金融模式与应收账款质押融资模式下供应商的收益差异要大于应收款链平台融资与不融资模式下的收益差，故只有当供应商信息分享水平达到该水平时，供应商才会选择从银行融资；而在一定应收款链平台费率下，无论供应商信息水平如何，供应商在基于区块链的数字化供应链金融模式下的收益始终高于应收账款质押融资模式下的收益。

从图 6-4（a）中可知，应收账款质押融资模式下，供应链整体期望收益随供应商信息分享水平增加而增加，这是因为供应商提高其信息分享水平，可使供应链整体从深化合作关系等方面降低整体成本、提高整体收益。图 6-4（b）为两种融资模式下供应链整体收益的差异情况，如图所示，该差异亦随供应商信息分享水平的增大而减小，这说明信息分享水平越低下，基于区块链的数字化供应链金融对整个供应链系统的优势就越明显。

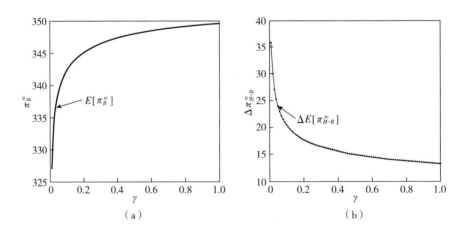

图 6-4　两种模式下供应链期望收益对比

为探究基于区块链的数字化供应链金融平台费率对应收款链平台融资模式的作用，以及进一步验证命题 6.3~命题 6.4，对供应商和供应链在不同基于区块链的数字化供应链金融平台费率水平的收益变化情况做如下分析。

从图 6-5（a）可知，当满足命题 6.1，即信息分享水平一定时（令 $\gamma=$

0.1004，$r=0.1027$），供应商在基于区块链的数字化供应链金融模式下的预期收益随应收款链平台费率递减，且只有满足 $\theta \leq \alpha r$，（$\theta \leq 0.04$）时，该模式下供应商的预期收益才更大。图 6-5（b）为供应链整体在两种模式下的收益差额，其也随基于区块链的数字化供应链金融平台费率的增大而减小，只有当 $\theta \leq \alpha r + \dfrac{\beta}{\omega Q_H^*}$，即 $\theta \leq 0.069$ 时，基于区块链的数字化供应链金融对整个供应链系统才更具备优势。

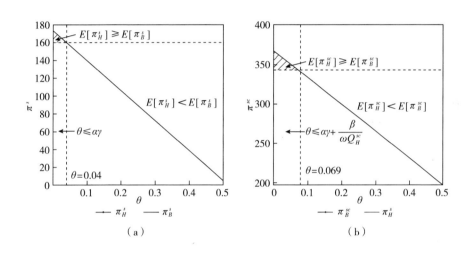

（a）　　　　　　　　　　　　（b）

图 6-5　两种模式下供应商和供应链期望收益差异

第六节　本章小结

为探究非对称信息结构对供应链金融创新模式选择的影响问题，本章在信息非对称情况、市场需求随机且供应商资金约束的前提下建立了基于区块链的数字化供应链金融模式与传统供应链金融模式的对比模型，以供应商信息分享水平为切入点，分析了不同信息分享水平下，传统供应链金融模式下和基于区块链的数字化供应链金融模式下供应链各方以及供应链整体的收益差异。得到以下结论：①在传统供应链金融模式下，供应商信息分享水平变化对核心企业的期望收益无明显作用。但随供应商信息分享水平的增加，供应商以及供应链整体收益明显增加。②基于区块链的数字化供应链金融模式下，供应商信息分享水平对供应链各方以及供应链整体的期望收益均无明显作用。一定基于区块链的数字化供应链金融平台费率下，无论供应商信息分享水平如何，基于区块链的数字化供应链金融模式下供应链各方以及供应链整体收益均明显高于传统供应链金融模式，且随供应商信息分享水平的增加，信息不对称导致的供应链融资成本下降，两种模式下供应链各方以及供应链整体的收益差额减小。

第七章 资金时间价值下数字化
供应链金融模式创新

第一节 问题描述

供应链应收账款类融资模式是买卖双方在真实贸易背景下产生的应收账款为基础，以对应的应付账款为还款来源，金融机构为供应商提供的信用贷款业务（宋华，2016）。在赊销普遍存在的商业环境中，应收账款类融资是缓解供应链上游现金流压力以保持持续生产经营的主要融资途径之一。传统供应链金融中，应收账款类融资主要包含保理、应收账款质押类融资和反向保理等模式。保理（Factoring）是金融机构通过收购企业应收账款为企业提供融资服务的一种完全不同于传统银行信贷的金融业务（徐燕，2003），但受限于供应链的协作程度和供应链需求相关风险，保理融资并不总能提高企业价值（任龙等，2017）和明显改善供应链效率（于辉和马云麟，2015）。同时，违约和"骗贷"事件频发，如 2014 年桦南县翔盛矿产物资经销有限公司 2.09 亿元骗贷案[①]、2017 年平安国际商业保理（天津）有限公司 2.49 亿元保理骗贷案[②]等，严重制约了保理的发展（陈中洁

和于辉，2018）。反向保理（Reverse Factoring）很好地规避了保理业务的风险，与保理不同的是，反向保理是零售商凭借其自身的信用，通过第三方金融机构促进供应商融资效率（Van der Vliet et al.，2015）的一种"买方驱动"融资方式（Seifert et al.，2013），也是解决中小企业供应商资金困境和提高下游零售商资金效率的有效途径之一（Wu et al.，2019）。

随着我国经济进入了增长速度放缓的"新常态"，大型国有企业违约风险增大，对其上下游中小企业合作商的账款拖欠问题严重。据统计，2018年中国62%的企业遇到了延期支付的情况，平均付款时间已增加至86天（Coface，2019）；同年，我国银行保理业务量同比下降11%，且正向保理占多数，纯粹的反向保理只有10%。① 这些数据充分说明传统供应链应收账款类融资模式正面临挑战。为突破供应链金融发展所面临的现有屏障，促进供应链金融进一步发展，对现有技术和行业模式的革新势在必行。2015年起，区块链逐渐应用至供应链金融领域，区块链技术因其不可篡改、去中心化、可追溯等特性被视作应对供应链金融行业痛点的有效措施之一。目前，我国基于区块链的数字化供应链金融领域的应用和开发成果颇丰，已处于世界领先水平（段伟常和梁超杰，2019）。众多商业银行及科技公司已推出基于区块链的数字化供应链金融平台，如浙商银行"应收款链"、中国建设银行"区块链+贸易金融"等。2019年10月25日，中央政治局第十八次集体学习强调：把区块链作为核心技术自主创新重要突破口，加快推动区块链技术和产业创新发展。② 这表明，利用区块链技术来优化信用环境、传递信用价值，以及简化融资交易流程，有效应对传统供应链金融的弊端，已成为一种发展趋势和热潮，因此对基于区块链的数字化供应链金融模式的研究极具现实意义。

资金时间成本是供应链融资成本的重要组成部分（Cai et al.，2014），作为一种分布式账本技术，区块链有时间戳、哈希算法、智能合约，以及工作量证明等特征，可缩短交易流程、实时提供不容篡改的真实贸易数据（Wyman，2016）。因此，本章在成果丰富的传统供应链金融研究基础上，

---

① 中国银行业协会保理专业委员会．中国保理产业发展报告（2018）［R］，中国银行业协会，北京，2019.

② http：//www.gov.cn/xinwen/2019-10-25/content_5444957.htm.

从资金时间价值的视角对比了保理、反向保理和基于区块链的数字化供应链金融这三种供应链融资模式，探讨了不同模式下考虑资金时间成本的供应链融资和定价决策，定量分析了不同参数变化下三种融资模式的决策和收益变化情况。

第二节 基础模型

一、符号说明与假设

1. 相关符号说明

考虑一个由受资金约束供应商 S 和核心企业零售商 R 组成的供应链，零售商以价格 w 向供应商采购生产成本为 c 的商品，并以零售价 p 销售该产品。供应商凭借零售商开具的应收账款，可选择通过保理（Factoring）、反向保理（Reverse Factoring）或基于区块链的数字化供应链金融平台（Block-chain+SCF）这三种方式进行融资（模型中用 F、RF、BCT 分别代表保理、反向保理、基于区块链的数字化供应链金融模式），图 7-1 对比了每种融资方式的流程和相应的时间。如图所示，在最初 O 时，供应商收到零售商采购订单并开始生产，生产时间为 L_1；在 G 时，供应商将成品配送至零售商，零售商开具相应的应付账款单据，信用期 L_3 等同于零售商的销售周期；保理和反向保理模式下，供应商在 G 时向银行提出融资申请，贷款审查时间分别为 L_2 和 L_2^*，贷款期限与应收账款期限匹配。实际中，反向保理不占用银行资本额度，业务审查时间通常短于占用银行资本额度的保理业务审查时间，即 $L_2^* < L_2$。基于区块链的数字化供应链金融平台模式下，不涉及银行信贷，得益于区块链去信任化和交易数据实时记录且不可篡改的技术特征，审查时间忽略不计。在 T 时零售商销售结束，兑付欠款。其他符号说明如下：

$r_i (i=R，S)$ 为零售商和供应商的资金成本；

r_f 为零售商和供应商的资金时间价值；

ϵ 为保理和反向保理业务的固定手续费率；

θ 为基于区块链的数字化供应链金融平台的使用费率；

$w_i(i=F，RF，BCT)$ 为不同供应链金融模式下产品批发价；

$Q_i(i=F，RF，BCT)$ 为不同供应链金融模式下零售商订货量；

$\pi_i^j(i=F，RF，BCT；j=R，S)$ 为不同供应链金融模式下供应链各成员的期望收益。

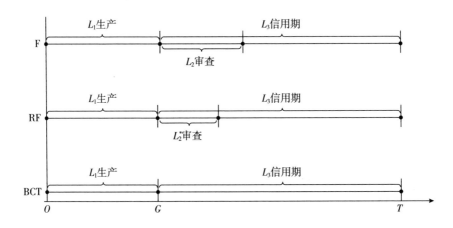

图 7-1　不同融资模式业务流程

2. 相关研究假设

（1）市场需求 D 随机且符合失败率递增分布（Increasing Failure Distribution），概率分布函数为 $F(D)$，密度分布函数为 $f(D)>0$，失败率（Increasing Failure Rate，IFR）$h(D)=\dfrac{f(D)}{\overline{F}(D)}$，广义失败率（Increasing Generalized Increasing Rate，IGFR）$H(D)=Dh(D)$，其中，$\overline{F}(D)=1-F(D)$。失败率递增（IFR）和广义失败率递增（IGFR）假设常被应用于供应链决策和契约方面（陈中洁和于辉，2018；Jing et al.，2012），以拟合市场变化规律和保证函数的单峰性（即存在唯一最优解）（于辉和马云麟，2015）。

（2）供应商和零售商均为风险中立企业。现实中，投资人有风险偏好、风险厌恶和风险中立三种风险类型，其中风险中立假设是供应链运营决策中的常见假设（Wu et al.，2019；Kouvelis and Zhao，2015；Chen，2015），以确保企业均以预期收益最大化为决策目标（Chen，2015）。

（3）供应商生产周期固定，生产成本 c 和零售价 p 外生，且不考虑产品在 T 时的缺货成本和剩余价值（Yang et al.，2016）。

（4）供应商和零售商的资金时间成本相同，为无风险利率。理论上，资金时间价值是没有风险、没有通货膨胀的社会平均资产报酬率（Chen et al.，2019），为更贴近现实，以已有研究中更常用（余喜章，1996；Chen et al.，2014）的无风险利率作为企业的资金时间成本。

（5）贷款利率为考虑风险的利率，可视作企业的资金成本（Wu et al.，2019），则 $r_f < r_i$。现实中，核心企业零售商的贷款利率通常低于中小企业供应商贷款利率，则 $r_f < r_R < r_S$。

二、保理模式下供应链最优决策

在保理模式下，供应商在 G 时完成配送产品后，向银行申请应收账款保理融资，融资利率为 r_S，可视作供应商的资金成本（Wu et al.，2019）；在经过一定时间（L_2）的贷款审查后供应商于 K 时获得贷款且支付一定手续费，并于 T 时贷款期限截止时支付银行贷款利息（见图7-2）。

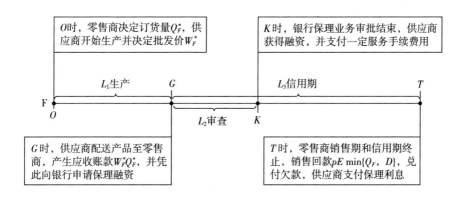

图7-2　保理业务流程

T 时，零售商和供应商期望利润分别为：

$$\max_{Q_F \geq 0} \pi_F^R(Q_F) = pE\min\{Q_F, D\} - w_F Q_F(1 - L_3 r_f) \tag{7-1}$$

$$\underset{Q_F \geqslant 0}{\text{Max}}\pi_F^S(Q_F) = w_F Q_F[1+(L_3-L_2)(r_f-r_S)-\epsilon(1+(L_3-L_2)r_f)]-$$

$$cQ_F[1+(L_1+L_3)r_f] \qquad (7\text{-}2)$$

公式（7-1）中，$pE\min\{Q_F, D\}$ 为 T 时零售商的销售收入，其成本仅考虑采购成本 $w_F Q_F$，该应付账款 $w_F Q_F$ 在供应商提供的信用期 L_3 内会产生一定的时间价值为 $w_F Q_F L_3 r_f$。公式（7-2）中，截至 T 时，供应商贷得的相关款项会有一定的资金时间价值为 $w_F Q_F(L_3-L_2)r_f$，该贷款需支付利息为 $w_F Q_F(L_3-L_2)r_S$ 及一定考虑资金时间价值的保理费用为 $w_F Q_F \epsilon[1+(L_3-L_2)r_f]$，最后其实际生产成本为 $cQ_F[1+(L_1+L_3)r_f]$。

定理 7.1：在保理模式下，该供应链中供应商最优批发价和零售商最优订货量分别为 (w_F^*, Q_F^*)，其中 $w_F^* = \dfrac{p\overline{F}(Q_F^*)}{1-L_3 r_f}$，$Q_F^*$ 为下式的解。

$$\frac{p[1+(L_3-L_2)(r_f-r_S)-\epsilon(1+(L_3-L_2)r_f)]}{1-L_3 r_f}\overline{F}(Q_F^*)[1-H(Q_F^*)]-$$

$$c[1+(L_1+L_3)r_f]=0 \qquad (7\text{-}3)$$

证明：公式（7-1）对 Q_F^* 求偏导可得：

$$\frac{\partial \pi_F^R}{\partial Q_F^*}=p\overline{F}(Q_F^*)-w_F(1-L_3 r_f)=0,\ \text{其中}\ \overline{F}(D)=1-F(D)$$

令 $w_F^* = \dfrac{p\overline{F}(Q_F^*)}{1-L_3 r_f}$，将其代入公式（7-2），得：

$$\pi_F^S=\frac{p\overline{F}(Q_F^*)}{1-L_3 r_f}Q_F[1+(L_3-L_2)(r_f-r_S)-\epsilon(1+(L_3-L_2)r_f)]-cQ_F[1+(L_1+$$

$L_3)r_f]$，对其求偏导得：

$$\frac{\partial \pi_F^S}{\partial Q_F^*}=\frac{p[1+(L_3-L_2)(r_f-r_S)-\epsilon(1+(L_3-L_2)r_f)]}{1-L_3 r_f}\overline{F}(Q_F^*)[1-H(Q_F^*)]-c[1+$$

$(L_1+L_3)r_f]$

其中，$H(D)=\dfrac{Df(D)}{\overline{F}(D)}$，由于需求 D 服从广义失败率递增分布，$\overline{F}(D)[1-$

$H(D)]$ 随 D 递减，则 $\dfrac{\partial \pi_F^S}{\partial Q_F^*}$ 随 Q_F^* 递减，故当 $Q_F=0$ 时，$\dfrac{\partial \pi_F^S}{\partial Q_F^*}>0$；$Q_{RF}\to+\infty$ 时，

$\dfrac{\partial \pi_{RF}^{S}}{\partial Q_{RF}^{*}}<0$，因此 π_F^S 是 $Q_F \in [0，+\infty)$ 的单峰函数，必定存在唯一的最优解，因此 Q_F^* 为 π_F^S 的一阶偏导的解，即

$$\frac{\partial \pi_F^S}{\partial Q_F^*}=\frac{p\left[1+(L_3-L_2)(r_f-r_S)-\epsilon(1+(L_3-L_2)r_f)\right]}{1-L_3 r_f}\overline{F}(Q_F^*)\left[1-H(Q_F^*)\right]-$$

$$c\left[1+(L_1+L_3)r_f\right]=0$$

三、反向保理模式下供应链最优决策

在反向保理模式下，供应商在 G 时完成配送产品后，零售商向银行申请针对供应商的反向保理融资，因反向保理占用零售商的信用额度，故供应商获得的融资利率为 r_R，即零售商的资金成本；在经过一定时间（L_2^*）的交易审查后供应商于 K^* 时获得贷款并支付一定手续费，通常而言，基于核心企业信用的反向保理审批时间要短于保理的审批时间，故模型假设 $L_2^* < L_2$。T 时，信用期和贷款期限截止，零售商兑付欠款，供应商支付银行贷款利息和相关手续费用（见图7-3）。

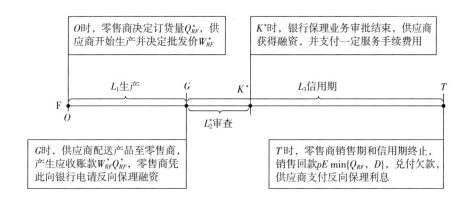

图7-3　反向保理业务流程

T 时，零售商和供应商期望利润分别为：

$$\underset{Q_{RF}\geqslant 0}{\mathrm{Max}}\ \pi_{RF}^R(Q_{RF})=pE\min\{Q_{RF}，D\}-w_{RF}^S Q_{RF}(1-L_3 r_f) \tag{7-4}$$

$$\underset{Q_{RF}\geqslant 0}{\mathrm{Max}}\ \pi_{RF}^S(Q_{RF})=w_{RF}Q_{RF}\left[1+(L_3-L_2^*)(r_f-r_R)-\epsilon(1+(L_3-L_2^*)r_f)\right]-$$

$$cQ_{RF}\left[1+(L_1+L_3)r_f\right] \tag{7-5}$$

因零售商的收入和成本仅受各参数数值影响，其利润函数即公式（7-4）形式不变。供应商因改变贷款方式，资金成本和相应的时间价值均会发生变化，即公式（7-5）中，$(L_3-L_2^*)(r_f-r_R)$ 为供应商贷款的时间价值与资金成本的差额，$w_{RF}Q_{RF}\in 1+(L_3-L_2^*)r_f$ 为考虑资金时间成本的反向保理手续费用。

定理7.2：在反向保理模式下，该供应链中供应商最优批发价和零售商最优订货量分别为 (w_{RF}^*, Q_{RF}^*)，其中 $w_F^* = \dfrac{p\overline{F}(Q_{RF}^*)}{1-L_3r_f}$，$Q_{RF}^*$ 为下式的解。

$$\frac{p\left[1+(L_3-L_2^*)(r_f-r_R)-\epsilon(1+(L_3-L_2^*)r_f)\right]}{1-L_3r_f}\overline{F}(Q_{RF}^*)\left[1-H(Q_{RF}^*)\right]-c\left[1+\right.$$
$$(L_1+L_3)r_f]=0 \tag{7-6}$$

证明：与定理7.1的证明方式相同，首先对公式（7-3）求偏导得：

$$\frac{\partial\pi_{RF}^R}{\partial Q_{RF}^*}=p\overline{F}(Q_{RF}^*)-w_{RF}(1-L_3r_f)=0, \quad 令 \ w_{RF}^* = \frac{p\overline{F}(Q_{RF}^*)}{1-L_3r_f}, \ 将其代入公式（7-3）$$

可得 $\pi_{RF}^S = \dfrac{p\overline{F}(Q_{RF}^*)}{1-L_3r_f}Q_{RF}\left[1+(L_3-L_2^*)(r_f-r_R)-\epsilon(1+(L_3-L_2^*)r_f)\right]-cQ_{RF}[1+$
$(L_1+L_3)r_f]$。对其求偏导得：

$$\frac{\partial\pi_{RF}^S}{\partial Q_{RF}^*}=\frac{p\left[1+(L_3-L_2^*)(r_f-r_R)-\epsilon(1+(L_3-L_2^*)r_f)\right]}{1-L_3r_f}\overline{F}(Q_{RF}^*)\left[1-H(Q_{RF}^*)\right]-c$$
$$[1+(L_1+L_3)r_f]$$

可知 $\dfrac{\partial\pi_{RF}^S}{\partial Q_{RF}^*}$ 随 Q_{RF}^* 递减，π_{RF}^S 是 $Q_{RF}\in[0, +\infty)$ 的单峰函数，必定存在唯一的最优解，因此 Q_{RF}^* 满足 π_{RF}^S 的一阶偏导，即：

$$\frac{\partial\pi_{RF}^S}{\partial Q_{RF}^*}=\frac{p\left[1+(L_3-L_2^*)(r_f-r_R)-\epsilon(1+(L_3-L_2^*)r_f)\right]}{1-L_3r_f}\overline{F}(Q_{RF}^*)\left[1-H(Q_{RF}^*)\right]-c$$
$$[1+(L_1+L_3)r_f]=0$$

四、基于区块链的数字化供应链金融模式下供应链最优决策

基于区块链的数字化供应链金融模式下，该供应链相关交易信息均自动记录于平台，假设银行为平台提供方，则银行在搭建平台招揽客源的时候就已完成供应链的相关审查，与反向保理模式不同的是，基于区块链的数字化供应链金融模式中的账款确认、审核等流程均为在线智能操作，耗时很短，几乎可视作即时，故假设该模式中审查时间为零。基于此，供应商在 G 时完成配送产品后，相应的应收账款一经确权即可如现金般于该平台自由拆分、流转或支付上游企业欠款，因不涉及贷款，供应商无须支付融资利息，仅需支付一定平台使用费率 θ。T 时，信用期期满，零售商兑付欠款（见图 7-4）。

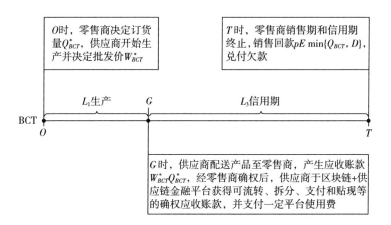

图 7-4　基于区块链的数字化供应链金融平台融资流程

T 时，零售商和供应商期望利润分别为：

$$\max_{Q_{BCT} \geq 0} \pi_{BCT}^{R}(Q_{BCT}) = pE\min\left\{ Q_{BCT},\ D \right\} - w_{BCT}Q_{BCT}(1 - L_3 r_f) \tag{7-7}$$

$$\max_{Q_{BCT} \geq 0} \pi_{BCT}^{S}(Q_{BCT}) = w_{BCT}Q_{BCT}\left[1 + L_3 r_f - \theta(1 + L_3 r_f) \right] - cQ_{BCT}\left[1 + (L_1 + L_3) r_f \right] \tag{7-8}$$

同保理和反向保理模式，零售商的利润函数不变；供应商因融资模式改变，融资成本和资金时间价值均会改变，公式（7-8）中，$w_{BCT}Q_{BCT}$ $(L_3 r_f)$ 为截至 T 时，其获得的等同于现金的应收账款的时间价值，$w_{BCT}Q_{BCT}\theta$ $(1 + L_3 r_f)$ 为考虑资金时间价值的平台使用费。

定理 7.3：基于区块链的数字化供应链金融模式下，该供应链中供应商最优批发价和零售商最优订货量分别为(w_{BCT}^*, Q_{BCT}^*)，其中$w_{BCT}^* = \dfrac{p\overline{F}(Q_{BCT}^*)}{1-L_3 r_f}$，$Q_{BCT}^*$为下式的解。

$$\frac{p[1+L_3 r_f-\theta(1+L_3 r_f)]}{1-L_3 r_f}\overline{F}(Q_{BCT}^*)[1-H(Q_{BCT}^*)]-cQ_{BCT}[1+(L_1+L_3)r_f]=0$$

$$(7-9)$$

证明：与定理7.1和定理7.2的证明方式相同，此处不再赘述。

第三节 不同供应链金融模式的对比分析

为探究保理、反向保理和基于区块链的数字化供应链金融这三种模式对供应链各主体的融资效益和资金成本的不同作用，以下从零售商订货量、供应商批发价格和供应链各成员预期收益三个方面对比分析不同参数影响下上述三种融资模式的异同。

一、零售商订货量

命题7.1：在其他参数不变时，基于区块链的数字化供应链金融（BCT）、反向保理（RF）和保理（F）这三种模式下零售商最优订货量之间的关系为：

（1）当$\theta<\theta_1$时，为$Q_{BCT}^*>Q_{RF}^*>Q_F^*$；

（2）当$\theta_1\leqslant\theta<\theta_2$时，为$Q_{RF}^*\geqslant Q_{BCT}^*>Q_F^*$；

（3）当$\theta\geqslant\theta_2$时，为$Q_{RF}^*>Q_F^*\geqslant Q_{BCT}^*$。

其中，$\theta_1=\dfrac{L_3 r_R+L_2^*(r_f-r_R)+\epsilon[1+(L_3-L_2^*)r_f]}{1+L_3 r_f}$，$\theta_2=\dfrac{L_3 r_S+L_2(r_f-r_S)+\epsilon[1+(L_3-L_2)r_f]}{1+L_3 r_f}$。

证明：由定理7.1~定理7.3可知，$\dfrac{\partial\pi_{RF}^S}{\partial Q_{RF}^*}=\dfrac{\partial\pi_F^S}{\partial Q_F^*}=\dfrac{\partial\pi_{BCT}^S}{\partial Q_{BCT}^*}=0$，代入公式

（7-3）、公式（7-6）得，$\dfrac{p\{1+(L_3-L_2^*)(r_f-r_R)-\epsilon[1+(L_3-L_2^*)r_f]\}}{1-L_3 r_f}\overline{F}(Q_{RF}^*)$

$[1-H(Q_{RF}^*)]-c[1+(L_1+L_3)r_f]=\dfrac{p\{1+(L_3-L_2)(r_f-r_S)-\epsilon[1+(L_3-L_2)r_f]\}}{1-L_3r_f}\overline{F}$

$(Q_F^*)[1-H(Q_F^*)]-c[1+(L_1+L_3)r_f]$。

因 $L_2^*<L_2$，$r_f<r_R<r_S$，显然：

$$(L_3-L_2^*)(r_f-r_R)-\epsilon[1+(L_3-L_2^*)r_f]>(L_3-L_2)(r_f-r_R)-\epsilon[1+(L_3-L_2)r_f]$$

$$(7-10)$$

故 $\overline{F}(Q_{RF}^*)[1-H(Q_{RF}^*)]<\overline{F}(Q_F^*)[1-H(Q_F^*)]$，因 $\overline{F}(D)[1-H(D)]$ 随 D 递减，则 $Q_{RF}^*>Q_F^*$。

代入公式（7-6）、公式（7-9）得：$\dfrac{p\{1+(L_3-L_2^*)(r_f-r_R)-\epsilon[1+(L_3-L_2^*)r_f]\}}{1-L_3r_f}\overline{F}$

$(Q_{RF}^*)[1-H(Q_{RF}^*)]-c[1+(L_1+L_3)r_f]=\dfrac{p[1+L_3r_f-\theta(1+L_3r_f)]}{1-L_3r_f}\overline{F}(Q_{BCT}^*)[1-H$

$(Q_{BCT}^*)]-c[1+(L_1+L_3)r_f]$。当 $\theta<\dfrac{L_3r_f+L_2^*(r_f-r_R)+\epsilon[1+(L_3-L_2^*)r_f]}{1+L_3r_f}$ 时，$1+L_3r_f-$

$\theta(1+L_3r_f)-1-(L_3-L_2^*)(r_f-r_R)+\epsilon[1+(L_3-L_2^*)r_f]=L_2^*(r_f-r_R)+L_3r_R-\theta(1+L_3r_f)+\epsilon$

$[1+(L_3-L_2^*)r_f]>0$，则 $\overline{F}(Q_{RF}^*)[1-H(Q_{RF}^*)]>\overline{F}(Q_{BCT}^*)[1-H(Q_{BCT}^*)]$，即 $Q_{BCT}^*>$

Q_{RF}^*。故当满足 $\theta<\theta_1$ 时，$Q_{BCT}^*>Q_{RF}^*>Q_F^*$。

代入公式（7-3）、公式（7-9）得：$\dfrac{p[1+(L_3-L_2)(r_f-r_S)-\epsilon(1+(L_3-L_2)r_f)]}{1-L_3r_f}$

$\overline{F}(Q_F^*)[1-H(Q_F^*)]-c[1+(L_1+L_3)r_f]=\dfrac{p[1+L_3r_f-\theta(1+L_3r_f)]}{1-L_3r_f}\overline{F}(Q_{BCT}^*)[1-H$

$(Q_{BCT}^*)]-c[1+(L_1+L_3)r_f]$。当 $\theta<\theta_2$ 时，$1+L_3r_S-\theta(1+L_3r_f)-\{1+(L_3-L_2)(r_f-$

$r_S)-\epsilon[1+(L_3-L_2)r_f]\}>0$，则 $\overline{F}(Q_{BCT}^*)[1-H(Q_{BCT}^*)]<\overline{F}(Q_F^*)[1-H(Q_F^*)]$，

故 $Q_{BCT}^*>Q_F^*$。

由公式（7-10）可得：$(L_2-L_2^*)(r_f-r_R-\epsilon r_f)+(L_3-L_2)(r_S-r_R)>0$，则：

$L_2(r_f-r_S)+L_3r_S+\epsilon[1+(L_3-L_2)r_f]-L_2^*(r_f-r_R)-L_3r_R-\epsilon[1+(L_3-L_2^*)r_f]=(L_2-$

$L_2^*)(r_f-r_R-\epsilon r_f)+(L_3-L_2)(r_S-r_R)>0$，可知当 $\theta_1\leqslant\theta<\theta_2$ 时，为 $Q_{RF}^*\geqslant Q_{BCT}^*>$

Q_F^*；当 $\theta\geqslant\theta_2$ 时，为 $Q_{RF}^*>Q_F^*\geqslant Q_{BCT}^*$。

命题 7.2：在其他参数不变时，三种模式下最优订货量 Q_F^*、Q_{BCT}^* 和 Q_{RF}^*

均随产品售价 p 递增，随生产成本 c 递减，且在保理模式下，最优订货量 Q_F^* 分别对供应商贷款利率 r_S 和业务费率 ϵ 递减；在反向保理模式下，最优订货量 Q_{RF}^* 分别对零售商贷款利率 r_R 和业务费率 ϵ 递减；基于区块链的数字化供应链金融模式下，最优订货量 Q_{BCT}^* 对平台使用费率 θ 递减。

证明：由公式（7-3）可得：

$$\overline{F}(Q_F^*)\left[1-H(Q_F^*)\right]=\frac{c\left[1+(L_1+L_3)r_f\right](1-L_3r_f)}{p\left[1+(L_3-L_2)(r_f-r_S)-\epsilon(1+(L_3-L_2)r_f)\right]}。$$

因 $\overline{F}(D)\left[1-H(D)\right]$ 随 D 递减，Q_F^* 的变动方向与

$\dfrac{c\left[1+(L_1+L_3)r_f\right](1-L_3r_f)}{p\left[1+(L_3-L_2)(r_f-r_S)-\epsilon(1+(L_3-L_2)r_f)\right]}$ 相反，即保理模式下，最优订货量

Q_F^* 分别对供应商贷款利率 r_S 和保理业务费率 ϵ 递减。

同理，由公式（7-6）和公式（7-9）可得：

$$\overline{F}(Q_{RF}^*)\left[1-H(Q_{RF}^*)\right]=\frac{c\left[1+(L_1+L_3)r_f\right](1-L_3r_f)}{p\left[1+(L_3-L_2)(r_f-r_R)-\epsilon(1+(L_3-L_2^*)r_f)\right]},$$

$$\overline{F}(Q_{BCT}^*)\left[1-H(Q_{BCT}^*)\right]=\frac{c\left[1+(L_1+L_3)r_f\right](1-L_3r_f)}{p\left[1+L_3r_f-\theta(1+L_3r_f)\right]}。$$

在反向保理模式下，最优订货量 Q_{RF}^* 分别对零售商贷款利率 r_R 和业务费率 ϵ 递减；基于区块链的数字化供应链金融模式下，最优订货量 Q_{BCT}^* 对平台使用费率 θ 递减。

命题 7.1、命题 7.2 表明，当区块链—供应链金融资金成本即平台费率满足 $\theta<\theta_1$ 时，该模式下供应链最优订货量才高于另外两种模式。这是因为区块链—供应链金融模式下交易更便捷，省去了保理和反向保理模式中的业务审查时间，即省去了业务审查时间折合的资金成本。

在合理费率 $\theta<\theta_1$ 下，基于区块链的数字化供应链金融模式资金成本更低，故供应链最优订货量更高。当基于区块链的数字化供应链金融平台费率 $\theta_1\leqslant\theta<\theta_2$ 时，反向保理模式下的最优订货量更高，更具有优势；当平台费率更高即 $\theta\geqslant\theta_2$ 时，基于区块链的数字化供应链金融模式在供应链生产规模方面不再具备优势。但无论该模式平台费率如何变化，反向保理模式在供应链生产规模方面始终优于保理模式。此外，不同融资模式下的最优订货量均随产品零售价的增加而增加，随生产成本的增加而减小，以及随相

应资金成本的增加而递减。

二、供应商批发价格

命题 7.3：在其他参数不变时，基于区块链的数字化供应链金融（BCT）、反向保理（RF）和保理（F）这三种模式下供应商批发价格之间的关系为：

（1）当 $\theta<\theta_1$ 时，为 $w_F^*>w_{RF}^*>w_{BCT}^*$；

（2）当 $\theta_1\leqslant\theta<\theta_2$ 时，为 $w_F^*>w_{BCT}^*\geqslant w_{RF}^*$；

（3）当 $\theta\geqslant\theta_2$ 时，为 $w_{BCT}^*\geqslant w_F^*>w_{RF}^*$。

其中，$\theta_1=\dfrac{L_3 r_R+L_2^*(r_f-r_R)+\epsilon[1+(L_3-L_2^*)r_f]}{1+L_3 r_f}$，$\theta_2=\dfrac{L_3 r_S+L_2(r_f-r_S)+\epsilon[1+(L_3-L_2)r_f]}{1+L_3 r_f}$。

证明：因为 $w_F^*=\dfrac{p\overline{F}(Q_F^*)}{1-L_3 r_f}$，$w_{RF}^*=\dfrac{p\overline{F}(Q_{RF}^*)}{1-L_3 r_f}$，$w_{BCT}^*=\dfrac{p\overline{F}(Q_{BCT}^*)}{1-L_3 r_f}$，$\dfrac{\partial w^*}{\partial Q^*}=$

$-\dfrac{pf(Q^*)}{1-L_3 r_f}<0$，则 w^* 随 Q^* 递减，由命题 7.1 可知，当 $\theta<\theta_1$ 时，$w_F^*>w_{RF}^*>w_{BCT}^*$；$\theta_1\leqslant\theta<\theta_2$ 时，$w_F^*>w_{BCT}^*\geqslant w_{RF}^*$；当 $\theta\geqslant\theta_2$ 时，$w_{BCT}^*\geqslant w_F^*>w_{RF}^*$。

命题 7.4：在其他参数不变时，三种模式下供应商批发价 w_{BCT}^*、w_{RF}^*、w_F^* 均随供应商生产成本 c 和产品售价 p 递增，且在保理模式下，供应商批发价 w_F^* 分别对供应商贷款利率 r_S 和业务费率 ϵ 递增；在反向保理模式下，供应商批发价 w_{RF}^* 分别对零售商贷款利率 r_R 和业务费率 ϵ 递增；基于区块链的数字化供应链金融模式下，供应商批发价 w_{BCT}^* 对平台使用费率 θ 递增。

证明：$w_F^*=\dfrac{p\overline{F}(Q_F^*)}{1-L_3 r_f}$，对 c 求偏导可得，$\dfrac{\partial w_F^*}{\partial c}=\dfrac{p}{1-L_3 r_f}\left[-f(Q_F^*)\dfrac{\partial Q_F^*}{\partial c}\right]$，

由命题 7.2 可知，Q_F^* 随 c 递减，则 $\dfrac{\partial Q_F^*}{\partial c}<0$，$\dfrac{\partial w_F^*}{\partial c}>0$；同理可得 $\dfrac{\partial w_{RF}^*}{\partial c}>0$，

$\dfrac{\partial w_{BCT}^*}{\partial c}>0$，故 w_{BCT}^*、w_{RF}^*、w_F^* 均随供应商生产成本 c 递增。

w_F^* 对 r_S 求偏导可得，$\dfrac{\partial w_F^*}{\partial r_S}=\dfrac{p}{1-L_3 r_f}\left[-f(Q_F^*)\dfrac{\partial Q_F^*}{\partial r_S}\right]$，因 $\dfrac{\partial Q_F^*}{\partial r_S}<0$，$f(Q_F^*)>$

0，可知 $\dfrac{\partial w_F^*}{\partial r_S}>0$，即 w_F^* 随 r_S 递增；

w_F^* 对 ϵ 求偏导可得，$\dfrac{\partial w_F^*}{\partial \epsilon}=\dfrac{p}{1-L_3 r_f}\left[-f(Q_F^*)\dfrac{\partial Q_F^*}{\partial \epsilon}\right]$，因 $\dfrac{\partial Q_F^*}{\partial \epsilon}<0$，$f(Q_F^*)>$

0，可知 $\dfrac{\partial w_F^*}{\partial \epsilon}>0$，即 w_F^* 随 ϵ 递增；

同理可证 $\dfrac{\partial w_{RF}^*}{\partial r_R}>0$，$\dfrac{\partial w_{RF}^*}{\partial \epsilon}>0$，即 w_{RF}^* 分别对 r_R、ϵ 递增；$\dfrac{\partial w_{BCT}^*}{\partial \theta}>0$，即 w_{BCT}^*

随 θ 递增。

由公式（7-3）可得：$w_F^*=\dfrac{p\overline{F}(Q_F^*)}{1-L_3 r_f}=\dfrac{c\left[1+(L_1+L_3)r_S\right]}{\{1+(L_3-L_2)(r_f-r_S)-\epsilon[1+(L_3-L_2^*)r_f]\}[1-H(Q_{RF}^*)]}$，

对 p 求偏导得，$\dfrac{\partial w_F^*}{\partial p}=\dfrac{c\left[1+(L_1+L_3)r_S\right]}{\{1+(L_3-L_2)(r_f-r_S)-\epsilon[1+(L_3-L_2^*)r_f]\}}\left[\overline{F}(Q_F^*)Q_F^* f'\right.$

$(Q_F^*)+\overline{F}(Q_F^*)f(Q_F^*)+Q_F^* f^2(Q_F^*)\big]\dfrac{\partial Q_F^*}{\partial p}$。

由于需求函数为 IFR，$\left[\dfrac{f(D)}{\overline{F}(D)}\right]'\geqslant 0$，可得 $\dfrac{f'(D)}{f(D)}\geqslant-\dfrac{f(D)}{\overline{F}(D)}$，即 $\overline{F}(D)f'$

$(D)+f^2(D)\geqslant 0$，因 $\overline{F}(D)>0$，$f(D)>0$，$\dfrac{\partial Q_F^*}{\partial p}>0$，可知 $\dfrac{\partial w_F^*}{\partial p}>0$，$w_F^*$ 均随 p 递

增；同理可证 $\dfrac{\partial w_{RF}^*}{\partial p}>0$，$\dfrac{\partial w_{BCT}^*}{\partial p}>0$，故 w_{BCT}^*、w_{RF}^*、w_F^* 均随 p 递增。

命题 7.3、命题 7.4 表明，在基于区块链的数字化供应链金融平台费率 $\theta<\theta_1$ 时，该模式下供应商批发价更低，更具备竞争优势。这是因为数字化供应链金融模式下交易更便捷，在费率 $\theta<\theta_1$ 时，该模式的资金成本更低，供应链最优订货量更高。因供应商批发价为供应链内生决策变量，其随订货量的增加而降低，故该费率水平下，供应商批发价最具优势。当基于区块链的数字化供应链金融平台费率 $\theta_1\leqslant\theta<\theta_2$ 时，反向保理模式下的供应商批发价更低，更具有优势；当平台费率更高即 $\theta\geqslant\theta_2$ 时，基于区块链的数字化供应链金融模式在供应链定价决策方面不再具备优势。但无论该模式平台费率如何变化，反向保理模式在供应链定价决策方面始终优于保理模式。

此外，不同融资模式下的供应商批发价均随产品零售价、生产成本、相应资金成本的增加而增加。

三、供应链各成员预期收益

命题7.5：在其他参数不变时，基于区块链的数字化供应链金融（BCT）、反向保理（RF）和保理（F）这三种模式下零售商预期收益之间的关系为：

（1）当 $\theta<\theta_1$ 时，为 $\pi_{BCT}^{R^*}(Q_{BCT}^*)>\pi_{RF}^{R^*}(Q_{RF}^*)>\pi_F^{R^*}(Q_F^*)$ ；

（2）当 $\theta_1\leq\theta<\theta_2$ 时，为 $\pi_{RF}^{R^*}(Q_{RF}^*)\geq\pi_{BCT}^{R^*}(Q_{BCT}^*)>\pi_F^{R^*}(Q_F^*)$ ；

（3）当 $\theta\geq\theta_2$ 时，为 $\pi_{RF}^{R^*}(Q_{RF}^*)>\pi_F^{R^*}(Q_F^*)\geq\pi_{BCT}^{R^*}(Q_{BCT}^*)$ 。

其中， $\theta_1=\dfrac{L_3r_R+L_2^*(r_f-r_R)+\epsilon\left[1+(L_3-L_2^*)r_f\right]}{1+L_3r_f}$ ， $\theta_2=\dfrac{L_3r_S+L_2(r_f-r_S)+\epsilon\left[1+(L_3-L_2)r_f\right]}{1+L_3r_f}$ 。

证明：将 $w_{RF}^*=\dfrac{p\overline{F}(Q_{RF}^*)}{1-L_3r_f}$ 代入公式（7-1）可得， $\pi_F^{R^*}(Q_F^*)=pE\min\{Q_F^*,D\}-p\overline{F}(Q_F^*)Q_F^*$ ；

将 $w_F^*=\dfrac{p\overline{F}(Q_F^*)}{1-L_3r_f}$ 代入公式（7-4）可得， $\pi_{RF}^{R^*}(Q_{RF})=pE\min\{Q_{RF}^*,D\}-p\overline{F}(Q_{RF}^*)Q_{RF}^*$ ；

将 $w_{BCT}^*=\dfrac{p\overline{F}(Q_{BCT}^*)}{1-L_3r_f}$ 代入公式（7-7）可得， $\pi_{BCT}^{R^*}(Q_{BCT})=pE\min\{Q_{BCT}^*,D\}-p\overline{F}(Q_{BCT}^*)Q_{BCT}^*$ 。

因 $\dfrac{\partial\pi^{R^*}}{\partial Q^*}=p\overline{F}(Q^*)H(Q^*)>0$ ，由命题7.1可知，当 $\theta<\theta_1$ 时， $Q_{BCT}^*>Q_{RF}^*>Q_F^*$ ，故 $\pi_{BCT}^{R^*}(Q_{BCT}^*)>\pi_{RF}^{R^*}(Q_{RF}^*)>\pi_F^{R^*}(Q_F^*)$ ；当 $\theta_1\leq\theta<\theta_2$ 时， $Q_{RF}^*\geq Q_{BCT}^*>Q_F^*$ ，则 $\pi_{RF}^{R^*}(Q_{RF}^*)\geq\pi_{BCT}^{R^*}(Q_{BCT}^*)>\pi_F^{R^*}(Q_F^*)$ ；当 $\theta\geq\theta_2$ 时， $Q_{RF}^*>Q_F^*\geq Q_{BCT}^*$ ，则 $\pi_{RF}^{R^*}(Q_{RF}^*)>\pi_F^{R^*}(Q_F^*)\geq\pi_{BCT}^{R^*}(Q_{BCT}^*)$ 。

命题7.6：在其他参数不变时，基于区块链的数字化供应链金融（BCT）、反向保理（RF）和保理（F）这三种模式下零售商预期收益 $\pi_{BCT}^{R^*}$ 、

$\pi_{RF}^{R^*}$、$\pi_F^{R^*}$ 均随供应商生产成本 c 递减，随产品售价 p 递增，且在保理模式下，零售商预期收益 $\pi_F^{R^*}$ 分别对供应商贷款利率 r_S 和业务费率 ϵ 递增；在反向保理模式下，零售商预期收益 $\pi_{RF}^{R^*}$ 分别对零售商贷款利率 r_R 和业务费率 ϵ 递增；基于区块链的数字化供应链金融模式下，零售商预期收益 $\pi_{BCT}^{R^*}$ 对平台使用费率 θ 递增。

证明：由命题 7.5 可知 $\dfrac{\partial \pi^{R^*}}{\partial Q^*} = p\overline{F}(Q^*)H(Q^*) > 0$，因 $\dfrac{\partial Q^*}{\partial c} < 0$，则 $\dfrac{\partial \pi^{R^*}}{\partial c} = \dfrac{\partial \pi^{R^*}}{\partial Q^*} \cdot \dfrac{\partial Q^*}{\partial c} < 0$，即 $\pi_{BCT}^{R^*}$、$\pi_{RF}^{R^*}$、$\pi_F^{R^*}$ 均随供应商生产成本 c 递减；

因 $\dfrac{\partial Q^*}{\partial p} > 0$，可知 $\dfrac{\partial \pi^{R^*}}{\partial p} = E\min\{Q_F^*, D\} - \overline{F}(Q_F^*)Q_F^* + \dfrac{\partial \pi^{R^*}}{\partial Q^*} \cdot \dfrac{\partial Q^*}{\partial p} > 0$，即 $\pi_{BCT}^{R^*}$、$\pi_{RF}^{R^*}$、$\pi_F^{R^*}$ 均随产品售价 p 递增；

因 $\dfrac{\partial Q_F^*}{\partial r_S} < 0$，$\dfrac{\partial Q_F^*}{\partial \epsilon} < 0$，$\dfrac{\partial Q_{RF}^*}{\partial r_R} < 0$，$\dfrac{\partial Q_{RF}^*}{\partial \epsilon} < 0$，$\dfrac{\partial Q_{BCT}^*}{\partial \theta} < 0$，可证 $\dfrac{\partial \pi_F^{R^*}}{\partial r_S} < 0$，$\dfrac{\partial \pi_F^{R^*}}{\partial \epsilon} < 0$，$\dfrac{\partial \pi_{RF}^{R^*}}{\partial \epsilon} < 0$，$\dfrac{\partial \pi_{RF}^{R^*}}{\partial r_R} < 0$，$\dfrac{\partial \pi_{BCT}^{R^*}}{\partial \theta} < 0$，即 $\pi_F^{R^*}$ 分别对 r_S、ϵ 递减；$\pi_{RF}^{R^*}$ 分别对 r_R、ϵ 递减；$\pi_{BCT}^{R^*}$ 对 θ 递减。

命题 7.5、命题 7.6 表明，在基于区块链的数字化供应链金融平台费率 $\theta < \theta_1$ 时，该模式下零售商预期收益更高。这是因为基于区块链的数字化供应链金融模式下交易更便捷，资金成本更低，故最优订货量更高及供应商批发价更低，零售商预期收益要高于另外两种模式，即从零售商收益最大化的角度来看，基于区块链的数字化供应链金融模式是最利于提高零售商收益的融资模式。当基于区块链的数字化供应链金融平台费率 $\theta_1 \leqslant \theta < \theta_2$ 时，反向保理模式更利于零售商提高收益，即该模式下零售商预期收益要高于另外两种模式；当平台费率更高即 $\theta \geqslant \theta_2$ 时，基于区块链的数字化供应链金融模式于零售商而言不再具备优势。但无论该模式平台费率如何变化，只要零售商资金成本低于供应商资金成本，反向保理模式对零售商而言始终优于保理模式。此外，不同融资模式下的供零售商预期收益均随产品零售价递增，随生产成本和相应资金成本的增加而减少。

命题 7.7：在其他参数不变时，基于区块链的数字化供应链金融

（BCT）、反向保理（RF）和保理（F）这三种模式下供应商预期收益之间的关系为：

（1）当 $\theta<\theta_1$ 时，$\pi_{BCT}^{S^*}(Q_{BCT}^*)>\pi_{RF}^{S^*}(Q_{RF}^*)>\pi_F^{S^*}(Q_F^*)$；

（2）当 $\theta_1\leqslant\theta<\theta_2$ 时，$\pi_{RF}^{S^*}(Q_{RF}^*)\geqslant\pi_{BCT}^{S^*}(Q_{BCT}^*)>\pi_F^{S^*}(Q_F^*)$；

（3）当 $\theta\geqslant\theta_2$ 时，为 $\pi_{RF}^{S^*}(Q_{RF}^*)>\pi_F^{S^*}(Q_F^*)\geqslant\pi_{BCT}^{S^*}(Q_{BCT}^*)$。

其中，$\theta_1=\dfrac{L_3r_R+L_2^*(r_f-r_R)+\epsilon[1+(L_3-L_2^*)r_f]}{1+L_3r_f}$，$\theta_2=\dfrac{L_3r_S+L_2(r_f-r_S)+\epsilon[1+(L_3-L_2)r_f]}{1+L_3r_f}$。

证明：将 $w_F^*=\dfrac{p\overline{F}(Q_F^*)}{1-L_3r_f}$ 代入公式（7-2）可得：

$$\pi_F^{S^*}(Q_F^*)=\frac{p\overline{F}(Q_F^*)}{1-L_3r_f}Q_F^*[1+(L_3-L_2)(r_f-r_S)-\epsilon(1+(L_3-L_2)r_f)]-cQ_F[1+$$

$$(L_1+L_3)r_f] \tag{7-11}$$

将 $w_{RF}^*=\dfrac{p\overline{F}(Q_{RF}^*)}{1-L_3r_f}$ 代入公式（7-5）可得：

$$\pi_{RF}^{S^*}(Q_{RF}^*)=\frac{p\overline{F}(Q_{RF}^*)}{1-L_3r_f}Q_{RF}^*[1+(L_3-L_2^*)(r_f-r_R)-\epsilon(1+(L_3-L_2^*)r_f)]-cQ_{RF}^*$$

$$[1+(L_1+L_3)r_f] \tag{7-12}$$

将 $w_{BCT}^*=\dfrac{p\overline{F}(Q_{BCT}^*)}{1-L_3r_f}$ 代入公式（7-8）可得：

$$\pi_{BCT}^{S^*}(Q_{BCT}^*)=\frac{p\overline{F}(Q_{BCT}^*)}{1-L_3r_f}Q_{BCT}^*[1+L_3r_f-\theta(1+L_3r_f)]-cQ_{BCT}^*[1+(L_1+L_3)r_f]$$

$$\tag{7-13}$$

将 Q_{RF}^*、Q_F^* 分别代入公式（7-13）可得：

$$\pi_{BCT}^S(Q_{RF}^*)=\frac{p\overline{F}(Q_{RF}^*)}{1-L_3r_f}Q_{RF}^*[1+L_3r_f-\theta(1+L_3r_f)]-cQ_{RF}^*[1+(L_1+L_3)r_f]$$

$$\tag{7-14}$$

$$\pi_{BCT}^S(Q_F^*)=\frac{p\overline{F}(Q_F^*)}{1-L_3r_f}Q_F^*[1+L_3r_f-\theta(1+L_3r_f)]-cQ_F^*[1+(L_1+L_3)r_f] \tag{7-15}$$

对比公式（7-12）和公式（7-14），很明显，当 $\theta<\theta_1$ 时，$\pi_{BCT}^{S^*}(Q_{BCT}^*)>$ $\pi_{BCT}^{S}(Q_{RF}^*)>\pi_{RF}^{S^*}(Q_{RF}^*)$，则 $\pi_{BCT}^{S^*}(Q_{BCT}^*)>\pi_{RF}^{S^*}(Q_{RF}^*)$；同理可证 $\pi_{RF}^{S}(Q_F^*)>\pi_F^{S^*}$ (Q_F^*)，则 $\pi_{RF}^{S^*}(Q_{RF}^*)>\pi_F^{S^*}(Q_F^*)$，故 $\pi_{BCT}^{S^*}(Q_{BCT}^*)>\pi_{RF}^{S^*}(Q_{RF}^*)>\pi_F^{S^*}(Q_F^*)$。

同理可证，当 $\theta_1\leqslant\theta<\theta_2$ 时，$\pi_{RF}^{S^*}(Q_{RF}^*)\geqslant\pi_{BCT}^{S^*}(Q_{BCT}^*)>\pi_F^{S^*}(Q_F^*)$；当 $\theta\geqslant$ θ_2 时，$\pi_{RF}^{S^*}(Q_{RF}^*)>\pi_F^{S^*}(Q_F^*)\geqslant\pi_{BCT}^{S^*}(Q_{BCT}^*)$。

命题 7.8：在其他参数不变时，基于区块链的数字化供应链金融（BCT）、反向保理（RF）和保理（F）这三种模式下供应商预期收益 $\pi_{BCT}^{S^*}$、$\pi_{RF}^{S^*}$、$\pi_F^{S^*}$ 随供应商生产成本 c 递减、随产品售价 p 递增；且保理模式下，供应商预期收益 $\pi_F^{S^*}$ 分别对供应商贷款利率 r_S 和业务费率 ϵ 递减；反向保理模式下，供应商预期收益 $\pi_{RF}^{S^*}$ 分别对零售商贷款利率 r_R 和业务费率 ϵ 递减；基于区块链的数字化供应链金融模式下，供应商预期收益 $\pi_{BCT}^{S^*}$ 对平台使用费率 θ 递减。

证明：公式（7-11）对 c 求偏导得 $\dfrac{\partial\pi_F^{S^*}}{\partial c}=-Q_F^*[1+(L_1+L_3)r_f]+\dfrac{\partial\pi_F^{S}}{\partial Q_F^*}\cdot$

$\dfrac{\partial Q_F^*}{\partial c}$，因 $\dfrac{\partial\pi_F^{S^*}}{\partial Q_F^*}=0$，很明显 $\dfrac{\partial\pi_F^{S^*}}{\partial c}<0$；同理可证，$\dfrac{\partial\pi_{RF}^{S^*}}{\partial c}<0$，$\dfrac{\partial\pi_{BCT}^{S}}{\partial c}<0$，即 $\pi_{BCT}^{S^*}$、$\pi_{RF}^{S^*}$、$\pi_F^{S^*}$ 随供应商生产成本 c 递减；

公式（7-11）对 p 求偏导得 $\dfrac{\partial\pi_F^{S}}{\partial p}=\dfrac{\overline{F}(Q_F^*)}{1-L_3r_f}Q_F^*\{1+(L_3-L_2)(r_f-r_S)-\epsilon[1+$

$(L_3-L_2)r_f]\}+\dfrac{\partial\pi_F^{S}}{\partial Q_F^*}\cdot\dfrac{\partial Q_F^*}{\partial p}$，因 $\dfrac{\partial\pi_F^{S}}{\partial Q_F^*}=0$，很明显 $\dfrac{\partial\pi_F^{S^*}}{\partial p}>0$，同理可证，$\dfrac{\partial\pi_{RF}^{S^*}}{\partial p}>0$，$\dfrac{\partial\pi_{BCT}^{S^*}}{\partial p}>0$，即 $\pi_{BCT}^{S^*}$、$\pi_{RF}^{S^*}$、$\pi_F^{S^*}$ 随零售价格 p 递增；

公式（7-11）对 r_S 求偏导可得 $\dfrac{\partial\pi_F^{S^*}}{\partial r_S}=-\dfrac{p\overline{F}(Q_F^*)}{1-L_3r_f}Q_F^*(L_3-L_2)+\dfrac{\partial\pi_F^{S}}{\partial Q_F^*}\cdot$

$\dfrac{\partial Q_F^*}{\partial r_S}$，因 $\dfrac{\partial\pi_F^{S}}{\partial Q_F^*}=0$，很明显 $\dfrac{\partial\pi_F^{S^*}}{\partial r_S}<0$，$\pi_F^{S^*}$ 随 r_S 递减；

公式（7-11）对 ϵ 求偏导可得 $\dfrac{\partial \pi_F^{S^*}}{\partial \epsilon} = -\dfrac{p\overline{F}(Q_F^*)}{1-L_3 r_f}Q_F^*\left[1+(L_3-L_2)r_f\right]+$

$\dfrac{\partial \pi_F^{S}}{\partial Q_F^*}\cdot\dfrac{\partial Q_F^*}{\partial \epsilon}$，因 $\dfrac{\partial \pi_F^{S^*}}{\partial Q_F^*}=0$，很明显 $\dfrac{\partial \pi_F^{S^*}}{\partial \epsilon}<0$，$\pi_F^{S^*}$ 随 ϵ 递减；

同理，$\dfrac{\partial \pi_{RF}^{S^*}}{\partial r_R}<0$，$\dfrac{\partial \pi_{RF}^{S^*}}{\partial \epsilon}<0$，$\dfrac{\partial \pi_{BCT}^{S^*}}{\partial \theta}<0$，即 $\pi_{RF}^{S^*}$ 对 r_R、ϵ 递减；$\pi_{BCT}^{S^*}$ 对 θ 递减。

命题 7.7、命题 7.8 表明，在基于区块链的数字化供应链金融平台费率 $\theta<\theta_1$ 时，该模式下供应商预期收益更高。这是因为基于区块链的数字化供应链金融模式下交易更便捷，资金成本更低，故最优订货量更高，供应商预期收益要高于另外两种模式，即从供应商收益最大化的角度来看，基于区块链的数字化供应链金融模式是最优融资模式。当基于区块链的数字化供应链金融平台费率 $\theta_1 \leqslant \theta<\theta_2$ 时，反向保理模式更利于供应商提高收益，即该模式下供应商预期收益要高于另外两种模式；当平台费率更高即 $\theta \geqslant \theta_2$ 时，基于区块链的数字化供应链金融模式于供应商而言不再具备优势。但无论该模式平台费率如何变化，只要零售商资金成本低于供应商资金成本，反向保理模式对供应商而言始终优于保理模式。此外，不同融资模式下的供应商预期收益均随产品零售价递增，随生产成本和相应资金成本的增加而减少。

命题 7.5～命题 7.8 表明，当基于区块链的数字化供应链金融平台费率 $\theta<\theta_1$ 时，因该模式下零售商最优订货量更高、供应商批发价更低且资金成本更低，供应链绩效要高于另外两种模式，即基于区块链的数字化供应链金融模式是最利于提升供应链绩效的融资模式。但当该融资模式的资金成本高于一定程度时，相较反向保理，基于区块链的数字化供应链金融模式不再具备优势；极端情况下即当 $\theta \geqslant \theta_2$ 时，该模式在三种模式中绩效最低。

表 7-1 归纳了命题 7.1～命题 7.8 的均衡分析结果可知，当基于区块链的数字化供应链金融模式在资金成本方面相较保理和反向保理模式更具优势时，基于区块链的数字化供应链金融模式下供应链产量和绩效均最高；当反向保理模式的资金成本高于基于区块链的数字化供应链金融模式时，反向保理模式下供应链的产量、定价和绩效为最优策略，且反向保理模式

始终优于保理模式；当基于区块链的数字化供应链金融模式的资金成本比保理模式更高时，该模式在供应链运营和绩效方面不再具备优势。此外，不同模式下，不同参数对供应链中零售商最优订货量、供应商批发价和供应链绩效也有一定影响，具体如表7-1所示。

表7-1　保理、反向保理和基于区块链的数字化供应链金融三种模式均衡分析总结

参数	变量		
	Q	w	π
$\theta < \theta_1$	$Q_{BCT}^* > Q_{RF}^* > Q_F^*$	$w_F^* > w_{RF}^* > w_{BCT}^*$	$\pi_{BCT}^{R*} > \pi_{RF}^{R*} > \pi_F^{R*}$ $\pi_{BCT}^{S*} > \pi_{RF}^{S*} > \pi_F^{S*}$
$\theta_1 \leq \theta < \theta_2$	$Q_{RF}^* \geqq Q_{BCT}^* > Q_F^*$	$w_F^* > w_{BCT}^* \geqq w_{RF}^*$	$\pi_{RF}^{R*} \geqq \pi_{BCT}^{R*} > \pi_F^{R*}$ $\pi_{RF}^{S*} \geqq \pi_{BCT}^{S*} > \pi_F^{S*}$
$\theta \geqq \theta_2$	$Q_{RF}^* > Q_F^* \geqq Q_{BCT}^*$	$w_{BCT}^* \geqq w_F^* > w_{RF}^*$	$\pi_{RF}^{R*} > \pi_F^{R*} \geqq \pi_{BCT}^{R*}$ $\pi_{RF}^{S*} > \pi_F^{S*} \geqq \pi_{BCT}^{S*}$
p	$(Q^*)\ \uparrow$	$(w^*)\ \uparrow$	$(\pi^*)\ \uparrow$
c	$(Q^*)\ \downarrow$	$(w^*)\ \uparrow$	$(\pi^*)\ \downarrow$
r_S	$(Q_F^*)\ \downarrow$	$(w_F^*)\ \uparrow$	$(\pi_F^*)\ \downarrow$
r_R	$(Q_{RF}^*)\ \downarrow$	$(w_{RF}^*)\ \uparrow$	$(\pi_{RF}^*)\ \downarrow$
ϵ	$(Q_F^*, Q_{RF}^*)\ \downarrow$	$(w_F^*, w_{RF}^*)\ \uparrow$	$(\pi_F^*, \pi_{RF}^*)\ \downarrow$
θ	$(Q_{BCT}^*)\ \downarrow$	$(w_{BCT}^*)\ \uparrow$	$(\pi_{BCT}^*)\ \downarrow$

注：（1）表中符号↑、↓分别代表递增、递减；

（2）其中 $\theta_1 = \dfrac{L_3 r_R + L_2^*(r_f - r_R) + \epsilon[1 + (L_3 - L_2^*)r_f]}{1 + L_3 r_f}$，$\theta_2 = \dfrac{L_3 r_S + L_2(r_f - r_S) + \epsilon[1 + (L_3 - L_2)r_f]}{1 + L_3 r_f}$。

资料来源：笔者自制。

第四节　数值分析

通过上述保理、反向保理和区块链供应链金融模式的对比分析，得到不同模式下供应链各主体的最优决策。为更直观地探究这三种模式对供应

链融资决策和运作效率的影响，用数值仿真的方法通过 matlab 进行模拟和验证，来进一步分析考虑资金时间价值：①不同因素对三种模式下供应链订货决策的影响；②不同因素对三种模式下供应链订价决策的影响；③不同因素对三种模式下供应链预期收益的影响。

根据《及时支付中小企业款项管理办法（征求意见稿）》，大型企业从中小企业采购货物、工程、服务的，应当在 30 日内付款，付款最长期限不得超过 60 日。本书假定供应商提供给零售商的信用期固定为 30 日，为了便于计算，假设供应商生产周期、零售商销售周期及信用期相同，即 $L_1 = L_3 = \frac{30}{360}$。目前，在业务资料完备的情况下，商业银行的反向保理业务审查时间已可做到隔日放款；保理业务因占用银行资本，审批时间较长。基于实际情况，假定保理业务审查时间为 15 日，反向保理业务审查时间为 5 日，即 $L_2 = \frac{15}{360}$，$L_2^* = \frac{5}{360}$；类似 Buzacott 和 Zhang（2004）的参数设定，模型中固定参数设定为：市场需求呈指数分布（$\lambda = 0.01$），无风险利率固定为 $r_f = 0.05$。模型中可变参数的基本值设定为：$\theta = 0.014$，$p = 1$，$c = 0.5$，$r_R = 0.04$，$r_S = 0.08$，$\epsilon = 0.01$。

一、不同因素对三种模式下供应链订货决策的影响

定理 7.1～定理 7.3 给出了三种模式下供应链的最优决策方案，在此基础上，命题 7.1～命题 7.8 进一步分析了不同融资模式下最优决策方案对供应链融资收益的影响，探究了不同因素对三种模式中供应链订货、定价和预期收益的影响。本节分析不同参数作用下，三种融资模式中供应链订货决策的变化。

图 7-5 模拟了其他参数不变即取基本值时，（a）是基于区块链的数字化供应链金融平台费率 θ，（b）是零售商产品售价 p，（c）是供应商生产成本 c 对供应链最优订货决策的影响。其中，图 7-5（a）给定 ϵ、p、c、r_R、r_S 为基本值，观察 θ 对零售商最优订货量 Q^* 的影响，基于区块链的数字化供应链金融模式 Q_{BCT}^* 随 θ 递减，在上述参数赋值基础上，只有当 $\theta < 0.0148$ 时，基于区块链的数字化供应链金融模式才优于另外两种模式，而当 $\theta >$

0.0171 时，基于区块链的数字化供应链金融模式在供应链运营方面并无优势。因此，图 7-5（a）验证了命题 7.1。图 7-5（b）和（c）给定其他参数为基本值，观察 p 和 c 对 Q^* 的影响，三种模式下零售商最优订货量 Q^* 均随 p 递增、随 c 递减。因此，图 7-5（b）和（c）验证了命题 7.2。

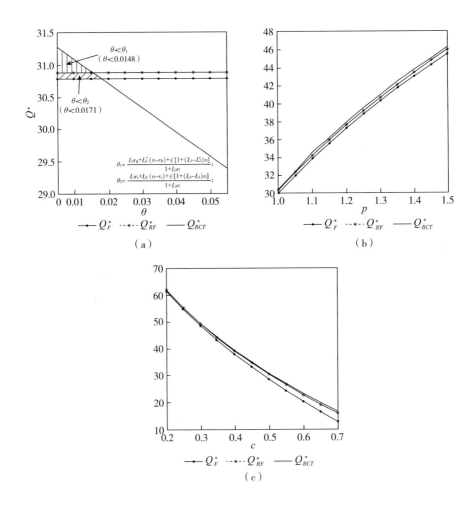

图 7-5　零售商最优订货量随 θ、p、c 变化情况

资料来源：笔者自绘。

图 7-6 模拟了其他参数不变即取基本值时，（a）是供应商资金成本 r_S 和零售商资金成本 r_R，（b）是保理和反向保理业务费用 ϵ 对供应链最优订

货决策的影响。分别给定其他参数为基本值，观察 r_R、r_S、ϵ 对零售商最优订货量 Q^* 的影响：在保理模式下，Q^* 随 ϵ、r_S 递减；在反向保理模式下，Q^* 随 ϵ、r_R 递减。因此，图 7-6 验证了命题 7.2。

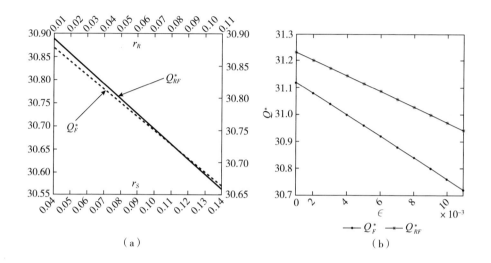

图 7-6　零售商最优订货量随 r_R、r_S、ϵ 变化情况

资料来源：笔者自绘。

由图 7-5 和图 7-6 可知，基于区块链的数字化供应链金融模式在保理和反向保理业务审查效率较高时，优势并不明显，且资金成本相对生产成本和产品售价而言，对供应链订货量的影响更小。在实际操作中，因是"买方驱动"融资方式，不占用银行资本额度，反向保理业务的审批时间已经可以达到隔天放款，故基于区块链的数字化供应链金融模式在资金时间成本方面的优势有限。

二、不同因素对三种模式下供应链订价决策的影响

图 7-7 模拟了其他参数不变即取基本值时，（a）是基于区块链的数字化供应链金融平台费率 θ，（b）是零售商产品售价 p，（c）是供应商生产成本 c 对供应商最优批发价定价决策的影响。其中，图 7-7（a）给定 p、c、r_R、r_S、ϵ 为基本值，观察 θ 对供应商最优批发价 w^* 的影响，基于区块链的

数字化供应链金融模式下 w^* 随 θ 递增，类似图7-7（a），只有当 $\theta<0.0148$ 时，基于区块链的数字化供应链金融模式才优于另外两种模式，而当 $\theta>0.0171$ 时，基于区块链的数字化供应链金融模式在供应链定价方面并无优势。图7-7（a）验证了命题7.3。图7-7（b）和（c）给定其他参数为基本值，观察 p 和 c 对 w^* 的影响如图7-7（a）所示，三种模式下供应商最有批发价 w^* 随 p、c 递增。因此，图7-7（b）和（c）验证了命题7.4。

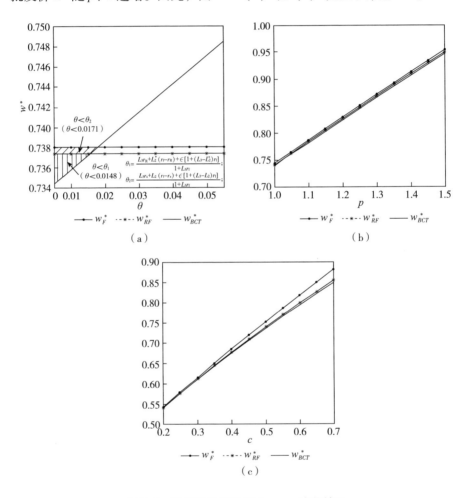

图7-7　供应商批发价随 θ、p、c 变化情况

图7-8模拟了其他参数不变即取基本值时，（a）是供应商资金成本 r_S 和零售商资金成本 r_R，（b）是保理和反向保理业务费用 ϵ 对供应商最优批

发价 w^* 的影响。分别给定其他参数为基本值，观察 r_R、r_S、ϵ 对 w^* 的影响，在保理模式下，w_F^* 随 ϵ、r_S 递增；在反向保理模式下，w_{RF}^* 随 ϵ、r_R 递增。因此，图 7-8 验证了命题 7.4。

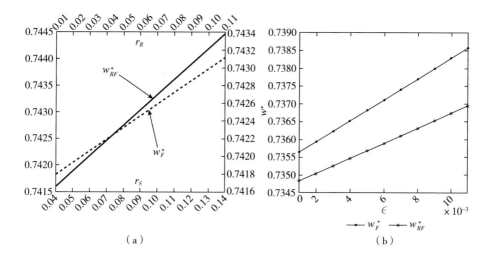

（a）　　　　　　　　　　　　　（b）

图 7-8　供应商批发价格随 r_R、r_S、ϵ 变化情况

资料来源：笔者自绘。

三、不同因素对三种模式下供应链预期收益的影响

图 7-9 模拟了其他参数不变即取基本值时，（a）是基于区块链的数字化供应链金融平台费率 θ，（b）是零售商产品售价 p，（c）是供应商生产成本 c 对供应链各主体预期收益的影响。其中，图 7-9（a）给定 p、c、r_R、r_S、ϵ 为基本值，观察 θ 对不同模式下供应链各主体预期收益 π^* 的影响，基于区块链的数字化供应链金融模式 π_{BCT}^* 随 θ 递减，在上述参数赋值基础上，只有当 $\theta < 0.0148$ 时，基于区块链的数字化供应链金融模式才优于另外两种模式，而当 $\theta > 0.0171$ 时，基于区块链的数字化供应链金融模式在供应链绩效方面并无优势。图 7-9（a）验证了命题 7.5 和命题 7.7。图 7-9（b）和（c）给定其他参数为基本值，观察 p 和 c 对 π^* 的影响，三种模式下供应链各主体预期收益 π^* 均随 p 递增、随 c 递减。因此，图 7-9（b）和（c）验证了命题 7.6 和命题 7.8。

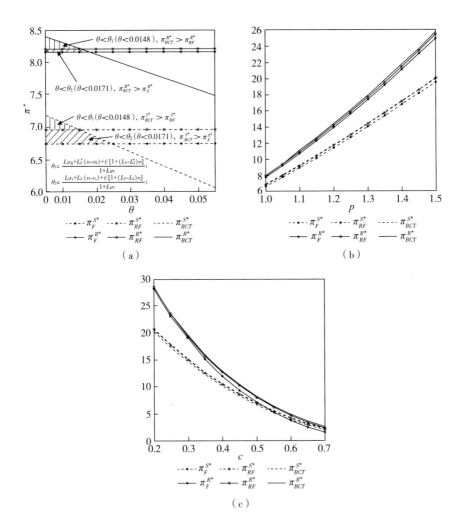

图7-9 供应链各主体预期收益随 θ、p、c 变化情况

资料来源：笔者自绘。

图7-10模拟了其他参数不变即取基本值时，供应商资金成本 r_S、零售商资金成本 r_R、保理和反向保理业务费用 ϵ 对供应链各主体 π^* 的影响。分别给定其他参数为基本值，观察 r_R、r_S、ϵ 对 π^* 的影响，在保理模式下，π_F^* 随 ϵ、r_S 递减；在反向保理模式下，π_{RF}^* 随 ϵ、r_R 递减。图7-10验证了命题7.6和命题7.8。

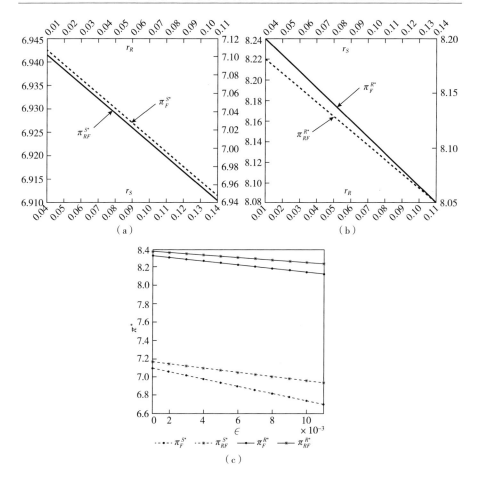

图 7-10 保理和反向保理模式下供应链各主体预期收益随 r_R、r_S、ϵ 变化情况

资料来源：笔者自绘。

由图 7-8～图 7-10 可知，资金成本相对生产成本和产品售价而言，对供应链绩效的影响更小。基于区块链的数字化供应链金融模式下，只有当其费率即资金成本低于一定程度时，供应链绩效才高于其他两种模式。在实际操作中，基于区块链的数字化供应链金融平台尚处于初创阶段，为招揽客源，其费率往往较为低廉，因此基于区块链的数字化供应链金融模式在改善供应链绩效方面仍具备一定优势。

第五节　本章小结

　　基于区块链的数字化供应链金融是基于但不同于传统供应链金融的科技创新融资模式，该模式拓宽了企业的融资途径，有效地改善了中小企业供应商"融资难"的困境和提高了核心企业零售商的资金运作效率，是极具发展潜力的新兴供应链融资模式。从不同视角研究这一新兴供应链金融模式对比传统供应链金融模式的异同和利弊，是极具现实意义的研究课题。为探究资金时间成本对供应链融资模式选择的影响问题，本章对比研究了资金时间价值视角下，基于区块链的数字化供应链金融模式与保理和反向保理对供应链融资和定价决策的影响；分析了不同参数变化下上述三种模式在供应链最优订货量、产品最优批发价和供应链绩效方面的表现。研究表明：在资金成本即平台费率低于一定水平下，基于区块链的数字化供应链金融模式的供应链绩效和运营效率要优于另外两种模式；在基于区块链的数字化供应链金融平台费率高于一定水平时，则反向保理模式的供应链绩效和运营效率优于另外两种模式；当基于区块链的数字化供应链金融平台费率更高时，该模式相比保理和反向保理在供应链运营和绩效方面不再具备优势。此外，当生产成本和资金成本越低、产品售价越高时，三种融资模式均更有价值。

　　本章研究为供应商融资模式的选择提供了决策依据，也为供应链系统的定价和运营决策提供了规则参考。本章的研究还可以拓展至其他视角如信息结构不对称和商业信用条件视角等，通过研究不同视角下，基于区块链的数字化供应链金融模式对供应链融资和决策的影响，以全方面刻画该模式的实际价值。

第八章 供应链契约下数字化供应链金融模式创新

第一节 问题描述

供应链金融是一系列基于科技的商业和融资过程，它将交易双方（买方、卖方和融资机构）联系在一起，以降低融资成本并提高业务效率。供应链金融提供了短期信贷，可以优化买卖双方的营运资金。[①] 传统供应链融资类型有银行信用融资、商业信用融资（Tang et al.，2017）。商业信用融资下，企业通过短期信贷的方式将其自身的信用延伸至供应链上下游的中小企业（Jing et al.，2012）。银行信用融资下，中小企业因自身信用或财务因素，较难获得贷款（Choi，2020），因此商业信用融资更为普遍，且更利于供应链协调（Lee and Rhee，2011）。

近年来，随着区块链技术和虚拟货币的发展，基于区块链的数字化供应链金融模式也越来越常见。区块链技术（也称分布式账本技术）本质上是一种点对点的分布式资产数据库，可以跨多个站点，地理位置或机构的网络共享（Brown，2016）。供应链成员可通过区块链及虚拟货币彼此链接，利用区块链技术来优化信用环境、传递信用价值及简化融资交易流程，有

效应对传统供应链金融的弊端（Choi，2020）。这已成为业界的一种发展趋势和热潮，即业界所称"数字化供应链转型"。① 越来越多的企业、金融机构和零售商等，均参与到区块链供应链金融的创新合作模式中，如蚂蚁金服的"双链通"区块链平台。该平台以产业链上各参与方间的真实贸易为背景，让核心企业的信用可以在区块链上逐级流转，从而使更多在供应链上下游的中小微企业获得平等高效的普惠金融服务。又如浙商银行应收款链平台，截至 2019 年 6 月末，该平台已帮助 8000 多家企业融通了 1700 多亿元资金。②

纵观现有文献，关于区块链+供应链金融的研究并不充分，亟待丰富。大部分研究依然着眼于区块链技术对供应链管理方面的作用，少有从供应链契约角度深入研究该新兴供应链金融模式的文献。故本章进一步对比分析了基于区块链的数字化供应链金融与传统供应链金融模式在供应链定价决策及供应链绩效方面的异同。探讨了收益共享契约下，不同模式中供应链的定价和订货策略，及供应链各参与方的收益随相关因子的变化。

第二节　模型背景、变量定义与相关假设

考虑一个由受资金约束的制造商 M 和零售商 R 组成的供应链，制造商 M 以批发价格 w 向零售商 R 提供生产成本为 c，数量为 Q 的商品。零售商 R 以价格 p 销售该产品。市场需求为 D，满足 $D(p) = a - bp$，a、b 为常数，且 $a > 0$，$b > 0$（于辉等，2017）。制造商与零售商之间的收益共享比例为 η，$0 \leqslant \eta < 1$。假设 η 为外生变量（Shen et al.，2019；Zhen et al.，2019），即制造商依据给定的收益共享比例来做相关运营和融资决策。制造商 M 可选择的融资方案，有传统银行信贷融资（B）、供应链内部商业信用融资（R）和基于区块链的数字化供应链金融平台（BCT）。

---

① https：//www.forbes.com/sites/stevebanker/2019/09/18/20-things-to-know-about-digital-supply-chain-transformations/#7011e0bb45b1.

② https：//www.lianmenhu.com/blockchain-15483-1.

一、基础模式

该模式下,制造商不受资金约束,制造商和零售商均寻求利益最大化。制造商依据生产成本和收益共享比例确定批发价格,零售商依据该批发价格确定零售价格和最优订货数量。则零售商的利润函数为:

$$\pi_N^R = \left[(1-\eta)p_N - w_N\right]Q_N = \left[(1-\eta)p_N - w_N\right](a-bp_N)$$

零售商的最优订货量为:

$$Q_N^* = \frac{a(1-\eta) - w_N b}{2(1-\eta)}$$

制造商的利润函数为:

$$\pi_N^M = w_N Q_N + \eta p_N Q - cQ_N$$

将 Q_N^* 代入上式得:

$$\pi_N^M = (w_N + \eta p_N - c)\frac{a(1-\eta) - w_N b}{2(1-\eta)}$$

简单优化后得制造商最优批发价为:

$$w_N^* = \frac{a(1-\eta)^2 + cb(1-\eta)}{b(2-\eta)} \tag{8-1}$$

将上式代入 Q_N^* 得:

$$Q_N^* = \frac{a-cb}{4-2\eta} \tag{8-2}$$

不融资模式下零售商的最优零售价格为:

$$p_N^* = \frac{a-Q_N^*}{b} = \frac{a(3-2\eta)+cb}{2b(2-\eta)} \tag{8-3}$$

该模式下零售商和制造商的最大利润分别为:

$$\pi_N^{R*} = \left[(1-\eta)p_N - w_N\right]Q_N = \frac{(1-\eta)(a-cb)^2}{4b(2-\eta)^2} \tag{8-4}$$

$$\pi_N^{M*} = w_N Q_N + \eta p_N Q - cQ_N = \frac{(a-cb)^2}{4b(2-\eta)} \tag{8-5}$$

二、银行信用融资模式

该模式下,制造商因受资金约束,向银行申请融资,贷款利率为 r_B,

银行的资金成本为 r_f。制造商和零售商均寻求利益最大化。制造商依据生产成本和收益共享比例确定批发价格，零售商依据该批发价格确定零售价格和最优订货数量。则零售商的利润函数为：

$$\pi_B^R = \left[\,(1-\eta)\,p_B - w_B\,\right] Q_B$$

零售商的最优订货量为：

$$Q_B^* = \frac{a(1-\eta) - w_B b}{2(1-\eta)}$$

制造商的利润函数为：

$$\pi_B^M = \left[\,w_B + \eta p_B - c(1+r_B)\,\right] Q_B$$

代入 Q_B^*，简单优化后得制造商最优批发价格为：

$$w_B^* = \frac{a(1-\eta)^2 + c(1+r_B)b(1-\eta)}{b(2-\eta)} = w_N^* + \frac{cr_B(1-\eta)}{2-\eta} \tag{8-6}$$

将上式代入 Q_B^* 的银行信用融资模式下，零售商的最优订货量为：

$$Q_B^* = \frac{a - c(1+r_B)b}{4 - 2\eta} = Q_N^* - \frac{cbr_B}{4 - 2\eta} \tag{8-7}$$

则该模式下零售商的最优销售价格为：

$$p_B^* = \frac{a(3-2\eta) + c(1+r_B)b}{2b(2-\eta)} = p_N^* + \frac{cr_B}{4 - 2\eta} \tag{8-8}$$

该模式下零售商和制造商的最大利润分别为：

$$\pi_B^{R^*} = \left[\,(1-\eta)p_B - w_B\,\right] Q_B = \frac{(1-\eta)\left[\,a - c(1+r_B)b\,\right]^2}{4b(2-\eta)^2} \tag{8-9}$$

$$\pi_B^{M^*} = \left[\,w_B + \eta p_B - c(1+r_B)\,\right] Q_B = \frac{\left[\,a - c(1+r_B)b\,\right]^2}{4b(2-\eta)} \tag{8-10}$$

由公式（8-9）和公式（8-10）可知，零售商与制造商最大利润均与制造商资金成本 r_B 相关，而 r_B 为外生变量，无法通过该模型求解出最优值。关于制造商资金成本与供应链绩效的关系会在后续内容中探讨。

三、供应链内部商业信用融资模式

该模式下，制造商因受资金约束，向资金充裕的零售商申请融资，贷款利率为 r_R。零售商的资金成本为 k，则零售商的利润函数为：

$$\pi_R^R = \left[(1-\eta)p_R - w_R \right] Q_R + cQ_R(r_R - k)$$

零售商的最优订货量为：

$$Q_R^* = \frac{a(1-\eta) - w_R b + c(r_R - k)b}{2(1-\eta)}$$

制造商的利润函数为：

$$\pi_R^M = w_R Q + \eta p_R Q - cQ(1 + r_R)$$

代入 Q_R^* 得制造商的最优批发价格为：

$$w_R^* = \frac{a(1-\eta)^2 + cb(r_R - k) + cb(1-\eta)(1+r_R)}{b(2-\eta)} = w_N^* + \frac{c(2r_R - r_R\eta - k)}{2-\eta} \qquad (8-11)$$

则该模式下，零售商的最优订货量为：

$$Q_R^* = \frac{a - cb(1+k)}{4 - 2\eta} = Q_N^* - \frac{cbk}{4 - 2\eta} \qquad (8-12)$$

零售商的最优销售价格为：

$$p_R^* = \frac{a(3 - 2\eta) + cb(1+k)}{2b(2-\eta)} = p_N^* + \frac{ck}{4 - 2\eta} \qquad (8-13)$$

该模式下零售商和制造商的最大利润分别为：

$$\pi_R^{R^*} = \left[(1-\eta)p_R - w_R \right] Q_R + cQ_R(r_R - k) = \frac{(1-\eta)\left[a - c(1+k)b \right]^2}{4b(2-\eta)^2} \qquad (8-14)$$

$$\pi_R^{M^*} = w_R Q + \eta p_R Q - cQ(1 + r_R) = \frac{\left[a - c(1+k)b \right]^2}{4b(2-\eta)} \qquad (8-15)$$

由公式（8-14）和公式（8-15）可知，零售商和制造商最大利润均与 k 相关，而 k 为外生变量，无法通过该模型求解出最优值。关于零售商资金成本与供应链绩效的关系会在后续内容中探讨。

四、基于区块链的数字化供应链金融模式

基于区块链的数字化供应链金融模式下，该供应链相关交易信息均自动记录于平台。根据 Choi（2020），该平台上的每一笔交易都会产生一定的运营费 θ。因不涉及贷款，供应商无须支付融资利息，则零售商的利润函数为：

$$\pi_{BCT}^R = \left[(1-\eta)p_{BCT} - w_{BCT} - \theta \right] Q_{BCT}$$

零售商的最优订货量为：

$$Q_{BCT}^* = \frac{a(1-\eta) - b(w+\theta)}{2(1-\eta)}$$

制造商的利润函数为:

$$\pi_{BCT}^{M} = (w_{BCT} + \eta p_{BCT} - c - \theta) Q_{BCT}$$

简单优化后得该模式下,制造商的最优批发价格为:

$$w_{BCT}^{*} = \frac{a(1-\eta)^{2} + cb(1-\eta) - \theta\eta b}{b(2-\eta)} = w_{N}^{*} - \frac{\theta\eta}{2-\eta} \tag{8-16}$$

则该模式下零售商的最优订货量为:

$$Q_{BCT}^{R*} = \frac{a - cb - 2\theta b}{4 - 2\eta} = Q_{N}^{R*} - \frac{\theta b}{2-\eta} \tag{8-17}$$

零售商的最优销售价格为:

$$p_{BCT}^{R*} = \frac{a(3-2\eta) + cb + 2\theta b}{2b(2-\eta)} = p_{N}^{*} + \frac{\theta}{2-\eta} \tag{8-18}$$

该模式下零售商和制造商的最大利润分别为:

$$\pi_{BCT}^{R*} = \left[(1-\eta)p_{BCT} - w_{BCT} - \theta\right]Q_{BCT} = \frac{(1-\eta)(a - cb - 2\theta b)^{2}}{4b(2-\eta)^{2}} \tag{8-19}$$

$$\pi_{BCT}^{M*} = (w_{BCT} + \eta p_{BCT} - c - \theta)Q_{BCT} = \frac{(a - cb - 2\theta b)^{2}}{4b(2-\eta)} \tag{8-20}$$

因为区块链供应链金融平台搭建和运营所产生的成本较为复杂,此处无法通过简单的模型求解得出平台最优费率。关于平台费率与供应链绩效的关系会在后续内容中探讨。

第三节　制造商最优融资方案

一、制造商最优融资模式

通过上述分析,已得不同模式下的最优订货和定价决策以及供应链各参与方的最大利润。接下来,将对上述四种模式进行比较,以探讨制造商的最优融资方案。

命题8.1:在供应链内部商业信用融资模式下,只有当零售商资金成本低于制造商资金成本,即$k<r_{B}$时,该模式才优于银行信用融资模式。

证明：对比公式（8-7）和公式（8-13）、公式（8-9）和公式（8-14）、公式（8-10）和公式（8-15）可知，只要零售商资金成本低于制造商资金成本，即 $k<r_B$，银行信用融资模式零售商最优订货量小于商业信用融资模式下零售商最优订货量，即 $Q_B^*<Q_R^*$，且银行信用融资模式下零售商和制造商最大收益均低于商业信用融资模式下的收益，即 $\pi_B^{R^*}<\pi_R^{R^*}$，$\pi_B^{M^*}<\pi_R^{M^*}$。故只要当 $k<r_B$ 时，无论零售商或制造商，均会选择供应链内部商业信用融资模式。命题8.1得证，说明供应链融资方式的决策取决于各融资模式的融资成本，当融资成本越高时，该融资模式越不利于供应链成员增加收益。

二、制造商与零售商收益之间的关系

命题8.2：当零售商资金成本低于制造商资金成本时，即 $k<r_B$ 时，各融资模式下零售商最优订货量，以及制造商和零售商各自收益存在如下关系：

（1）当 $\theta<\dfrac{ck}{2}$ 时，$Q_B^*<Q_R^*<Q_{BCT}^*<Q_N^*$；$p_N^*<p_{BCT}^*<p_R^*<p_B^*$；$\pi_B^{R^*}<\pi_R^{R^*}<\pi_{BCT}^{R^*}<\pi_N^{R^*}$；$\pi_B^{M^*}<\pi_R^{M^*}<\pi_{BCT}^{M^*}<\pi_N^{M^*}$。

（2）当 $\theta\geq\dfrac{cr_B}{2}$ 时，$Q_{BCT}^*\leq Q_B^*<Q_R^*<Q_N^*$；$p_N^*<p_R^*<p_B^*\leq p_{BCT}^*$；$\pi_{BCT}^{R^*}\leq\pi_B^{R^*}<\pi_R^{R^*}<\pi_N^{R^*}$；$\pi_{BCT}^{M^*}\leq\pi_B^{M^*}<\pi_R^{M^*}<\pi_N^{M^*}$。

（3）当 $\dfrac{ck}{2}\leq\theta<\dfrac{cr_B}{2}$ 时，$Q_B^*<Q_{BCT}^*\leq Q_R^*<Q_N^*$；$p_N^*<p_R^*\leq p_{BCT}^*<p_B^*$；$\pi_B^{R^*}<\pi_{BCT}^{R^*}\leq\pi_R^{R^*}<\pi_N^{R^*}$；$\pi_B^{M^*}<\pi_{BCT}^{M^*}\leq\pi_R^{M^*}<\pi_N^{M^*}$。

证明（1）：对比公式（8-2）、公式（8-7）、公式（8-13）和公式（8-18），可知当零售商资金成本低于制造商资金成本时，基于区块链的数字化供应链金融平台费率与零售商资金成本满足关系 $\theta<\dfrac{ck}{2}$ 时，$\dfrac{\theta b}{2-\eta}<\dfrac{cbk}{4-2\eta}<\dfrac{cbr_B}{4-2\eta}$，即各融资模式下零售商最优订货量的关系为：$Q_B^*<Q_R^*<Q_{BCT}^*<Q_N^*$；对比公式（8-3）、公式（8-8）、公式（8-14）和公式（8-19），当 $\theta<\dfrac{ck}{2}$ 时，可知 $\dfrac{\theta}{2-\eta}<\dfrac{ck}{4-2\eta}<\dfrac{cr_B}{4-2\eta}$，各融资模式下零售商最优零售价格的关系为：$p_N^*<p_{BCT}^*<p_R^*<p_B^*$；

对比公式（8-4）、公式（8-9）、公式（8-15）和公式（8-20），可知当 $\theta<\dfrac{ck}{2}$ 时，

$$\frac{(1-\eta)\left[a-c(1+r_B)b\right]^2}{4b(2-\eta)^2}<\frac{(1-\eta)\left[a-c(1+k)b\right]^2}{4b(2-\eta)^2}<\frac{(1-\eta)(a-cb-2\theta b)^2}{4b(2-\eta)^2}<$$

$\dfrac{(1-\eta)(a-cb)^2}{4b(2-\eta)^2}$，各融资模式下零售商最大利润的关系为：$\pi_B^{R^*}<\pi_R^{R^*}<\pi_{BCT}^{R^*}<$

$\pi_N^{R^*}$；同理可得 $\pi_B^{M^*}<\pi_R^{M^*}<\pi_{BCT}^{M^*}<\pi_N^{M^*}$。

（2）和（3）的证明方式与（1）类似，此处不再赘述。

命题8.3：当零售商资金成本高于制造商资金成本时，即 $k>r_B$ 时，各融资模式下零售商最优订货量，以及制造商和零售商各自收益存在如下关系：

（1）当 $\theta<\dfrac{cr_B}{2}$ 时，$Q_R^*<Q_B^*<Q_{BCT}^*<Q_N^*$；$p_N^*<p_{BCT}^*<p_B^*<p_R^*$；$\pi_R^{R^*}<\pi_B^{R^*}<\pi_{BCT}^{R^*}<$

$\pi_N^{R^*}$；$\pi_R^{M^*}<\pi_B^{M^*}<\pi_{BCT}^{M^*}<\pi_N^{M^*}$。

（2）当 $\theta\geqslant\dfrac{ck}{2}$ 时，$Q_{BCT}^*\leqslant Q_R^*<Q_B^*<Q_N^*$；$p_N^*<p_B^*<p_R^*\leqslant p_{BCT}^*$；$\pi_{BCT}^{R^*}\leqslant\pi_R^{R^*}<$

$\pi_B^{R^*}<\pi_N^{R^*}$；$\pi_{BCT}^{M^*}\leqslant\pi_R^{M^*}<\pi_B^{M^*}<\pi_N^{M^*}$。

（3）当 $\dfrac{cr_B}{2}\leqslant\theta<\dfrac{ck}{2}$ 时，$Q_R^*<Q_{BCT}^*\leqslant Q_B^*<Q_N^*$；$p_N^*<p_B^*\leqslant p_{BCT}^*<p_R^*$；$\pi_R^{R^*}<$

$\pi_{BCT}^{R^*}\leqslant\pi_B^{R^*}<\pi_N^{R^*}$；$\pi_R^{M^*}<\pi_{BCT}^{M^*}\leqslant\pi_B^{M^*}<\pi_N^{M^*}$。

证明方式与命题8.1类似，此处不再赘述。

表8-1总结了命题8.1~8.3的主要结论，即银行信用融资、商业信用融资和基于区块链的数字化供应链金融这三种模式融资成本（r_B、k 和 θ）与各融资模式下供应链绩效的关系。基于区块链的数字化供应链金融平台费率 θ，也可视作该模式下供应链的融资成本。通过融资成本和供应链绩效的对比分析，可得出一定融资成本下同时有利于零售商和制造商的最优融资模式。如表8-1所示，当零售商的资金成本低于制造商即 $k<r_B$ 时，存在两个基于区块链的数字化供应链金融平台费率 θ 的阈值，只有当 $\theta<\dfrac{ck}{2}$ 时，区块链供应链金融模式才为最优模式；当零售商的资金成本高于制造商即 $k>r_B$ 时，则只有当 $\theta<\dfrac{cr_B}{2}$ 时，基于区块链的数字化供应链金融模式才为最优模式。

表 8-1　不同融资成本下各融资模型的绩效情况

	融资成本					
	$k<r_B$			$k>r_B$		
	$\theta<\dfrac{ck}{2}$	$\dfrac{ck}{2}\leq\theta<\dfrac{cr_B}{2}$	$\theta\geq\dfrac{cr_B}{2}$	$\theta<\dfrac{cr_B}{2}$	$\dfrac{cr_B}{2}\leq\theta<\dfrac{ck}{2}$	$\theta\geq\dfrac{ck}{2}$
Q	$Q_B^*<Q_R^*<$ $Q_{BCT}^*<Q_N^*$	$Q_B^*<Q_{BCT}^*\leq$ $Q_R^*<Q_N^*$	$Q_{BCT}^*\leq Q_B^*<$ $Q_R^*<Q_N^*$	$Q_R^*<Q_B^*<$ $Q_{BCT}^*<Q_N^*$	$Q_R^*<Q_{BCT}^*\leq$ $Q_B^*<Q_N^*$	$Q_{BCT}^*\leq Q_R^*<$ $Q_B^*<Q_N^*$
π^R	$\pi_B^{R*}<\pi_R^{R*}<$ $\pi_{BCT}^{R*}<\pi_N^{R*}$	$\pi_B^{R*}<\pi_{BCT}^{R*}\leq$ $\pi_R^{R*}<\pi_N^{R*}$	$\pi_{BCT}^{R*}\leq\pi_B^{R*}<$ $\pi_R^{R*}<\pi_N^{R*}$	$\pi_R^{R*}<\pi_B^{R*}<$ $\pi_{BCT}^{R*}<\pi_N^{R*}$	$\pi_R^{R*}<\pi_{BCT}^{R*}\leq$ $\pi_B^{R*}<\pi_N^{R*}$	$\pi_{BCT}^{R*}\leq\pi_R^{R*}<$ $\pi_B^{R*}<\pi_N^{R*}$
π^M	$\pi_B^{M*}<\pi_R^{M*}<$ $\pi_{BCT}^{M*}<\pi_N^{M*}$	$\pi_B^{M*}<\pi_{BCT}^{M*}\leq$ $\pi_R^{M*}<\pi_N^{M*}$	$\pi_{BCT}^{M*}\leq\pi_B^{M*}<$ $\pi_R^{M*}<\pi_N^{M*}$	$\pi_R^{M*}<\pi_B^{M*}<$ $\pi_{BCT}^{M*}<\pi_N^{M*}$	$\pi_R^{M*}<\pi_{BCT}^{M*}\leq$ $\pi_B^{M*}<\pi_N^{M*}$	$\pi_{BCT}^{M*}\leq\pi_R^{M*}<$ $\pi_B^{M*}<\pi_N^{M*}$

资料来源：笔者自制。

第四节　数值分析

一、参数设置

通过对上述四种模型的比较分析，得到了各种融资模式下的最优决策方案（最优订货量、最优批发价格和最优零售价格）和制造商和零售商的最大收益。接下来将通过数值仿真来进一步分析：①对制造商和零售商均最有利的融资模式；②融资模式对供应链绩效的影响；③收益共享比例对各融资模式下供应链绩效的影响。

为验证本文模型的有效性，运用软件名称和版本作如下数值分析。依据于辉等（2017），各固定参数的取值为需求函数中代表市场基本需求的常数 $a=180$，需求的价格弹性 $b=10$，单位生产成本 $c=5$，银行给制造商的贷款利率为 $r_B=0.12$，销售商给制造商的融资利率 $r_R=0.1$；可变参数的取值为基于区块链的数字化供应链金融平台费率 $\theta=0.025$，零售商资金成本 $k=0.04$。

二、平台费率对供应链绩效的影响

图8-1给出了基于区块链的数字化供应链金融平台费率对区块链供应链金融模式绩效的影响趋势。基于区块链的数字化供应链金融平台费率存在两个阈值$\left(\dfrac{ck}{2}, \dfrac{cr_B}{2}\right)$，当平台费率高于高阈值$\dfrac{cr_B}{2}$时，基于区块链的数字化供应链金融模式下供应链绩效最低，即不再具备优势；当平台费率低于低阈值$\dfrac{ck}{2}$时，基于区块链的数字化供应链金融模式为供应链最优融资模式，

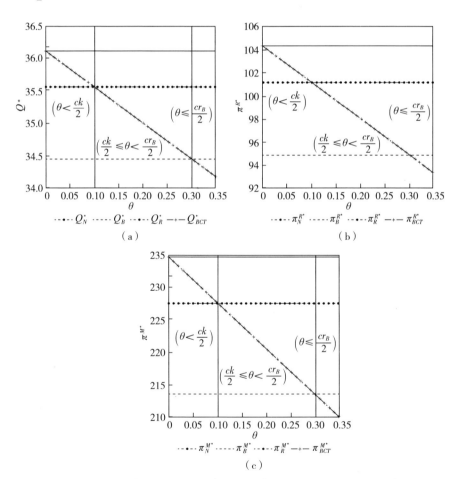

图8-1　基于区块链的数字化供应链金融模式供应链绩效随 θ 变化情况

资料来源：笔者自绘。

即该模式下供应链绩效最高。图 8-1 进一步验证了命题 8.2。这说明，当基于区块链的数字化供应链金融模式的融资成本较低$\left(如 \theta < \dfrac{ck}{2} = 0.1\right)$ 时，该模式在供应链产量和供应链收益上均为最有利模式。现实中，基于区块链的数字化供应链金融模式仍处于起步阶段。为了吸引客户，其融资成本（平台使用费率）通常相对较低，这进一步说明这种新兴的供应链融资方案在改善供应链绩效方面具有优势。

三、融资利率对供应链运营决策的影响

图 8-2 给出了当 $\theta < \dfrac{ck}{2}$ 时，各融资模式下的最优决策变量随收益共享比例的变化情况，可知零售商最优销售价格与制造商最优批发价格均随收益共享比例递减，而零售商最优订货量则随收益共享比例递增。在四种模式中，不融资基本模式的供应链产量最大，而当制造商面临资金约束时基于区块链的数字化供应链金融模式的产量最大，这说明基于区块链的数字化供应链金融模式节省了融资成本，增加了融资要率，从而增加了供应链产量。银行融资模式下，供应链的产量最低，这是因为该模式下制造商的融资成本最高。现实中，银行为控制风险，审核贷款的时间往往较长，放款效率低下，且整个融资过程还会产生一定手续费用，致使该模式下融资效率低下，进而融资企业的生产效率低下。基于区块链的数字化供应链金融得益于区块链技术去信任化、去中心化等技术特性，将操作数字化，省去了传统供应链金融模式中烦琐的贷款审核环节，既节省了时间又降低了贷款审查成本，继而提升了融资效率及供应链的生产效率。

图 8-3 给出了不同模式下，零售商面临不同资金成本时，制造商和零售商最大收益随收益共享比例的变化情况。在各模式下，零售商最大收益均随收益共享比例递减，反之，制造商最大收益则随收益共享比例递增。当制造商面临资金约束时，基于区块链的数字化供应链金融模式下，零售商和制造商的最大收益均高于其他融资模式，这说明基于区块链的数字化供应链金融对零售商和制造商均为最有利融资模式。随着零售商资金成本的降低，供应链内部商业融资模式下零售商和制造商的最大收益也越来越接近基于区块链的数字化供应链金融模式下的收益水平，这说明零售商的

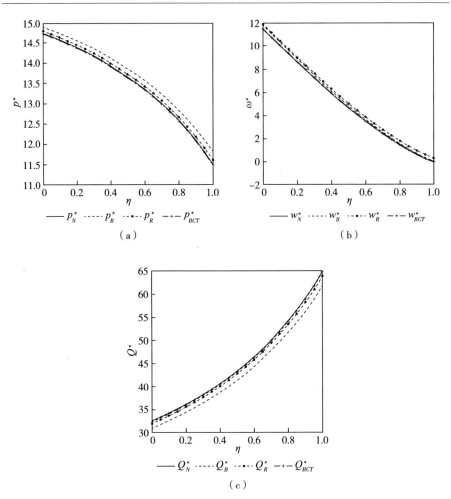

图 8-2 p^*、w^* 和 Q^* 随 η 变化情况

资料来源：笔者自绘。

资金成本越低，供应链内部融资模式越利于零售商和制造商同时增加收益。只要零售商的资金成本低于制造商的资金成本即 $k<r_B$ 时，供应链内部商业融资模式就始终优于银行融资模式。因此，图 8-3 进一步验证了命题 8.1。

图 8-1~图 8-3 主要探究了银行信用融资、商业信用融资和基于区块链的数字化供应链金融这三种模式融资成本（r_B、k 和 θ）间的关系，以及不同融资成本下，各融资模式供应链绩效的变化。通过对融资成本和供应链

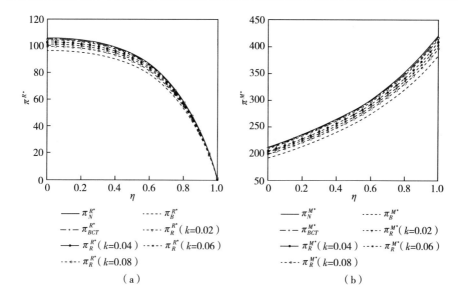

图 8-3　不同模式下零售商和制造商最大收益随 η 变化情况

绩效的数值仿真分析，可更直观地看到融资成本对供应链融资模式选择的影响。当零售商资金成本 k，即供应链内部商业融资模式的融资成本低于银行信用融资模式的融资成本 r_B 时，供应链内部商业融资模式优于后者，即该模式下供应链的产量及收益更高。在此基础上，当基于区块链的数字化供应链金融的平台使用费率 θ，即该模式的融资成本，低于一定阈值即 θ<$\frac{ck}{2}$ 时，基于区块链的数字化供应链金融模式为同时有利于零售商和制造商的最优融资模式。

第五节　本章小结

基于区块链的数字化供应链金融是近年来新兴的一种科技创新供应链融资模式，该模式依据区块链技术的相关特性，有效应对了传统供应链金融的弊病，如成本高昂、审查流程烦琐等。目前，这种"数字化供应链转型"已成为业界的一种发展趋势和热潮，因此，从不同视角研究这一新兴供应链金融模式对比传统供应链金融模式的异同和利弊，是极具现实意义的研究课题。针对供应链契约对供应链融资模式选择的影响问题，本章深入探究了供应链收益共享契约下，基于区块链的数字化供应链金融模式与传统银行信用融资模式及供应链内部商业信用融资在供应链融资、定价及生产决策和供应链绩效这些方面的表现及异同；分析了上述三种模式的融资成本间的关系，以及不同融资成本下，各融资模式供应链绩效的变化情况。研究表明：

第一，在不融资、银行信用融资、供应链内部商业信用融资和基于区块链的数字化供应链金融这四种模式下，零售商最优订货量和制造商最大收益均随收益共享比例递增，而制造商最优批发价格、零售商最优销售价格和零售商最大收益则均随收益共享比例递减。

第二，只要零售商的资金成本低于制造商的资金成本，供应链内部商业信用融资模式下供应链产量和各成员收益均优于银行信用融资模式。且零售商资金成本越低，该模式对供应链成员越有利。

第三，基于区块链的数字化供应链金融模式下，存在两个平台费率的阈值。当平台费率高于高阈值时，基于区块链的数字化供应链金融模式下供应链绩效最低，即不再具备优势；当平台费率低于低阈值时，基于区块链的数字化供应链金融模式为供应链最优融资模式，即该模式下供应链绩效最高。

本章考虑了受资金约束制造商在供应链收益共享契约下的融资模式选择问题，研究结果为制造商融资模式的选择提供了决策依据，也为基于区块链的数字化供应链金融这一新兴供应链金融模式的研究提供了思路。需进一步探究的是，当所有供应链参与者均受到资金约束时基于区块链的数字化供应链金融模式是否依然具备优势。此外，其他供应链契约类型，如数量折扣、批发价格等契约下，基于区块链的数字化供应链金融模式的表现情况也是可进一步研究的问题。

第九章　多周期视角下数字化供应链金融模式创新

第一节　问题描述

中小企业作为供应链重要参与方，通常会有资金约束和财务披露体系落后的问题，致使"融资难、融资贵"的困境（Vandenber，2003），而缺乏融资渠道会削弱整个供应链的绩效（Srinvasa et al.，2011）。供应链金融一直被视作解决中小企业财务困境的最有效途径之一（Wang et al.，2019），其最终目的是优化供应链中资金流、物流和信息流（Avanzo et al.，2003；Pfohl and Gomm，2009；Gao et al.，2018）。供应链金融在中国已经稳步发展二十余年，是中小企业融资的重要途径。在所有供应链融资模式中，应收账款类融资是最普遍的一种融资模式，占2018年中国中小企业融资的60%①。截至2018年，中国工业类企业的应收账款已达13.48万亿元。② 这意味着应收账款类融资在中国的发展潜力巨大。

然而，居高不下的违约风险和信用风险严重制约了应收账款类融资的进一步发展。根据Coface（2019）的调研报告，2018年中国62%的企业遇到了延期支付的情况，平均付款时间已增加至86天。处于中国经济的缓行

---

① http：//www. 199it. com/archives/796567. html.

② http：//data. stats. gov. cn/.

期，大型国有企业风险增大，使上下游中小企业难以从银行获得融资，面临资金中断的风险。此外，信息不对称、烦琐的贷款流程和高昂的融资和交易成本等因素，加剧了中小企业"融资难，融资贵"的现状，甚至危及整个供应链（Song and Cai，2006）。为突破供应链金融发展所面临的现有屏障，促进供应链金融进一步发展，技术革新势在必行。

区块链技术可以改变供应链中各成员交换信息和价值的方式，是应对上述屏障的最佳途径（Hofmann et al.，2018）。作为一种分布式账本技术，区块链有时间戳、哈希算法、智能合约以及工作量证明等特征，可缩短交易流程、通过时时提供不容篡改的真实贸易数据来降低风险（Wyman，2016）以及安全自动的存储所有交易数据（Lewis，2016）。这些特征很好地应对了制约供应链金融进一步发展的痛点。

2017 年 8 月，中国浙商银行首次将区块链技术运用至应收账款类融资模式，以趣链科技提供的底层区块链技术为基础搭建了"应收款链"平台，中小企业可于该平台上将具有真实贸易背景的应收账款自由拆分、流转、支付和承兑，及时满足其资金需求。2018 年 8 月，浙商银行进一步发行了以"应收款链"平台上流转的应收账款为底层支持票据、周期 354 天、价值 4.6 亿元的 ABN——"浙商链融"。至今，浙商银行已发行了多期"浙商链融" ABN。同时，其他商业银行也分别在搭建以区块链为底层技术的贸易金融平台，如中国建设银行的"区块链+贸易金融"和招商银行的"直联支付区块链平台"等。众多大中小型企业也逐渐参与到这一新兴供应链融资模式中，尤其是基于区块链技术的应收账款类融资模式。探究该模式相较传统应收账款类融资的优势何在以及价值体现在哪些方面，是极具现实意义的问题。

目前传统供应链金融虽有一定市场规模，但仍不能有效应对数量众多的中小企业"融资难"的现状，实际操作中，发展区块链供应链金融已成为一种趋势，但与之相关的学术研究却相对缺乏。梳理现有研究，发现区块链供应链金融模式的相关研究尚处于摸索阶段，研究成果有限，且存在一些不足之处。首先，现有文献缺乏对区块链供应链金融模式的定量价值研究，且学界对该领域的研究明显落后于实践，目前业界发展区块链供应链金融已成热潮，政府、企业、机构和科技公司等均在积极部署区块链服务网络，而相关学术研究却非常缺乏。其次，已有文献多从区块链技术特征出发，探讨其应用至供应链金融模式的可能性（巴洁如，2017；O'Leary，2018），鲜有研究考虑不同因素对该模式的影响以及其和传统供应链融资模式的不同之处。传统供应链金融是区块链供应链金融发展的基础，其影响因素也一定程度上影响着区块链供应链金融模式的发展。因此，探究这些影响因素如何作用于区块链供应链金融模式，与传统供应链金融有何不同，是深入研究区块链供应链金融模式的关键点之一。此外，现有研究缺乏对多层级多周期供应链融资模式问题的研究，尤其是以传统供应链金融为背景的研究，多以单周期简单供应链为研究对象（陈永辉等，2018；Mostard and Teunter，2006；Chen and Wang，2012），且目前考虑多层级多周期供应链的研究多是以供应链管理或供应链网络优化为主要内容（Xu，2011；Mobini et al.，2014；Singh，2015；Chen et al.，2017），鲜有以区块链供应链金融为研究背景、以多层级多周期供应链为研究对象的文献。实践中，多层级多周期供应链融资问题更为普遍，因此，为使研究工作更具现实意义，以多层级多周期供应链为研究对象非常必要。

在现有研究的理论贡献和不足的基础上，本章以"应收款链""浙商链融"的实际操作为背景，提出一个基于区块链的数字化供应链金融交易平台，构建一个二级多期基于区块链的数字化供应链金融融资模型，综合融资成本、资金约束和市场需求随机等因素，从定量的角度分析基于区块链的数字化供应链金融模式相比传统应收账款类融资模式的不同之处，为供应链主体选择融资模式提供决策依据。

第二节　模型与符号说明

本节说明了模型框架和基础假设。考虑一个两级多期供应链，零售商为核心企业 R，其上游供应商 S 为受资金约束的中小企业，银行为该供应链提供资金和信用。零售商 R 根据报童模型（Mohammadivojdan and Genues，2018；Zhang et al.，2018）向供应商 S 订购一定数量的产品以满足概率密度函数（pdf）为 f_t（·）和累积分布函数（cdf）为 F_t（·）的市场需求 D_t 来获取最大利润。市场需求服从自然分布 N（μ_t，σ_t）（Luo and Zhang，2012）。供应商 S 根据其初始资本和每个周期期初时零售商的订货量来确定产品的最终产量。假设生产及货品送达的时间与供应商给与零售商的信用期相同，并且与零售商的销售期相同。此外，假设零售商为信用评级很高的大型企业，总是会如期兑付其应付账款，故信用期与付款时间也相同。

一、保理模式

1. 第 0 期

第 0 期期初，核心企业依据第一期市场需求 D_1 向制造商采购数量为 Q_0^R 的产品，供应商根据该订货量以及其初始资金 m_0 确定最终产量 $Q_0^* = \min$（Q_0^R，Q_0^S），单位生产成本为 c_0。第 0 期期末供应商配送至零售商并收到其开具的应收账款凭证 AR_0^S（账期为一周期）。核心企业在 $t=1$ 期内销售产品，于期末收到销售回款并兑付 AR_0^S。在 $t=1$ 期初，受资金约束的供应商凭借应收账款凭证 AR_0^S 向银行申请保理融资，以获取下一期生产资本（见图 9-1、表 9-1）。

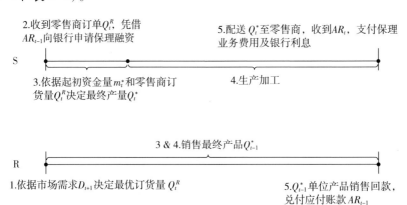

图 9-1　保理融资模式业务流程

表 9-1　保理融资模式变量定义

符号	说明	符号	说明
t	周期	T	每周期时长
D_t	第 t 期市场需求	Q_t^R	第 t 期核心企业 R 最优订货量

续表

符号	说明	符号	说明
p_t	第 t 期单位产品零售价	Q_t^S	第 t 期供应商 S 最大产量
w_t	第 t 期单位原材料采购价	Q_t^*	第 t 期供应链实际产量
c_t	第 t 期单位原材料生产成本	π_t^i	第 t 期供应链成员的预期收益，$i=S, R$
s_t	第 t 期单位产品剩余价值	r_t^S	第 t 期供应商 S 贷款利率
g_t	第 t 期单位产品缺货成本	ϵ	保理业务手续费
m_t	第 t 期供应商 S 期初资金		

在第 0 期期初收到零售商的订单 Q_0^R 时，供应商以成本 c_0 生产数量为 $Q_0^*=\min(Q_0^R, Q_0^S)$ 的产品。则在已知初始资本为 m_0 的情况下，供应商第 0 期的期末现金余额和预期收益为：

$$m_1^* = \begin{cases} 0, & if Q_0^R > Q_0^S; \\ m_0 - c_0 Q_0^R, & if Q_0^R \leq Q_0^S。 \end{cases} \tag{9-1}$$

$$\pi_0^S = \begin{cases} (w_0 - c_0)Q_0^S, & if Q_0^R > Q_0^S; \\ (w_0 - c_0)Q_0^R, & if Q_0^R \leq Q_0^S。 \end{cases} \tag{9-2}$$

其中，Q_0^R 为零售商的最优订货量，以及 $Q_0^S = m_0/c_0$。

因为在第 0 期内，零售商还未开展销售活动，并且供应商是在第 1 期期初时，才向银行申请融资，故零售商在第 0 期没有实现收入。

2. 第 t 期

第 t 期期初，零售商根据第 $t+1$ 期的市场需求 D_{t+1} 确定第 t 期订货量 Q_t^R。供应商向银行申请保理融资，融资利率为 r_t^S，手续费为 ϵ。与第 0 期相同，供应商依据第 t 期期初资金量 m_t^* 和零售商第 t 期订货量 Q_t^R 来确定最终产量 Q_t^*。

基于上述分析，第 $t+1$ 期零售商的收益函数为：

$$\pi_{t+1}^R = p_{t+1}\min(D_{t+1}, Q) - w_t Q + s_{t+1}\max(Q-D_{t+1}, 0) - g_{t+1}\max(D_{t+1}-Q, 0) \tag{9-3}$$

则，期望利润为：

$$E[\pi_{t+1}^R(Q)] = (p_{t+1} - s_{t+1} + g_{t+1})\left\{\int_0^Q D_{t+1}f_{t+1}(D_{t+1})dD_{t+1} - QF_{t+1}(Q)\right\} +$$

$$(p_{t+1} - w_t + g_{t+1})Q. \tag{9-4}$$

由于 $\dfrac{d^2 E\left[\pi_{t+1}^R(Q)\right]}{dQ^2} = -(p_{t+1}-s_{t+1}+g_{t+1})f_{t+1}(Q) < 0$，令

$$\frac{dE\left[\pi_{t+1}^R(Q)\right]}{dQ} = -(p_{t+1}-s_{t+1}+g_{t+1})F_{t+1}(Q) + (p_{t+1}-w_t+g_{t+1}) = 0 \tag{9-5}$$

可得：

$$Q_t^R = \mu_{t+1} + F^{-1}(Z_{t+1})\sigma_{t+1} \tag{9-6}$$

其中，$Z_{t+1} = (p_{t+1}-k_t+g_{t+1})/(p_{t+1}-s_{t+1}+g_{t+1})$。

根据已求得的第 t 期最优订货量，可得出供应商在第 t 期期末的现金流量为：

$$m_{t+1} = m_t^* - c_t Q_t^S + w_{t-1} Q_{t-1}^* (1 - r_t^S T - \epsilon) \tag{9-7}$$

式（9-7）由分析第 t 期所有现金流得出，包含第 t 期期初资金量、生产成本、上一期应收账款的回款，以及支付银行上一期的保理融资利息及费用和。

为了保证现金流不为负，供应商的最大产量为：

$$Q_t^S = \left[m_t^* + w_{t-1}Q_{t-1}^*(1-r_t^S T-\epsilon)\right]/c_t \tag{9-8}$$

当供应商最大产量小于零售商最优订货量，即 $Q_t^S \leqslant Q_t^R$ 时，该最大产量决定了供应链的最终产出。当 $m_t^*/c_t \geqslant Q_t^R$ 时，供应商无需融资便有充足的现金流来满足零售商最优订货量；否则，供应商需要通过融资来扩大生产满足零售商需求量。因此，供应链的最终产量为：

$$Q_t^* = \begin{cases} \left[m_t^* + w_{t-1}Q_{t-1}^R(1-r_t^S T-\epsilon)\right]/c_t, & if\, Q_t^S \leqslant Q_t^R; \\[2mm] \mu_{t+1} + F^{-1}(Z_{t+1})\sigma_{t+1}, & if\, Q_t^S > Q_t^R\ 和\ \dfrac{m_t}{c_t} \geqslant Q_t^R; \\[3mm] \mu_{t+1} + F^{-1}(Z_{t+1})\sigma_{t+1}, & if\, Q_t^S > Q_t^R\ 和\ \dfrac{m_t}{c_t} < Q_t^R。 \end{cases} \tag{9-9}$$

当供应商的最大产量低于零售商最优订货量，即 $Q_t^S \leqslant Q_t^R$ 时，第 t 期供应商所有的现金流都将用于生产，故第 t 期期末供应商的现金流量应为 0；当供应商资金量充裕，无需融资即可满足零售商订货量，即 $m_t^*/c_t \geqslant Q_t^R$ 时，第 t 期期末供应商的现金流量则为 $m_t^* - c_t Q_t^R + w_{t-1}Q_{t-1}^*$；否则，供应商需额外支付融资费用 $w_{t-1}Q_{t-1}^*(r_t^S T+\epsilon)$。因此，供应商第 t 期期末供应商的现金流和

对应的收益为：

$$m_{t+1}^* = \begin{cases} 0, & if\ Q_t^S \leqslant Q_t^R; \\ m_t^* - c_t Q_t^R + w_{t-1} Q_{t-1}^*, & if\ Q_t^S > Q_t^R\ \text{和}\ \dfrac{m_t}{c_t} \geqslant Q_t^R; \\ m_t^* - c_t Q_t^R + w_{t-1} Q_{t-1}^*(1 - r_t^S T - \epsilon), & if\ Q_t^S > Q_t^R\ \text{和}\ \dfrac{m_t}{c_t} < Q_t^R_o \end{cases} \tag{9-10}$$

$$\pi_t^S = \begin{cases} (w_t - c_t) Q_t^S - w_{t-1} Q_{t-1}^*(r_t^S T + \epsilon), & if\ Q_t^S \leqslant Q_t^R; \\ (w_t - c_t) Q_t^R, & if\ Q_t^S > Q_t^R\ \text{和}\ \dfrac{m_t}{c_t} \geqslant Q_t^R; \\ (w_t - c_t) Q_t^R - w_{t-1} Q_{t-1}^*(r_t^S T + \epsilon), & if\ Q_t^S > Q_t^R\ \text{和}\ \dfrac{m_t}{c_t} < Q_t^R_o \end{cases} \tag{9-11}$$

由式（9-3）可得第 t 期零售商的收益函数为：

$$\pi_t^R = p_t \min(D_t, Q_{t-1}^*) - w_{t-1} Q_{t-1}^* + s_t \max(Q_{t-1}^* - D_t, 0) - g_t \max(D_t - Q_{t-1}^*, 0) \tag{9-12}$$

二、数字化供应链金融

根据浙商银行"应收款链"，本书构建了基于区块链的数字化供应链金融模型，经核心企业确权签发的应收账款可在该平台上拆分、流转、质押和兑付等（见图9-2、见表9-2）。在基于区块链的数字化供应链金融模式下，核心企业在第 t 期期初依据 D_{t+1} 确定最优订货量 $\overline{Q_t^R}$。与应收账款质押融资模式一样，制造商根据该订货量以及其期初资金量 $\overline{y_t}$ 决定原材料订货量 $\min(\overline{Q_t^R}, \overline{Q_t^M})$，供应商根据该订单量和其期初资金量 $\overline{m_{t-1}^*}$ 最终确定产量 $\overline{Q_t^*}$。原材料生产、产品加工和销售过程不变。核心企业在收到产品后，通过基于区块链的数字化供应链金融平台给供应商签发已确权应收账款 $\overline{AR}$，供应商用该确权款项于平台支付原材料欠款。当应收账款账期到期时，核心企业通过平台自动兑付欠款。依据 Choi 等（2020），本书定义平台使用费率 θ 为基于区块链的数字化供应链金融平台的运作成本，该成本包括建立哈希值、构建区块以及虚拟货币的交易等过程所产生的费用。

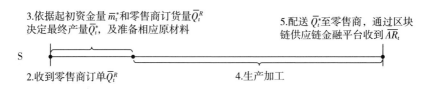

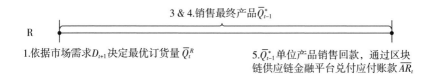

图9-2　基于区块链的数字化供应链金融模式业务流程

表9-2　基于区块链的数字化供应链金融模式变量定义

符号	说明	符号	说明
$\overline{Q}_t^R$	第 t 期核心企业 R 最优订货量	$\overline{\pi}_t^i$	第 t 期供应链成员的预期收益，$i=S$，R
$\overline{Q}_t^S$	第 t 期供应商 S 最大产量	θ	第 t 期区块链供应链金融平台费率
$\overline{Q}_t^*$	第 t 期供应链的实际产量	$\overline{m}_t$	第 t 期供应商 S 期初资金

1. 第 0 期

第 0 期时，零售商订货量和供应商期初资金量与保理模式下相同，故区块链供应链金融模式下供应商第 0 期期末的现金流和收益为：

$$\overline{m}_1^* = \begin{cases} 0, & if\overline{Q}_0^R > \overline{Q}_0^S; \\ m_0 - c_0\overline{Q}_0^R + w_0\overline{Q}_0^R(1-\theta), & if\overline{Q}_0^R \leqslant \overline{Q}_0^S。 \end{cases} \quad (9\text{-}13)$$

$$\overline{\pi}_1^S = \begin{cases} w_0\overline{Q}_0^S(1-\theta) - c_0\overline{Q}_0^S, & if\overline{Q}_0^R > \overline{Q}_0^S; \\ w_0\overline{Q}_0^R(1-\theta) - c_0\overline{Q}_0^R, & if\overline{Q}_0^R \leqslant \overline{Q}_0^S。 \end{cases} \quad (9\text{-}14)$$

2. 第 t 期

第 t 期期初，零售商根据第 $t+1$ 期的市场需求 D_{t+1} 确定第 t 期订货量 $\overline{Q}_t^R$。供应商依据第 t 期期初资金量 $\overline{m}_t^*$ 和零售商第 t 期订货量 $\overline{Q}_t^R$ 来确定最

终产量 $\overline{Q_t}^*$，产品的生产配送过程与保理融资模式中一致。在销售期结束后，零售商通过基于区块链的数字化供应链金融平台兑付应付欠款。基于上述分析，第 $t+1$ 期零售商的收益函数为：

$$\overline{\pi}_{t+1}^R = p_{t+1}\min(D_{t+1}, Q) - k_t Q + s_{t+1}\mathrm{Max}(Q - D_{t+1}, 0) - g_{t+1}\mathrm{Max}(D_{t+1} - Q, 0)$$

$$(9-15)$$

由上式可得零售商预期收益为：

$$E[\overline{\pi}_{t+1}^R(Q)] = (p_{t+1} - s_{t+1} + g_{t+1})\left\{\int_0^Q D_{t+1} f_{t+1}(D_{t+1}) dD_{t+1} - QF_{t+1}(Q)\right\} +$$
$$(p_{t+1} - k_t + g_{t+1})Q \qquad (9-16)$$

由于 $\dfrac{d^2 E[\overline{\pi}_{t+1}^R(Q)]}{dQ^2} = -(p_{t+1} - s_{t+1} + g_{t+1}) f_{t+1}(Q) < 0$，令

$$\frac{dE[\overline{\pi}_{t+1}^R(Q)]}{dQ} = -(p_{t+1} - s_{t+1} + g_{t+1}) F_{t+1}(Q) + (p_{t+1} - k_t + g_{t+1}) = 0 \qquad (9-17)$$

可得区块链供应链金融模式下，零售商最优订货量为：

$$\overline{Q}_t^R = \mu_{t+1} + F^{-1}(\overline{Z}_{t+1})\sigma_{t+1}, \qquad (9-18)$$

其中，$\overline{Z}_{t+1} = (p_{t+1} - k_t + g_{t+1})/(p_{t+1} - s_{t+1} + g_{t+1})$。

对比式（9-18）和式（9-6），很明显两种模式下的核心企业最优订货量相同，这说明其订货决策与供应链融资模式的选择无关，仅与产品和市场需求有关。

第 t 期期初，零售商依据该期期初资金量 $\overline{m}_t^*$ 和改期零售商订货量 $\overline{Q}_t^R$ 来确定最终产量 $\overline{Q}_t^*$，与保理融资模式类似，基于区块链的数字化供应链金融模式下，零售商也存在一个最大产量为：

$$\overline{Q}_t^S = \frac{[\overline{m}_{t-1}^* + w_{t-1}\overline{Q}_{t-1}^*(1-\theta) - c_{t-1}\overline{Q}_{t-1}^*]}{c_t} \qquad (9-19)$$

当供应商最大产量小于零售商最优订货量，即 $\overline{Q}_t^S \leqslant \overline{Q}_t^R$ 时，该最大产量决定了供应链的最终产出。当 $\overline{Q}_t^S > \overline{Q}_t^R$ 时，如果 $(\overline{m}_t^* - c_t\overline{Q}_{t-1}^*)/c_t \geqslant \overline{Q}_t^R$，供应商无须融资便有充足的现金流来满足零售商最优订货量；否则，供应商需要通过融资来扩大生产满足零售商需求量。因此，基于区块链的数字化供应链金融模式下供应链的最终产量为：

$$\overline{Q}_t^* = \begin{cases} \dfrac{\overline{m}_{t-1}^* + w_{t-1}\overline{Q}_{t-1}^*(1-\theta) - c_{t-1}\overline{Q}_{t-1}^*}{c_t}, & if\overline{Q}_t^R > \overline{Q}_t^S; \\[4mm] \mu_{t+1} + F^{-1}(\overline{Z}_{t+1})\sigma_{t+1}, & if\overline{Q}_t^R \leqslant \overline{Q}_t^S \text{ 和 } \overline{Q}_t^R \leqslant \dfrac{(\overline{m}_{t-1}^* - c_{t-1}\overline{Q}_{t-1}^*)}{c_t}; \\[4mm] \mu_{t+1} + F^{-1}(\overline{Z}_{t+1})\sigma_{t+1}, & if\overline{Q}_t^R \leqslant \overline{Q}_t^S \text{ 和 } \overline{Q}_t^R > \dfrac{(\overline{m}_{t-1}^* - c_{t-1}\overline{Q}_{t-1}^*)}{c_t}. \end{cases}$$

$$(9-20)$$

以及，供应商第 t 期期末供应商的现金流和对应的收益为：

$$\overline{m}_{t+1}^* = \begin{cases} \overline{m}_t^* + w_t\overline{Q}_t^S(1-\theta) - c_t\overline{Q}_t^S, & if \ \overline{Q}_t^R > \overline{Q}_t^S; \\[4mm] \overline{m}_t^* + w_t\overline{Q}_t^R(1-\theta) - c_t\overline{Q}_t^R, & if \ \overline{Q}_t^R \leqslant \overline{Q}_t^S \text{ 和 } \overline{Q}_t^R > \dfrac{(\overline{m}_{t-1}^* - c_{t-1}\overline{Q}_{t-1}^*)}{c_t}; \\[4mm] \overline{m}_t^* + w_{t-1}\overline{Q}_{t-1}^* - c_t\overline{Q}_t^R, & if \ \overline{Q}_t^R \leqslant \overline{Q}_t^S \text{ 和 } \overline{Q}_t^R \leqslant \dfrac{(\overline{m}_{t-1}^* - c_{t-1}\overline{Q}_{t-1}^*)}{c_t}. \end{cases}$$

$$(9-21)$$

$$\overline{\pi}_t^S = \begin{cases} w_t\overline{Q}_t^S(1-\theta) - c_t\overline{Q}_t^S, & if \ \overline{Q}_t^R > \overline{Q}_t^S; \\[4mm] w_t\overline{Q}_t^R(1-\theta) - c_t\overline{Q}_t^R, & if \ \overline{Q}_t^R \leqslant \overline{Q}_t^S \text{ 和 } \overline{Q}_t^R > \dfrac{(\overline{m}_{t-1}^* - c_{t-1}\overline{Q}_{t-1}^*)}{c_t}; \\[4mm] w_t\overline{Q}_t^R - c_t\overline{Q}_t^R, & if \ \overline{Q}_t^R \leqslant \overline{Q}_t^S \dfrac{(\overline{m}_{t-1}^* - c_{t-1}\overline{Q}_{t-1}^*)}{c_t}. \end{cases}$$

$$(9-22)$$

由式（9-15）可得第 t 期零售商的收益函数为：

$$\overline{\pi}_t^R = p_t\min(D_t, \ \overline{Q}_{t-1}^*) - k_{t-1}\overline{Q}_{t-1}^* + s_t\mathrm{Max}(\overline{Q}_{t-1}^* - D_t, \ 0) - g_t\mathrm{Max}(D_t - \overline{Q}_{t-1}^*, \ 0)$$

$$(9-23)$$

第三节　数值分析

一、参数赋值和相关假设

为更好地分析基于区块链的数字化供应链金融模式对供应链整体以及

金融机构的价值，下面用数值分析法进一步分析和论证。对两种模式中的一些参数进行设定：

（1）假设市场需求的均值满足 Logistic 增长曲线方程（鲁其辉等，2012）$\mu_t(t) = A/(1 + ce^{-(d+bt)})$，其中 $A = 1200$，$b = 0.3$，$c = 30$，$d = 0.5$，方差 $\sigma_t(t) = \mu_t(t)/L$，其中 $L = 15$ 为周期总数。

（2）假定核心企业、制造商和供应商均使用目标收益定价法为其产品定价，为简化模型，假定该供应链各主体的目标收益率相同，即 $p_t = (1 + h_1)w_t$，$w_t = (1 + h_2)c_t$，令 $h_1 = h_2 = 0.5$。

（3）产品的剩余价值和缺货成本分别为产品零售价的一定比率，即 $s_t = h_3 p_t$，$g_t = h_4 p_t$，令 $h_3 = 0.1$，$h_4 = 0.05$。

（4）假定随着制造商和供应商在生产组织、生产技术和生产规模等方面的经验累积，其产品的生产成本和原材料的加工成本均会不断降低分别满足学习曲线（Gray et al.，2009；Li et al.，2015）$c_t(t) = c_0 \cdot t^{\log_u/\log_2}$，其中学习率 $u = 0.95$，$c_0 = 3$，$w_0^c = 5$。

（5）根据中国人民银行近年来公布的基础利率[①]，假定一年贷款基础利率为介于 4.3%~4.7% 的随机数。根据浙商银行有关供应链金融的信息和规定[②]，假定浙商银行提供给小型企业供应商的贷款利率为基准利率上浮 70%。

（6）其他相关参数的赋值为：$m_0 = 300$，$T = 30$，$\theta = 0.02$，$\epsilon = 0.01$。

实际上，目前中国大多数中小企业的财务披露体系都较落后，很难收集到可靠、公正且准确的市场数据，这也是所谓的"数据质量问题"（Choi and Feng，2020）。随着区块链技术的发展，数据质量问题可能会得到解决，因为区块链技术可以安全、自动地存储交易数据（Lewis，2016），并通过提供透明的实时数据来降低风险（Wyman，2016）。

本节尝试将传统供应链金融与基于区块链的数字化供应链金融模式进行比较。传统供应链金融难以获得可靠的市场数据，而基于区块链的数字化供应链金融也仍处于起步阶段，可用的实际数据也受到限制，尤其是多本节研究所需的多期数据。因此，本节根据现有文献中的估值方法和利用

---

① http：//www.pbc.gov.cn/zhengcehuobisi/125207/125213/125440/125838/index.html.

② http：//www.pbc.gov.cn/goutongjiaoliu/113456/113469/2812071/index.html.

一些可查询的数据（如实际市场利率和保理利率）对本节模型进行了数值分析，以模拟市场的实际情况。

二、数值分析

1. 资金约束程度对供应链融资偏好的影响

为了探究供应商资金约束程度对两种供应链融资模式绩效的影响，本节通过给供应商期初资金量 m_0 赋值，来分析供应商不同资金约束程度对不同供应链融资模式绩效的作用。令 $m_0 = 100$、300、500 分别代表供应商受资金约束程度高、中、低时的情况。基于上述赋值，本章通过 matlab R2018a 运算处理数据，从供应链各参与方的收益情况、供应商和制造商的期初资金量、供应商和制造商的最大产量、供应链实际产量等方面进行对比分析。

图 9-3 给出了当供应商期初资金量不同时两种模式下供应链的实际产出情况。当供应商受资金约束程度很高时（$m_0 = 100$），在两种融资模式下，供应链的实际产出都无法达到最优订货量。在基于区块链的数字化供应链金融模式下，第 4 期即可实现最优订货量，而在保理融资模式下，要到第 8 期才开始实现最优订货量。当供应商受资金约束程度较低时，即（$m_0 = 500$），供应链可以在基于区块链的数字化供应链金融模式下达到供应链协调的状态，而保理融资模式下，直到第 8 期才可实现供应链协调。由图 9-3 可知，基于区块链的数字化供应链金融模式可以提高供应链的实际产出，这是因为在该模式下供应链内部往来交易更加便捷，且该模式的融资成本也较低。因此，基于区块链的数字化供应链金融模式下，供应链的实际产出高于保理模式。

图 9-4 给出了基于区块链的数字化供应链金融和保理融资这两种模式下核心企业零售商的预期收益随供应商期初资金量变化的情况。当供应商受资金约束程度较高时（$m_0 = 100$），两种模式下核心企业都无法实现收益最大化，都要到第 8 期才开始达到收益最大化，但无论供应商受资金约束程度如何，基于区块链的数字化供应链金融模式下核心企业零售商的期望收益始终高于保理融资模式。当供应商受资金约束程度较低时，基于区块链的数字化供应链金融模式下核心企业零售商在所有周期内均可实现收益最大化，然而在保理模式下则无法实现。图 9-4 进一步表明，随着供应商期

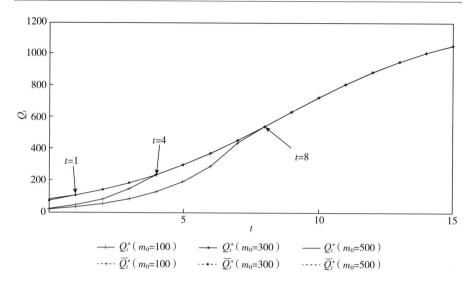

图9-3　不同资金约束程度下供应链的实际产出

资料来源：笔者自绘。

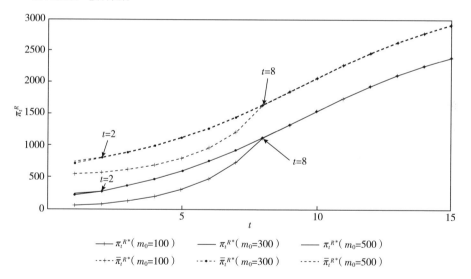

图9-4　不同资金约束程度下核心企业的预期收益

资料来源：笔者自绘。

初资金量的增加，两种模式下核心企业零售商的预期收益均随着期初资金量的增加而降低，这说明供应商受资金约束程度越高，该供应链选择基于区块链的数字化供应链金融模式的收益就越大，即相比保理融资模式，基于区块链的数字化供应链金融模式下，更少的资本可以产生更多的利润。但当供应商受资金约束程度过高时，基于区块链的数字化供应链金融模式也无法满足供应链的最优产量，因此核心企业供应商的预期收益也无法在整个周期内都保持最大化。综上所述，无论供应商受资金约束程度如何，基于区块链的数字化供应链金融模式始终是核心企业零售商更好的选择。

从表 9-3 可以看出，在保理融资模式下，由于受资金约束，供应商无法快速满足核心企业零售商的增长需求，这种脱销状况将影响供应商和零售商的预期利润。而在基于区块链的数字化供应链金融模式下，供应商可以以较低的融资成本获得持续的收入增长，从而满足核心企业零售商的最优订货量。此外，随着供应商期初资金量的增加，供应商和零售商的预期收益都会增加。表 9-3 进一步表明，基于区块链的数字化供应链金融模式可以提高供应商和零售商的预期收益，这是因为该模式下供应链的最终产出更加稳定和连续，并且融资成本远低于保理融资模式。由此可知，基于区块链的数字化供应链金融模式下供应链的生产和融资过程比传统供应链融资模式下的生产和融资过程更有效，故基于区块链的数字化供应链金融模式是一种更具发展空间的供应链融资方式。实际中，基于区块链的数字化供应链金融模式仍处于起步阶段，为了吸引客户，其融资成本（平台使用费率）通常较低，这进一步说明了该模式在改善供应链绩效方面具有一定优势。

图 9-5 给出了两种供应链金融模式下供应商的预期现金流量随其期初资金量变化的情况。当供应商受资金约束程度较高时，基于区块链的数字化供应链金融模式可以使供应商在整个周期内维持正的且不断增长的现金流，而保理融资模式下则直到第 8 期才逐渐实现。在基于区块链的数字化供应链金融模式下，第 8 期是一个转折点，这是因为该期供应商的期末余额足以满足零售商的最优订货量，而无须额外的融资活动。从图 9-5 可知，两种融资模式都可以使供应商更好地把握市场变化并达到稳定且快速发展的目的；但是当供应商受资金约束程度更高时，基于区块链的数字化供应链金融模式对供应链而言是一个更好的选择，这是因为该模式融资成本更低，同时可以提高供应链现金流量管理的效率。稳定且低成本的现金流对于业务发展至关重要，因此基于区块链的数字化供应链金融模式是帮助企业缓解现金流压力的一种极具发展潜力的融资方式。

表 9-3　零售商和供应商的预期收益

t	$m_0=100$				$m_0=300$				$m_0=500$			
	π_t^S	π_t^R	$\overline{\pi}_t^S$	$\overline{\pi}_t^R$	π_t^S	π_t^R	$\overline{\pi}_t^S$	$\overline{\pi}_t^R$	π_t^S	π_t^R	$\overline{\pi}_t^S$	$\overline{\pi}_t^R$
0	50.00		47.00		150.00		141.00		167.42		157.37	
1	71.32	48.96	91.18	548.96	213.09	221.46	207.23	721.46	212.23	244.36	207.23	744.36
2	105.22	74.20	154.80	573.75	263.26	273.43	257.64	806.40	263.26	273.43	274.09	806.01
3	155.25	122.93	257.46	621.59	331.28	364.52	344.74	888.47	331.28	364.52	344.74	888.47
4	229.06	195.99	406.32	693.00	415.32	471.32	432.25	992.78	415.32	471.32	432.25	992.78
5	337.96	307.31	504.63	801.41	515.60	599.85	536.84	1120.77	515.60	599.85	536.84	1120.77
6	498.64	476.97	618.11	966.09	631.19	751.99	657.57	1273.25	631.19	751.99	657.57	1273.25
7	735.71	734.85	744.26	1215.58	759.46	927.04	791.77	1449.09	759.46	927.04	791.77	1449.09
8	897.51	1125.25	878.80	1592.08	896.00	1121.48	934.89	1644.50	896.00	1121.48	934.89	1644.50
9	1034.99	1328.95	1080.92	1852.93	1034.99	1328.95	1080.92	1852.93	1034.99	1328.95	1080.92	1852.93
10	1170.13	1540.84	1223.23	2065.65	1170.13	1540.84	1223.23	2065.65	1223.23	1540.84	1223.23	2065.65
11	1295.67	1747.67	1355.76	2273.08	1355.76	1747.67	1355.76	2273.08	1355.76	1747.67	1355.76	2273.08
12	1407.33	1940.65	1473.93	2466.37	1473.93	1940.65	1473.93	2466.37	1473.93	1940.65	1473.93	2466.37
13	1575.13	2113.11	1575.13	2638.84	1575.13	2113.11	1575.13	2638.84	1575.13	2113.11	1575.13	2638.84
14	1658.68	2261.21	1658.68	2786.67	1658.68	2261.21	1658.68	2786.67	1658.68	2261.21	1658.68	2786.67
15	1725.44	2383.89	1725.44	2908.86	1725.44	2383.89	1725.44	2908.86	1725.44	2383.89	1725.44	2908.86

资料来源：笔者通过数值模拟得出。

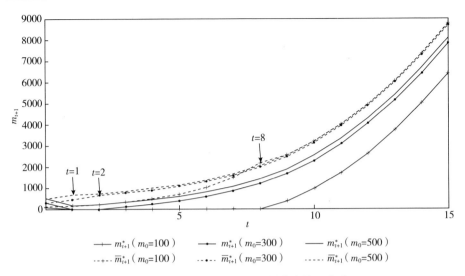

图 9-5　不同资金约束程度下供应商的现金流

资料来源：笔者自绘。

2. 融资成本对供应链金融模式偏好的影响

为了探究基于区块链的数字化供应链金融模式的融资成本对供应链融资偏好的影响，本节通过给基于区块链的数字化供应链金融平台使用费率 θ 赋值（$0 \leqslant \theta \leqslant 0.5$，分别代表了不同的成本情况），来分析基于区块链的数字化供应链金融平台使用费率对该融资模式绩效的作用。如上所述，基于区块链的数字化供应链金融模式仍处于起步阶段，为了拉拢客户获取资金沉淀，其融资成本（平台使用费率）通常较低，甚至免费提供给企业使用。因此，上述平台使用费率的赋值范围（$0 \leqslant \theta \leqslant 0.5$）足以覆盖该模型的当前使用成本。在给定其他参数为基本值时，本节分析了基于区块链的数字化供应链金融平台使用费率在多大程度上影响了供应链各参与方及供应链整体对应收款链平台融资模式的偏好。

图 9-6 给出了基于区块链的数字化供应链金融平台使用费率 θ 对供应链最终产出、供应商的现金流量，以及对供应商和核心企业零售商预期收益的影响。如图 9-6（a）所示，基于区块链的数字化供应链金融模式下，基于区块链的数字化供应链金融平台使用费率 θ 对供应链的最终产量的影响很小，仅当该平台使用费率过高（如 $\theta = 0.5$）时，供应链的生产才会出现不稳定甚至发生生产中断的情况。图 9-6（b）给出了两种融资模式下供应商

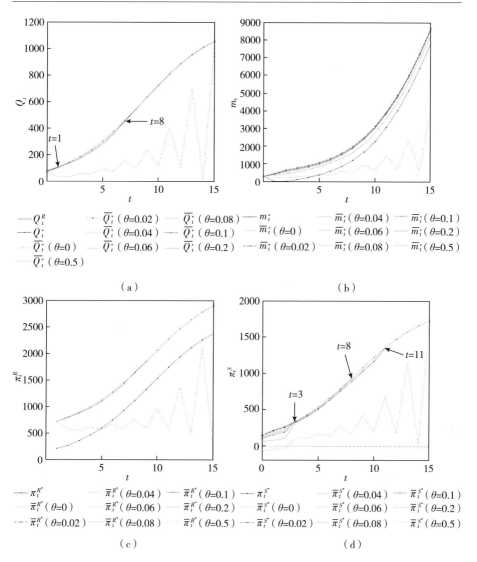

图9-6 基于区块链的数字化供应链金融平台费率对供应链协调的影响

资料来源：笔者自绘。

的预期现金流量随 θ 变化的趋势。显然，当供应链受资金约束程度适中（$m_0 = 300$）且基于区块链的数字化供应链金融平台使用费率合理（$\theta \leqslant$ 0.2）时，两种融资模型都可以在整个周期内均保持正的且持续增加的期末余额。因此，只要基于区块链的数字化供应链金融平台使用费率合理，现金流更快且资金成本更低的基于区块链的数字化供应链金融模式始终是供应链更好的融资选择。但当基于区块链的数字化供应链金融平台的使用费率过高（如 $\theta=0.5$）时，供应商的现金流将变得不稳定甚至出现现金流为负的情况。

图 9-6（c）和图 9-6（d）给出了两种融资模式供应商和零售商的期望利润随基于区块链的数字化供应链金融平台使用费率变化的情况。如图 9-6（c）所示，基于区块链的数字化供应链金融平台使用费率 θ 对该模式下零售商的预期收益影响不大，且在平台使用费率合理的情况下，基于区块链的数字化供应链金融模式下零售商的预期收益总是高于保理融资模式。但是，当基于区块链的数字化供应链金融平台使用费率不合理（如 $\theta=$ 0.5）时，该融资模式下零售商的预期收益不能最大化。图 9-6（d）表明，早期基于区块链的数字化供应链金融模式下供应商的预期收益会随着平台使用费率 θ 的增加而降低，但随后分别在第 3 期和第 8 期时供应商的预期收益会达到最大化。然而，保理融资模式下供应商的预期收益则要到第 11 期才能实现最大化，这意味着只要平台使用费率合理，基于区块链的数字化供应链金融模式始终是对该供应链更有利的融资方式。

3. 接收器工作特性（ROC）曲线分析

为了进一步测试基于区块链的数字化供应链金融模式的有效性，本节对基于区块链的数字化供应链金融和保理融资这两种模式进行了 ROC 曲线分析。首先将平台使用费率 θ（$0 \leqslant \theta \leqslant 0.5$）分为 26 个样本组，然后随着供应商受资金约束程度变化时重复进行实验。当基于区块链的数字化供应链金融模式下供应链的总预期收益大于保理融资模式时，记录为正样本（TP），否则为负样本（NP）。数据处理的结果如表 9-4 所示，得出了三种不同程度资本约束情况下的 ROC 曲线（见图 9-7）。

如图 9-7 所示，无论供应商受资金约束的程度如何，基于区块链的数字化供应链金融模式始终是对该供应链更有利的融资方式。当供应商受资金约束程度适中时（$m_0=300$），无论基于区块链的数字化供应链金融平台使用费率如何变化，基于区块链的数字化供应链金融模式始终比保理融资模式更有效。当平台费用率相对较低（如 $\theta \leqslant 0.2$）时，对于受资金约束程度较高的供应链，基于区块链的数字化供应链金融模式比受资金约束程度

表9-4　ROC曲线数据处理表

θ	$m_0=100$					$m_0=300$					$m_0=500$				
	N	TP	FP	NPR	TPR	N	TP	FP	NPR	TPR	N	TP	FP	NPR	TPR
0.00	21	20	1	0.00	0.08	21	21	0	0.00	0.05	21	21	0	0.00	0.04
0.02	21	18	3	0.01	0.16	21	20	1	0.01	0.10	21	20	1	0.02	0.09
0.04	21	16	5	0.03	0.23	21	20	1	0.01	0.15	21	20	1	0.03	0.13
0.06	21	15	6	0.05	0.29	21	20	1	0.02	0.21	21	20	1	0.05	0.17
0.08	21	14	7	0.07	0.35	21	20	1	0.03	0.26	21	20	1	0.06	0.21
0.10	21	14	7	0.09	0.41	21	20	1	0.03	0.31	21	20	1	0.08	0.25
0.12	21	13	8	0.12	0.46	21	20	1	0.04	0.36	21	20	1	0.09	0.29
0.14	21	13	8	0.15	0.51	21	20	1	0.05	0.41	21	20	1	0.11	0.33
0.16	21	11	10	0.18	0.56	21	20	1	0.05	0.46	21	20	1	0.13	0.38
0.18	21	10	11	0.21	0.60	21	20	1	0.06	0.51	21	20	1	0.14	0.42
0.20	21	10	11	0.25	0.64	21	20	1	0.07	0.56	21	20	1	0.16	0.46
0.22	21	9	12	0.29	0.68	21	20	1	0.07	0.61	21	20	1	0.17	0.50
0.24	21	9	12	0.33	0.72	21	20	1	0.08	0.66	21	20	1	0.19	0.54

续表

θ	$m_0=100$					$m_0=300$					$m_0=500$				
	N	TP	FP	NPR	TPR	N	TP	FP	NPR	TPR	N	TP	FP	NPR	TPR
0.26	21	8	13	0.37	0.75	21	20	1	0.09	0.71	21	20	1	0.20	0.58
0.28	21	8	13	0.41	0.79	21	19	2	0.10	0.76	21	20	1	0.22	0.62
0.30	21	7	14	0.46	0.82	21	15	6	0.14	0.80	21	20	1	0.23	0.67
0.32	21	6	15	0.51	0.84	21	14	7	0.19	0.83	21	20	1	0.25	0.71
0.34	21	5	16	0.56	0.86	21	11	10	0.25	0.86	21	20	1	0.27	0.75
0.36	21	5	16	0.61	0.88	21	11	10	0.32	0.89	21	20	1	0.28	0.79
0.38	21	4	17	0.67	0.90	21	9	12	0.40	0.91	21	20	1	0.30	0.83
0.40	21	4	17	0.72	0.92	21	9	12	0.48	0.93	21	18	3	0.34	0.87
0.42	21	4	17	0.78	0.93	21	7	14	0.57	0.95	21	17	4	0.41	0.90
0.44	21	4	17	0.83	0.95	21	6	15	0.67	0.97	21	14	7	0.52	0.93
0.46	21	4	17	0.89	0.97	21	6	15	0.77	0.98	21	13	8	0.64	0.96
0.48	21	4	17	0.94	0.98	21	4	17	0.88	0.99	21	10	11	0.81	0.98
0.50	21	4	17	1.00	1.00	21	3	18	1.00	1.00	21	9	12	1.00	1.00

资料来源：笔者整理。

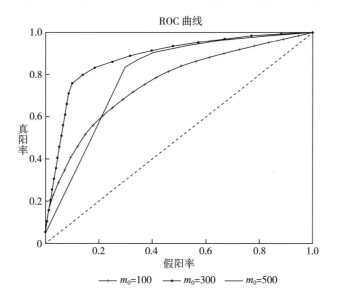

图9-7 ROC曲线随平台使用费率和期初资金量变化情况

资料来源：笔者自绘。

较低的供应链更有效，反之亦然。当平台费率 $\theta = 0.2$（数值分析中 θ 的基本值）时，从表9-4和图9-7可以清楚地看出，基于区块链的数字化供应链金融模式的优势随着资金约束程度的降低而增加。因此，图9-7进一步验证了BCT-SCF模型的有效性以及数值分析（1）（2）的结论。

第四节 本章小结

为深入探究多周期供应链融资模式的选择问题，本章以浙商银行"应收款链"为实际操作背景，构建了一个两级多期供应链融资模型，包含一个受资金约束的供应商和一个依据报童模型决策的核心企业。银行作为资金和平台提供方，为该供应链提供贷款和相关服务。该供应链体系可选择传统保理融资或基于区块链的数字化供应链金融模式以协调供应链及最大化各参与方利益。本章从供应商每期期初资金量、供应链每期实际产量，以及供应链各参与方每期收益这三个方面对比了两种融资模式。在上述基本模式对比结果的基础上，进一步考虑了供应商受资金约束程度和应收款链平台融资模式融资成本对该结果的影响，并得出以下结论：

（1）基础对比模型中，基于区块链的数字化供应链金融模式下供应商每期期末资金量要大于保理融资模式。同时，基于区块链的数字化供应链金融模式下供应链的实际产量更高，供应链各参与方的整体收益也更大。这表明，基于区块链的数字化供应链金融模式得益于区块链技术的便捷性，简化了传统供应链金融业务中的烦琐流程，从而降低供应链融资和交易成本，以及有效提高供应链融资效率。结论也印证了 2018 年以来，各大商业银行、科技公司、物流公司等主体纷纷参与共建基于区块链的数字化供应链金融平台的现状。

（2）延伸模型中，第一，在给定的初始资金水平和合理的平台使用费率的情况下，基于区块链的数字化供应链金融模式在上述三个方面的表现均优于保理融资模式。第二，当供应商受资金约束程度较高时，基于区块链的数字化供应链金融模式相较应保理融资模式更具优势。随着供应商受资金约束程度的降低和基于区块链的数字化供应链金融平台使用费率的增加，此优势会降低。具体来说，当供应链的资金高度受限时，在最初的几个周期，两种融资模式都无法实现供应链协调。但是，基于区块链的数字化供应链金融模式绩效更高，可以通过满足供应链最优订货量来使得各供应链参与方实现收益最大化，从而很快协调供应链。然而即使在供应商受资金约束程度较小的情况下，保理融资模式下也无法实现供应链协调。第三，当采用基于区块链的数字化供应链金融模式的成本过高（平台使用费率过高）时，基于区块链的数字化供应链金融模式将不再有效。

为简化模型，本章忽略了贷款管理成本以及基于区块链的数字化供应链金融平台搭建成本对模型的影响，未来研究可从成本的角度进一步对比保理融资模式和基于区块链的数字化供应链金融模式。本章还假设零售商作为核心企业资金充足，未来可考虑当所有供应链成员均面临资金约束时，其所偏好的供应链融资方式。另外本章仅考虑了应收账款这一类融资方式，未来研究可拓展至多种供应链融资如存货融资和订单融资相结合的方式。

第十章　零售商主导下数字化供应链金融模式创新

第一节　问题描述和基本假设

一、问题描述

数字技术（DT）作为一种关键资源，理论上能助力企业达成全面的透明度，预判可能遇到的风险并降低需求方面的不明朗因素。众多企业正积极在其供应链中融入各类 DT 资产，以推动数字化转型进程，即运用数字技术促进组织内部及跨组织的实时数据流通，并为公司运营和技术注入"智能"。数字化供应链（Digital Supply Chain Finance）是数字技术与传统供应链相结合的创新产物，也是最早落地且全球发展最为迅猛的数字技术应用场景之一。在工业 4.0 时代（Dutta et al.，2020），数字技术如物联网、云计算、大数据和人工智能等尖端技术有助于公司的数据流管理（Lerman et al.，2022）。2021 年 12 月，国务院印发《"十四五"数字经济发展规划》（以下简称规划），规划指出"加快构建算力、算法、数据、应用资源协同的全国一体化大数据中心体系"，强调了深化数字技术融合创新的重要性。线下实体零售业面临诸多挑战，运用大数据、云计算、物联网、区块链、人工智能等数字技术，搭建"零售联合云"第三方技术赋能平台，可实现精准营销、智能补货和提升运营效率（CAICT，2022）。很多研究均建议注意力集中在数字技术融合创新这一维度上，建议将区块链、云计算等数字工具引入实践交易中，这会带来更好的表现（Cole et al.，2019；Gong et al.，2022）。实践中，企业积极开发区块链驱动的供应链平台，如沃尔玛的"IBM Food Trust 平台"、京东的"智臻链 BaaS 平台"、腾讯的"腾讯云 TbaaS"等。

数字技术的另一个重要应用场景为产品溯源。基于数字技术的产品溯源方式，正逐渐渗透至传统产业链（尤其是食品和药品）业务中。例如，2019 年沃尔玛中国正式启动区块链可追溯平台，通过扫描商品上的二维码，可以及时查阅产品生产、物流、产品检测报告等详细信息，极大程度地满足了消费者对食品安全高要求。中国食品链盟开发的"链橙"系统，同样也利用了区块链不可篡改和可追溯等特性为江西赣橙提供了从田间到餐桌的溯源服务，确保了江西赣橙品质如一的品牌价值。随着消费升级以及生活水平的提高，消费者对于产品溯源越来越关注，将可验证、可溯源的信息作为评价产品质量的重要准则（Aung and Chang，2014；Choi and Feng，2020），产品可溯源性已变得至关重要（Behnke and Janssen，2020）。政府也同样关注产品的溯源问题，最新修订的《中华人民共和国食品安全法》也明确规定了食品经营企业应当建立安全溯源体系。鉴于产品可溯源水平已成为影响消费者购买行为的重要因素，为提升产品市场需求，进而提升竞争力，供应链应积极部署供应链整体的数字化进程。

基于此，为顺应数字经济发展的大趋势，笔者试图探究以下问题：数字化供应链金融的理论价值如何体现？该模式有哪些发展和制约因素？如何证据化其发展和制约因素？本章将围绕以上问题进行分析。通过供应链融资成本、可溯源产品的市场潜力、数字技术使用成本和市场信息的精确性等方面分析数字化供应链金融的供应链决策方案、绩效，以及不同模型设定下消费者剩余和社会总剩余，以更精准地挖掘供应链金融数字化转型的内驱力，为数字科技促进经济发展提供新思路。

二、基本假设

构建一个包含核心企业零售商 R 和受资金约束供应商 S 和的二级食品

供应链融资决策模型，银行为资金提供方。供应商 R 以批发价格 w 将单位生产成本为 c 的产品批发给零售商 R，零售商再以价格 p 出售给消费者。受扶植的中小企业接受大力发展数字经济和推动数字技术融合创新的政策引导，核心企业综合考虑数字技术使用成本 θ、预期收益 $E\left[\pi_{ji}\,(i=1,\,2,\,3,\,4;\,j=S,\,R)\right]$、数字化供应链金融模式融资成本 $r_j^B\,(j=S,\,R)$ 等因素决定是否搭建基于数字技术的数字化供应链金融平台 B。假设消费者对不可溯源产品及同类可溯源产品的需求不同，不可溯源产品市场需求为：$D_1=a-bp_i+\epsilon$，$(i=1,\,2,\,3,\,4)$；可溯源产品市场需求为：$D_2=a_B-bp_i+\epsilon$，$(i=1,\,2,\,3,\,4)$（其中，a_B 表示市场容量，假设 $a_B>a$，代表可溯源性对该产品市场的扩张作用。b 表示需求价格弹性，ϵ 为市场的不确定性，假设 ϵ 服从标准正态分布，满足 $E\left[\epsilon\right]=0$，$V\left[\epsilon\right]=\sigma^2$）。该线性需求模型在经济建模文献被广泛采用（张令荣等，2021；Niu et al.，2021）。数字化供应链金融平台可增加供应链信息透明度，有助于提升银行信贷审核效率（Tang and Zhuang，2021；龚强等，2021），同时基于数字技术的交易背景可作为受资金约束供应链融资的信用背书，故假设数字化供应链金融模式下企业融资成本 r_S 会变化为 r_S^B，且 $r_S^B<r_S$。通过对比数字化供应链金融和传统供应链金融两种模式下供应链各方预期收益、消费者剩余和社会总剩余，来分析零售商主导的食品供应链采用数字技术的动机和度量数字化供应链金融模式的价值。基于以上背景，拟构建以下两种基本情形的 Stackelberg 博弈定价和融资决策问题。本书所构建供应链金融模型的相关参数及符号说明如表 10-1 所示。

表 10-1　参数及符号说明

参数	说明
$p_i(i=1,\,2,\,3,\,4)$	供应链产品的单位零售价格
$w_i(i=1,\,2,\,3,\,4)$	供应链产品的单位批发价格
c	供应链产品的单位生产成本
a	传统供应链产品的市场容量
a_B	数字化供应链产品的市场容量
$E\left[\pi_{j_i}(i=1,\,2,\,3,\,4;\,j=S,\,R)\right]$	不同模式下零售商和供应商预期收益

参数	说明
θ	数字技术使用成本
r_S	传统供应链金融模式下供应商融资成本
r_S^B	数字化供应链金融模式下供应商融资成本

第二节　基础模型

一、零售商主导的传统供应链金融 Stackelberg 博弈模型（模型 1）

该模型为传统供应链金融基础模型，供应链核心企业为食品零售商 R，供应商 S 为受资金约束中小企业。零售商依据市场需求 D_1 来决定产品的零售价格 p_1，供应商再决定产品批发价格 w_1，因此供应商和零售商的利润函数为：

$$\pi_{S_1} = [w_1 - c(1+r_S)](a - bp_1 + \epsilon) \tag{10-1}$$

$$\pi_{R_1} = (p_1 - w_1)(a - bp_1 + \epsilon) \tag{10-2}$$

逆向归纳法求解可解出该模式的最优均衡解（w_1，p_1）为：

$$\begin{cases} w_1^* = \dfrac{a + bc(1+r_S)}{2b} \\[2mm] p_1^* = \dfrac{3a + bc(1+r_S)}{4b} \end{cases} \tag{10-3}$$

在该模型下，供应商和零售商的期望利润分别为：

$$\begin{cases} E[\pi_{S_1}] = \dfrac{[a - bc(1+r_S)]^2 + \sigma^2}{8b} \\[2mm] E[\pi_{R_1}] = \dfrac{[a - bc(1+r_S)]^2 + \sigma^2}{16b} \end{cases} \tag{10-4}$$

二、零售商主导的数字化供应链金融 Stackelberg 博弈模型（模型 2）

该模型为数字化供应链金融模型，供应链核心企业仍为零售商 R，供应

商 S 仍为受资金约束中小企业。假设核心企业零售商和受扶植的中小企业受到大力发展数字经济的政策引导，且考虑消费者对可溯源食品的偏好，牵头搭建食品供应链数字平台，零售商先依据市场需求 D_2 决定产品的零售价格 p_2，供应商再决定产品批发价格 w_2，因此供应商和零售商的利润函数为（基础模型忽略数字技术使用成本，该问题会于第四节——延伸模型中讨论）：

$$\pi_{S_2} = [w_2 - c(1+r_S^B)](a_B - bp_2 + \epsilon) \tag{10-5}$$

$$\pi_{R_2} = (p_2 - w_2)(a_B - bp_2 + \epsilon) \tag{10-6}$$

逆向归纳法求解可解出该模型的最优均衡解（w_2，p_2）为：

$$\begin{cases} w_2^* = \dfrac{a_B + \epsilon + bc(1+r_S^B)}{2b} \\[3mm] p_2^* = \dfrac{3a_B + 3\epsilon + bc(1+r_S^B)}{4b} \end{cases} \tag{10-7}$$

在该模型下，供应商和零售商的期望利润为：

$$\begin{cases} E[\pi_{M_2}] = \dfrac{[a_B - bc(1+r_S^B)]^2 + \sigma^2}{8b} \\[3mm] E[\pi_{R_2}] = \dfrac{[a_B - bc(1+r_S^B)]^2 + \sigma^2}{16b} \end{cases} \tag{10-8}$$

第三节　比较分析

一、不同模型下供应链均衡解比较分析

1. 供应链成员定价策略分析

定义 $R_S^B = \dfrac{1+r_S}{1+r_S^B}$，$R_S^B$ 可视作数字化供应链金融平台的信用传递价值，R_S^B 越大，则数字化供应链金融平台的信用传递价值越大。定义 $A_B = \dfrac{a_B}{a}$，A_B 可视作可溯源产品的市场潜力指数，A_B 越大，则可溯源产品的市场潜力越大。

通过对不同权力结构下，数字化供应链金融与传统供应链金融这两种模型中的最优决策对比，得到如下命题和推论：

命题1：若 $R_S^B \cdot A_B > 1$，则数字化供应链金融下批发价高于传统供应链情形，即 $E[w_2] > E[w_1]$。

命题1说明：在数字化供应链金融平台的信用传递作用和可溯源产品的市场潜力的共同影响下，数字化供应链金融平台模式下的批发价均会高于传统供应链金融模式，这是因为市场需求和融资成本的变化，数字化供应链金融情形下供应商会定价较高以确保获取更多利润。同时，产品的可溯源性会提升供应商的品牌知名度，为供应商品牌溢价创造了空间。

命题2：数字化供应链金融下零售价均比传统供应链情形更高，即 $E[p_2] > E[p_1]$。

命题2说明：数字化供应链金融情形下供应商会制定较高批发价格，故零售商采购成本会上升，为获取更多利润，零售商也会制定更高的零售价格。当供应链采用数字技术时，其产品的可追溯性会促使市场需求增加，从而使产品零售价格升高。

命题3：若 $R_S^B \cdot A_B > 1$，零售商主导下，数字化供应链金融模式下零售商的利润空间比传统供应链金融模式更高，即 $E[p_2] - E[w_2] > E[p_1] - E[w_1]$；供应商的利润空间也始终高于传统供应链金融模式，即 $(E[w_4] - c) > (E[w_3] - c)$。

命题3说明：数字化供应链金融平台的信用传递作用和可溯源产品的市场潜力使供应链有动机参与到数字化供应链金融平台中。对零售商而言，利用数字技术扩宽市场份额，满足消费者对可溯源产品的偏好，是提升其利润水平的关键；对供应商而言，可溯源产品能够为品牌背书，帮助供应商建立品牌形象，增加其竞争力，也会促使需求量增加，从而提高供应商预期利润。

2. 供应链成员利润分析

命题4：若 $R_S^B \cdot A_B > 1$，数字化供应链金融平台对于供应商和零售商而言始终是更有利的选择，即 $E[\pi_{S_2}] > E[\pi_{S_1}]$，$E[\pi_{R_2}] > E[\pi_{R_1}]$。

命题4说明：零售商主导下，供应商和零售商更愿意采用数字技术的原因是，消费者对可溯源产品的偏好，一定程度上增加了市场需求；且数字化供应链网络中，供应链成员可以访问准确的市场需求信息和产品的生产信息，从而将数字技术的信息价值利润化，提升了供应链整体的协同程度。换句话说，供应商和零售商可以通过指定精准的零售价格，来从消费者那里攫取更多利润。此外，当中小企业供应商面临资金约束时，数字化供应链金融平台的信用背书特征，也可一定程度降低其融资成本，有效提升其利润率。

为进一步分析数字化供应链金融模式带给供应链的信用传递价值和决策价值，依据 Niu（2021），将供应商和零售商的预期利润分为两个部分：一部分为决定值，另一部分为信息值，定义为：

$$E\left[\pi_{S_1}^D\right]=\frac{\left[a-bc(1+r_S)\right]^2}{8b}, \quad E\left[\pi_{S_1}^I\right]=\frac{\sigma^2}{8b}$$

$$E\left[\pi_{S_2}^D\right]=\frac{\left[a_B-bc(1+r_S^B)\right]^2}{8b}, \quad E\left[\pi_{S_2}^I\right]=\frac{\sigma^2}{8b}$$

$$E\left[\pi_{R_1}^D\right]=\frac{\left[a-bc(1+r_S)\right]^2}{16b}, \quad E\left[\pi_{R_1}^I\right]=\frac{\sigma^2}{16b}$$

$$E\left[\pi_{R_2}^D\right]=\frac{\left[a_B-bc(1+r_S^B)\right]^2}{16b}, \quad E\left[\pi_{R_2}^I\right]=\frac{\sigma^2}{16b}$$

推论 1：若 $R_S^B \cdot A_B>1$，$E\left[\pi_{S_2}^D\right]>E\left[\pi_{S_1}^D\right]$，$E\left[\pi_{R_2}^D\right]>E\left[\pi_{R_1}^D\right]$，$E\left[\pi_{S_1}^I\right]=E\left[\pi_{S_2}^I\right]>E\left[\pi_{R_1}^I\right]=E\left[\pi_{R_2}^I\right]$。

推论 1 说明：在数字化供应链平台的信用传递作用和可溯源产品的市场潜力的共同影响下，数字化供应链金融平台模式下的供应商和零售商的决策价值均会高于传统供应链金融模式，这与命题 4 结论相符。当零售商主导时，数字化供应链的信息价值并未充分体现，即供应商与零售商在该模式下的信息价值与传统供应链模式相同，这是由于本文假定基本模型中市场需求为既定且准确的信息（信息不精确的情形会于第四节——延伸模型中探讨）。

二、不同模式下消费者剩余和总剩余比较分析

1. 消费者剩余分析

依据 Niu 等（2021），区块链等数字技术的理论价值可用消费者剩余来度量，消费者剩余为 $CS_1=(p_i^*-p_i)D_i/2$，（$i=1$，2，3，4），其中 p_i^* 表示消费者愿意支付的最高价格，即产品需求为零时的价格。代入上述均衡分

析结果可求得上述两种情形下消费者剩余为：

$$E[CS_1] = \frac{(p_1^* - p_1)D_1}{2} = \frac{[a - bc(1 + r_S)]^2}{32b} \tag{10-9}$$

$$E[CS_2] = \frac{(p_2^* - p_2)D_2}{2} = \frac{[a_B - bc(1 + r_S^B)]^2 + \sigma^2}{32b} \tag{10-10}$$

对比分析两种模型下消费者剩余，得到如下命题和推论。

命题 5：若 $R_S^B \cdot A_B > 1$，数字化供应链模式下的消费者剩余高于传统供应链模式，即 $E[CS_2] > E[CS_1]$。

命题 5 说明：采用数字技术可以增加消费者剩余，这是因为区块链等数字技术的应用极大程度地满足了消费者对产品保真和保质的需求。尤其是对于食品和药品行业，产品的可溯源性是满足消费者需求的一个重要方面。例如，2019 年沃尔玛中国正式启动区块链可追溯平台，通过扫描商品上的二维码，可以及时查阅产品生产、物流、产品检测报告等详细信息，极大程度地满足了消费者对食品安全高要求。

推论 2：若 $R_S^B > 1$，则 $\dfrac{\partial E[CS_1]}{\partial r_S} > \dfrac{\partial E[CS_2]}{\partial r_S^B}$。

推论 2 说明：数字化供应链金融模式下，供应商融资成本对消费者剩余的攫取小于传统供应链。这是由于传统供应链金融模式下，当面临资金约束时，供应商需通过银行融资来获取运营资金，由于信息不对称，融资成本较高。为确保赚取利润，供应商会将部分融资成本转嫁给消费者，因此降低消费者剩余。数字化供应链金融模式下，受资金约束供应商得益于数字化供应链金融平台的数字信用背书，可获得融资成本较低的贷款，因而转嫁给消费者的融资成本也会下降。

2. 社会总剩余分析

为进一步探究数字技术对企业社会责任的影响，本章在上述分析的基础上对比了不同权力结构下，数字化供应链金融和传统供应链金融模式对应的社会总福利的大小。

依据 Singh 和 Vives（1984）对社会总剩余的定义，社会总剩余函数为：

$$TS_i = CS_i + \pi_{M_i} + \pi_{R_i} \tag{10-11}$$

代入上述均衡分析结果可求得上述两种情形下社会总剩余分别为：

$$TS_1 = \frac{7\left[a - bc(1 + r_S)\right]^2}{32b} \tag{10-12}$$

$$TS_2 = \frac{7\left[a_B - bc(1 + r_S^B)\right]^2 + \sigma^2}{32b} \tag{10-13}$$

将零售商主导下，数字化供应链金融和传统供应链金融模式下零售商的预期社会总剩余相减可得：

$$TS_2 - TS_1 = \frac{7\left[a_B - bc(1 + r_S^B)\right]^2 + \sigma^2 - 7\left[a - bc(1 + r_S)\right]^2}{32b} \tag{10-14}$$

易得 $TS_2 > TS_1$。

基于以上分析，得出命题6。

命题6：只要零售商采用数字化供应链金融模式的前提满足（若 $R_S^B \cdot A_B > 1$，$R_j^B > 1$），则该模式下数字化供应链金融形式下社会总剩余高于传统供应链模式下其期望利润，即 $TS_2 > TS_1$。

命题6说明：只要供应链采用数字技术的前提条件满足，数字化供应链金融模式下社会总福利一定高于传统供应链金融模式。这是由于一方面数字技术的应用能够提升消费者对产品的信任度，从而增大产品的市场需求；另一方面通过实时监控产品信息，产业链上下游企业可以充分了解消费者的消费偏好和市场需求，降低因信息阻滞带来的交易成本，从而提高生产和资金运转效率，最终实现中小企业和消费者的多方共赢。

命题4至命题6说明：数字化供应链金融模式对消费者和供应链上面临资金约束的中小企业，以及社会整体福利水平而言，均为更有利模式。然而，上述基础模型中并未考虑数字技术使用成本，为了解数字技术使用成本对消费者、中小企业、供应链以及整体社会福利水平的影响，有必要进一步探究数字技术成本对供应链采用该技术意愿的影响。

第四节　延伸模型

一、采用数字技术的成本

实践中，数字技术的采用成本较为高昂（Choi，2019；Niu et al.，

2021）。企业采用数字技术的成本通常包含数字平台搭建成本、存储空间和平台运营费，为简化计算过程，不考虑数字平台搭建成本，仅考虑平台运营费。假设数字技术使用成本为单位成本 θ，供应链上各成员均需依据其交易量缴纳单位平台运营费。

零售商主导的数字化供应链金融 Stackelberg 博弈模型（模型3）

该模型为数字化供应链金融模型，供应链核心企业仍为零售商 R，供应商 S 仍为受资金约束中小企业。受扶植中小企业和大力发展数字金融的政策引导，以及消费者对可溯源产品的偏好驱动，供应链选择采用数字化供应链金融平台。零售商会考虑数字技术使用成本 θ 和可溯源产品市场需求 D_3，先决定产品的零售价格 p_3，供应商再依据生产成本决定产品批发价格 w_3。因此供应商和零售商的利润函数分别为：

$$\pi_{S_3} = [w_3 - c(1 + r_S^B) - \theta](a_B - bp_3 + \epsilon) \tag{10-15}$$

$$\pi_{R_3} = (p_3 - w_3 - \theta)(a_B - bp_3 + \epsilon) \tag{10-16}$$

逆向归纳法求解可解出模型6的最优均衡解（w_4，p_4）为：

$$\begin{cases} w_3^* = \dfrac{a_B + \epsilon + bc(1 + r_S^B)}{2b} \\[4mm] p_3^* = \dfrac{3a_B + 3\epsilon + bc(1 + r_S^B) + 2b\theta}{4b} \end{cases} \tag{10-17}$$

该模型下，供应商和零售商的期望利润为：

$$\begin{cases} E[\pi_{S_3}] = \dfrac{[a_B - bc(1 + r_S^B) - 2b\theta]^2 + \sigma^2}{8b} \\[4mm] E[\pi_{R_3}] = \dfrac{[a_B - bc(1 + r_S^B) - 2b\theta]^2 + \sigma^2}{16b} \end{cases} \tag{10-18}$$

将上述结果与基本模型对比，可得：

推论3：若 $R_S^B \cdot A_B > 1$，则 $E[w_3^*] > E[w_1^*]$，$E[p_3^*] > E[p_1^*]$。

推论3说明：在数字化供应链金融平台的信用传递作用和可溯源产品的市场潜力的共同影响下，数字化供应链金融平台模式下的批发价均会高于传统供应链模式，这是因为市场需求和融资成本的变化，以及考虑数字技术的使用成本，数字化供应链金融情形下供应商会定价较高以确保获取更多利润。同时，产品的可溯源性会提升供应商的品牌知名度，为供应商品牌溢价创造了空间。

为与基础模型对比，根据 Niu 等（2021）仍将零售商和供应商的预期利润分为两个部分：一部分为决定值，另一部分为信息值，定义为：

$$E\left[\pi_{S_3}^D\right]=\frac{\left[a_B-bc(1+r_S^B)-2b\theta\right]^2}{8b},\ E\left[\pi_{S_3}^I\right]=\frac{\sigma^2}{8b}$$

$$E\left[\pi_{R_3}^D\right]=\frac{\left[a_B-bc(1+r_S^B)-2b\theta\right]^2}{16b},\ E\left[\pi_{R_3}^I\right]=\frac{\sigma^2}{16b}$$

推论 4：若 $\theta<\theta_1<\dfrac{a_B-a+bc(r_S-r_S^B)}{2b(1+r_S^B)}$，$R_S^B>1$，则 $E\left[\pi_{S_3}^D\right]>E\left[\pi_{S_1}^D\right]$，$E\left[\pi_{R_3}^D\right]>E\left[\pi_{R_1}^D\right]$；$E\left[\pi_{S_3}^I\right]=E\left[\pi_{S_1}^I\right]$，$E\left[\pi_{R_3}^I\right]=E\left[\pi_{R_1}^I\right]$。

推论 4 说明：只有当数字技术使用成本低于一定水平时（$\theta<\theta_1$），零售商主导的供应链才会选择数字化供应链金融模式。同时，数字化供应链金融模式下，供应商和零售商的信息价值均保持不变，这说明在市场需求信息既定且准确的前提条件下，供应商的信息价值的变化主要归功于数字化供应链金融的信用传递作用。

二、市场需求信息的精确性

在基础模型中，本书假设市场需求信息是确定的，且数字化供应链金融平台能够准确地将市场信息传递给供应链各成员。然而，信息是实时更新的，数字化供应链金融平台能够准确传递的信息依然是滞后的。为了进一步探讨市场需求信息的滞后性对上述均衡结果的影响，取 $L=\epsilon+\mu$，随机变量 ϵ 表示不确定性因素导致的需求波动，且满足 $E[\epsilon]=0$，$\mathrm{Var}(\epsilon)=\sigma^2$，随机变量 μ 为零售商对需求预测的更新信号，μ 服从分布 $N(0,\sigma_u^2)$ 且与 ϵ 独立。参考 Niu 等（2021）、Li（1985）的处理，$E[\mathrm{Var}(L\mid\epsilon)]=\sigma_\mu^2$，定义 $t=\mathrm{Var}(\epsilon)/E[\mathrm{Var}(L\mid\epsilon)]$ 为需求信息的精确性，即 $t=\sigma^2/\sigma_u^2$，t 越大表明市场需求信息越精确。基于上述分析，以及 Niu 等（2021）、Li（1985）的研究结果，本书推导出如下模型：

零售商主导的数字化供应链金融 Stackelberg 博弈模型（模型 4）

参考模型 2 的基本设定，零售商会依据可溯源产品市场需求 D_4，先决定产品的零售价格 p_4，供应商再依据生产成本决定产品批发价格 w_4。在此基础上，考虑市场信息的精确性，因此供应商和零售商的利润函数为：

$$E[\pi_{S_4} \mid L] = [w_4 - c(1+r_S^B)](a_B - bp_4 + E[\epsilon \mid L]) \tag{10-19}$$

$$E[\pi_{R_4} \mid L] = (p_4 - w_4)(a_B - bp_4 + E[\epsilon \mid L]) \tag{10-20}$$

逆向求解出供应商和零售商的最优定价决策为：

$$\begin{cases} w_4^* = \dfrac{a_B + E[\epsilon \mid L] + bc(1+r_S^B)}{2b} \\[3mm] p_4^* = \dfrac{3a_B + 3E[\epsilon \mid L] + bc(1+r_S^B)}{4b} \end{cases} \tag{10-21}$$

相应地，该决策下，供应商和零售商的条件期望利润为：

$$\begin{cases} E[\pi_{S_4}] = \dfrac{[a_B - bc(1+r_S^B)]^2(\sigma^2 + \sigma_u^2) + \sigma^2 \sigma_u^2}{8b(\sigma^2 + \sigma_u^2)} \\[4mm] E[\pi_{R_4}] = \dfrac{[a_B - bc(1+r_S^B)]^2(\sigma^2 + \sigma_u^2) + \sigma^2 \sigma_u^2}{16b(\sigma^2 + \sigma_u^2)} \end{cases} \tag{10-22}$$

同样，根据 Niu（2021），仍将零售商和供应商的预期利润分为两个部分：一部分为决定值，另一部分为信息值，定义为：

$$E[\pi_{S_4}^D] = \frac{[a_B - bc(1+r_S^B)]^2}{8b}, \quad E[\pi_{S_4}^I] = \frac{\sigma^2 \sigma_u^2}{8b(\sigma^2 + \sigma_u^2)} = \frac{\sigma^2}{8b(1+t)}$$

$$E[\pi_{R_4}^D] = \frac{[a_B - bc(1+r_S^B)]^2}{16b}, \quad E[\pi_{R_4}^I] = \frac{\sigma^2 \sigma_u^2}{16b(\sigma^2 + \sigma_u^2)} = \frac{\sigma^2}{16b(1+t)}$$

由上式可知，$\dfrac{\partial E[\pi_{S_4}^I]}{\partial t} = -\dfrac{\sigma^2}{8b(1+t)^2}$，$\dfrac{\partial E[\pi_{R_4}^I]}{\partial t} = -\dfrac{\sigma^2}{16b(1+t)^2}$。

推论 5：当 $R_S^B \cdot A_B > 1$，且 $R_j^B > 1$ 时，$E[\pi_{S_4}^D] > E[\pi_{S_1}^D]$，$E[\pi_{R_4}^D] > E[\pi_{R_1}^D]$。

推论 5 说明：在数字化供应链金融平台的信用传递作用和可溯源产品的市场潜力的共同影响下，数字化供应链金融平台模式下供应商和零售商的期望利润决策值均会高于传统供应链金融模式，这是因为消费者对可溯源产品的偏好，增加了市场需求，进而提高了销售收入。同时，数字化供应链网络中，供应链成员可以访问准确的市场需求信息和产品的生产信息，从而将数字技术的信息价值利润化，提升了供应链整体的协同程度。换句话说，供应商和零售商可以通过指定精准的零售价格，来从消费者和供应商处攫取更多利润。此外，当供应商或零售商面临资金约束时，数字化供应链金融平台的信用背书特征，也可一定程度降低其融资成本，有效提升其利润率。

推论 6：$\dfrac{\partial E[\pi_{S_4}^I]}{\partial t}<0$，$\dfrac{\partial E[\pi_{R_4}^I]}{\partial t}<0$，$\left|\dfrac{\partial E[\pi_{S_4}^I]}{\partial t}\right|>\left|\dfrac{\partial E[\pi_{R_4}^I]}{\partial t}\right|$。

推论 6 说明：数字化供应链金融模式下，供应商和零售商的信息价值与市场需求信息的精准度成反比，即市场需求信息精准度越高，则数字化供应链金融模式越不具备信息价值。这是因为供应链无须通过数字化供应链金融平台，可直接从市场获取足够精确的信息。推论 6 也说明需求信息精度提高对供应商利润的影响大于其对零售商利润的影响，这是由于供应商依赖市场信息做生产决策，市场信息越精确，运营成本越低，进而利润越高。

推论 7：若 $R_S^B\begin{pmatrix}>\\=\\<\end{pmatrix}t+1$，则 $E[\pi_{S_4}^I]<E[\pi_{S_1}^I]$，$E[\pi_{R_4}^I]<E[\pi_{R_1}^I]$，$E[\pi_{R_4}^I]>E[\pi_{S_4}^I]$。

推论 7 说明：当零售商为供应链主导企业时，数字化供应链金融模式下，供应商和零售商的信息价值始终小于传统供应链模式，这是由于市场需求不确定时，供应链的信息价值取决于市场需求信息的精确度，精确度越高，则数字化供应链金融的信息价值越低，即供应链可直接从市场获取实时更新的需求信息。同时，零售商的信息价值小于供应商，也说明零售商主导下，数字化供应链金融模式使供应商的信息价值提升，但零售商的信息价值外溢。

第五节　数值分析

前面分析了数字技术对零售商主导的食品供应链决策、消费者以及社会总福利的影响，并在此基础上进一步分析了数字技术使用成本和市场信息精确性对供应链的影响。为使上述结论更清晰，本节采用数值仿真分析进行验证（见表10-2）。

表 10-2　参数赋值

参数	a	a_B	b	c	r_S	σ
赋值	10	14.5	2	4	0.1	0.4

一、不同因素对供应链成员利润的影响

1. 生产成本

图10-1为不同权力结构下生产成本对零售商和供应商预期利润决策值的影响。在数字化供应链金融模式下，零售商和供应商预期利润决策值均随生产成本递减，且均高于传统供应链金融模式下其决策值。图10-1验证了命题4和推论1，即在数字化供应链金融平台的信用传递作用和可溯源产品的市场潜力的共同影响下，数字化供应链金融平台模式下的供应商和零售商的决策价值均会高于传统供应链金融模式。

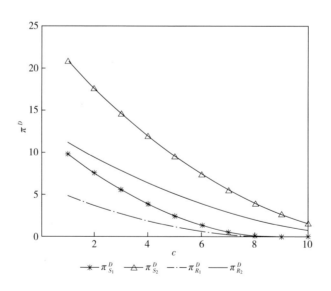

图 10-1　供应链期望利润决策值随生产成本变化

资料来源：笔者自绘。

2. 需求价格弹性

图 10-2 为供应商和零售商期望利润决策值（a）和信息值（b）随产品需求价格弹性的变化情况。如图 10-2（a）所示，供应商和零售商期望利润的决策值会随产品需求价格弹性递减，且需求价格弹性越大，数字化供应链金融模式相对传统供应链金融模式的利润优势越小。结合命题 1 和命题 2，可知当通过数字技术来实现产品可溯源性的成本体现在产品价格上时，若消费者对产品价格越敏感，数字化供应链金融模式的优势越不明显。图 10-2（b）表明，数字化供应链金融模式下，零售商和供应商的信息价值同样随产品的需求价格弹性递减，同时，零售商的信息价值小于供应商，这说明零售商主导下，数字化供应链金融模式使供应商的信息价值提升，但零售商的信息价值外溢。因此，图 10-2 进一步验证了命题 4 和推论 1。

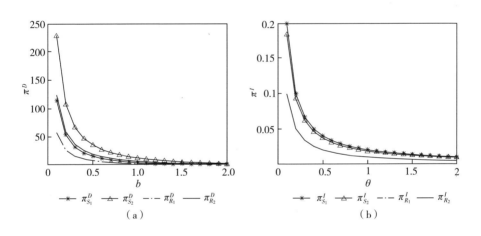

图 10-2 供应链的期望利润随需求价格弹性变化

资料来源：笔者自绘。

3. 数字化供应链金融平台的信用传递和可溯源产品的市场潜力

图 10-3 模拟了供应商和零售商分别在数字化供应链金融和传统供应链金融这两种模式下的期望利润差，以及数字化供应链金融平台的信用传递作用和可溯源产品的市场潜力对利润差的影响。当零售商主导时，存在数字化供应链金融平台的信用传递和可溯源产品的市场潜力共同作用的阈值，只有当二者作用力高于该阈值时，供应商和零售商采用该模式的预期利润

均高于传统供应链金融模式。因此，图 10-3 进一步验证了命题 4 和推论 1。

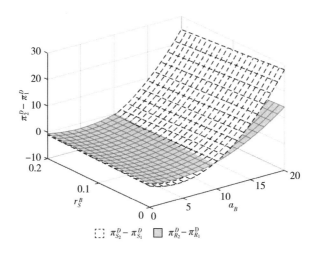

图 10-3 零售商和供应商的期望利润差随 a_B 和 r_S^B 的变化

资料来源：笔者自绘。

4. 数字化供应链金融平台使用成本

图 10-4（a）（b）分别为忽略可溯源产品的市场潜力即 $a=a_B$ 时和为考虑消费者对可溯源产品的偏好即 $a_B>a$ 时，数字技术使用成本对数字化供应链金融和传统供应链金融模式下零售商和供应商预期利润决策值差额的影响。当其他参数不变时，该供应链是否采用数字化供应链金融平台也取决于数字技术使用成本的高低。只有当数字技术使用成本低于一定水平时（$\theta<\theta_1$），供应链才会选择数字化供应链金融模式。且当可溯源产品的市场潜力较大时［见图 10-4（b）］，供应链可承受的数字技术使用成本也越高。同时，当数字技术成本低于一定水平时，供应商采用数字化供应链金融模式和传统供应链金融模式的预期利润决策值的差额受数字技术使用成本的影响大于零售商，这也一定程度地说明了数字化供应链金融模式对于供应商的经济动力高于其于零售商的经济动力。因此，图 10-4 验证了推论 4。

5. 市场信息的精确性

图 10-5 模拟了市场信息的精确性对数字化供应链金融和传统供应链金融这两种模式下供应商和零售商期望利润差额的影响。供应商和零售商的

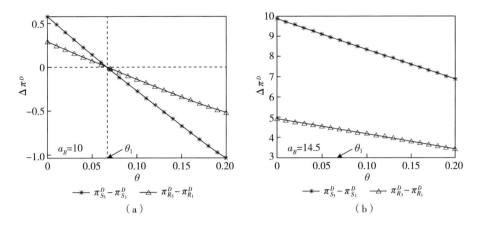

图 10-4 零售商和供应商的期望利润差随 θ 变化

资料来源：笔者自绘。

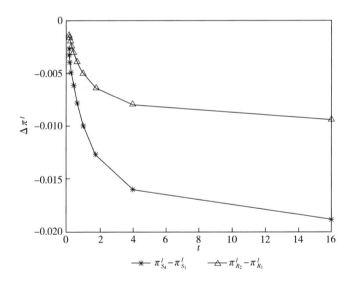

图 10-5 零售商和供应商的期望利润差随 t 变化

资料来源：笔者自绘。

信息价值差额与市场需求信息的精准度成反比，市场需求信息精度提高对供应商利润的影响均大于其对零售商利润的影响。图 10-5 说明当零售商为供应链主导企业时，在该模式下，供应商和零售商的信息价值始终小于传统供应链模式，这是由于市场需求不确定时，供应链的信息价值取决于市场需求信息的精确度，精确度越高，则数字化供应链金融的信息价值越低，即供应链可直接从市场获取实时更新的需求信息。同时，零售商的信息价值小于供应商，也说明零售商主导下，数字化供应链金融模式使得供应商的信息价值提升，但零售商的信息价值外溢。因此，图10-5进一步验证了推论5~推论7。

二、消费者剩余和社会总剩余

通过对比分析数字化供应链金融模式和传统供应链金融模式下零售商和供应商的利润情况，可以了解数字化供应链金融的经济价值，为探讨数字化供应链金融的社会价值，本文进一步用算例分析了两种供应链金融模式下消费者剩余和社会总剩余情况。

图10-6为两种模式以及两种供应链权力结构下消费者剩余和社会总剩余随可溯源产品的市场潜力的变化情况。消费者剩余和社会总剩余均与可溯源产品的市场潜力正相关，这说明消费者对可溯源产品的偏好促进市场需求增加，激励供应链采用数字化供应链平台。当可溯源产品的市场潜力高于一定阈值时，数字化供应链金融模式的消费者剩余和社会总剩余均高于传统供应链模式。因此，图10-6验证了命题5和命题6。

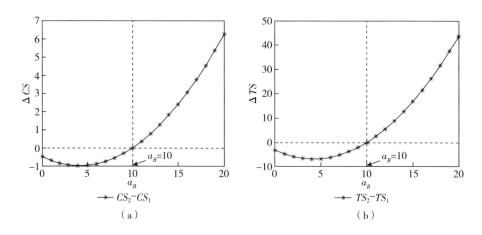

图 10-6　消费者剩余和社会总剩余随可溯源产品的市场潜力变化

资料来源：笔者自绘。

第六节 本章小结

如今，基于大数据、云计算、区块链等数字技术的数字化供应链金融模式得到了广泛关注。由于其在攻克传统供应链金融信息不对称、信息孤岛、交易成本、贸易和违约风险等方面的独特优势，该模式为解决中小企业融资难、融资贵的问题提供了新途径。为进一步深入刻画数字技术赋能供应链经济活动的实际有效程度，本章构建了零售商主导的食品供应链博弈模型，从供应链融资成本、可溯源产品的市场潜力、数字技术使用成本、市场需求信息的精确性等方面研究了数字化供应链金融下供应链决策方案和融资效率，在数字化供应链金融模式的理论经济价值和社会价值基础上，分析了数字化供应链金融深化发展的价值。

研究结论表明，在数字化供应链金融平台的信用传递功能和可溯源产品的市场潜力的共同作用下：①数字化供应链金融平台对于供应商和零售商而言始终是更有利的选择；②只有当数字技术使用成本低于一定水平时，数字化供应链金融平台的信用传递和可溯源产品的市场潜力对供应链利润的促进作用才能体现出来；③数字化供应链金融模式下零售商和供应商的信息价值始终会低于传统供应链模式下其信息价值，同时市场信息精确度越高，数字化供应链金融模式的信息价值越低；④数字化供应链金融模式可提高消费者、中小企业以及整体社会福利水平。

此外，数值分析结果也表明，当通过数字技术来实现产品可溯源性的成本体现在产品价格上时，若消费者对产品价格越敏感，数字化供应链金融模式的优势越不明显。

应当指出，限于篇幅，本书仅分析了供应链融资成本、可溯源产品的市场潜力、数字技术使用成本、市场需求信息的精确性等因素对模型的影响，未来研究可进一步考虑政府补贴、数字化供应链金融平台搭建成本，以及供应链成员对数字技术的风险偏好等因素；此外，本书仅分析了零售商主导的供应链权力结构，未来研究可延伸至多种供应链权力结构的情形。

第十一章　数据驱动供应链金融数字化转型的要素基础

第一节　供应链信息共享

一、供应链信息共享是供应链数据信息价值的基础

早期，供应链内部信息结构和信息共享策略对供应链运作产生了较大影响，已有研究多分析供应链内部信息共享对供应链运营效率的促进作用。普遍认为，供应链企业尤其是零售商会利用数字技术来挖掘市场数据和预测市场需求（Yue and Liu，2006；Yu and Cao，2019；Li et al.，2021；文悦和王勇，2023）。因此，对于不确定性需求，零售商拥有比供应商更精准的预测信息（罗春林等，2017；Guan et al.，2020）。这些"信息"已成为供应链中最重要的资源之一，供应链伙伴企业之间进行信息共享，可以减少企业信息失真及信息风险问题，提升供应链运营绩效；也可以有效协调供应链企业伙伴关系，整合各自优势资源，提升所处供应链的竞争优势（李余辉等，2022）。在此理论基础上，Ali 等（2017）认为先进的信息共享技术促进了供应链中企业之间的协作，从而产生了协同计划、预测和补货、高效消费者响应和预测信息共享等多种举措。也有学者认为信息共享的中介作用不显著，但可利用关系和契约两种供应链治理方式来提升其作用，以积极影响中小企业供应链融资绩效（卢强等，2022）。还有学者关注数字

时代中的信息泄露问题，认为该问题是供应商和零售商之间实现信息共享的主要障碍（Hao et al.，2020）。石纯来和聂佳佳（2019）进一步分析了网络外部性对双渠道供应链信息分享的影响，发现零售商与制造商分享信息的意愿随网络外部性递减，但有助于增加制造商和供应链利润。

二、供应链信息共享中的数字技术创新投入

在数字技术诞生和迅猛发展的过程中，供应链信息共享中的数字技术创新投入问题也受到了一定的关注。早期的研究更关注企业对诸如数字技术等的创新投入与供应链竞争的关系。例如，Ge 等（2014）分析了基于研发投入和产量决策的上下游企业合作创新的技术溢出效应与帕累托改进策略。李晓静等（2018）认为，当竞争强度与创新成本较高时，分散决策是供应链成员的占优策略。Li 和 Wan（2017）发现当创新努力无法被观测时，上游竞争会降低供应商的创新努力。王文隆和王成军（2020）发现，制造商的创新投入决策受竞争对手和零售商信息共享的双重影响。随着数字经济的深化发展，部分学者关注供应链竞争行为与企业数字化转型的关系（张华和顾新，2022）。有学者认为，数字化转型是企业塑造竞争优势的重要手段（Verhoef et al.，2021）；也有学者认为，数字经济在推动产业转型升级的同时也加剧了市场竞争（张华和顾新，2022；许恒等，2020），具体体现在数字经济对传统生产模式形成技术溢出（Wallsten，2015），以及数字经济对市场中的在位企业形成了技术冲击（许恒等，2020）。

三、数字技术与供应链协同发展

在上述研究的基础上，数字技术与供应链协同发展之间的关系成为学界重点探讨的另一个关键问题。多数研究认为稳定的供应链协同创新网络可以提高企业互补资源的触达率、分摊研发成本、降低研发风险，从而创建更高效的供应链（Ardolino et al.，2018；陈剑等，2020；Nadine et al.，2017）；而供应链协同渐进式创新的践行，可以通过与成员企业信息共享、同步业务运营，创建更高效的供应链，使企业运营更加流畅（陈静等，2021；王晓玉等，2018）。数字时代下，企业的技术创新、市场创新，以及商业模式创新全方位变革的引领下，使其创新活动的开展变得更加开放，

协同发展迅速（冯芷艳等，2013）。供应链数字化协同发展与数字技术密切相关（Duan et al.，2020；朱光雄，2021），且协同创新对企业绩效有正向作用（郑刚等，2008；冯檬莹等，2023）。数字技术的资源整合能力可以促进企业对各项资源及其关联资源的整合再利用，实现资源的高效配置，促进供应链数字化协同创新的高效开展（Philipp et al.，2016）。因此，供应链数字化协同发展可以提高新产品的研发能力（姚山季等，2017；张慧颖和王贝芬，2019），降低企业经济负担，以及提高客户满意度（Liem and Aron，2012）。上述研究更注重数字技术作为一种技术介入和数据资源作为一种信息化手段对供应链数字化协同发展的影响。然而，在数字经济背景下，数据资源的要素价值也是一个重要影响因素。

此外，还有部分学者分析了供应链数字化协同发展中存在的问题并认为，目前大部分企业对数字化转型认识不够充分，或是安于企业现状，或是缺乏技术和资金支持，导致数据无法共享，数字化的价值难以呈现。Waller 和 Fawcett（2013）指出了数字化转型中存在的数据隐私问题，认为需要共享的通常是高度机密的专有数据。Liu 等（2022）认为，参与数字化转型对于供应商来说往往是一项艰巨的任务，其原因是数字化转型是一个长期过程，无法在短时间内提供显著或直接的商业利益，且数字化转型通常需要大量的资金投入。

第二节　供应链数据价值

一、数据和信息

数据和信息之间是相互联系的。数据是反映客观事物属性的记录，是信息的具体表现形式。数据经过加工处理之后，就成为信息；而信息需要经过数字化转变成数据才能存储和传输（Vedlkamp，2023）。在数据要素化以前，供应链网络中的海量交易数据被视作信息的加工基础，其本身所蕴含的要素价值往往被忽略，因此学界更关注供应链内部的信息结构（Li and

Lai，2021；Zhou et al.，2019）、供应链信息质量（刘浪等，2021）、供应链信息泄露（Li et al.，2022；李秋香等，2023）等方面对供应链运营决策以及融资绩效的影响问题。普遍认为，数字化时代中，企业会利用数字技术来挖掘市场数据和预测市场信息（Yu and Cao，2019；Li et al.，2021），这些"信息"已成为供应链中最重要的资源之一，供应链伙伴企业之间进行信息共享，可以减少企业信息失真及信息风险问题，提升供应链运营绩效；也可以有效协调供应链企业伙伴关系，整合各自优势资源，提升所处供应链的竞争优势（李余辉等，2022）；同时，将数字技术整合到传统的供应链活动中还会产生大量的数据和信息，利用数据分析结果提高特定业务流程的效率，可以为供应链增加显著价值（Zhao et al.，2023）。例如，使用智能合约、数字存储和智能标签等数字技术，可以在从原材料创造到最终产品交付的整个产品生命周期中实现可追溯性。这提供了数字可追溯性服务，并显著提高了供应链的透明度和完整性（Zhou et al.，2023）。

二、供应链信息与数据要素

随着数据供给能力增强，数据资源化产业链日益完善，数据要素市场快速发展，数据价值化进程不断深化，数据资源作为数字经济最重要的生产要素，正成为企业获得经济利益、获取可持续竞争优势的关键性资源（邢海龙等，2020；Ritter and Pedersen，2020），它与其他生产要素深度融合，赋能传统产业，会对经济增长产生乘数倍增作用（欧阳日辉和杜青青，2022）。在数据要素化后，供应链数据资源的要素价值也逐渐受到学界的关注。有研究认为，数据要素价值分析应是未来供应链管理领域的研究热点，与此相近的研究内容为供应链中的需求信息共享与激励问题（Brinch，2018）。也有研究认为数字化供应链的核心内容是数字化与智能化，其关键生产要素是数据资源共同形成的一种新经济形态（王静，2022）。供应链成员可以收集、存储和转换数据的价值以获利（Li et al.，2018；Wang et al.，2021）。此外，数据资源的潜在价值也为供应链提供了"外部激励"，且数据资源价值的确定性程度、数据资源价值转换系数越高，市场增长效应越明显（刘东霞和陈红，2022）。

图11-1梳理了供应链"信息""数据"的大致研究结构及部分研究现

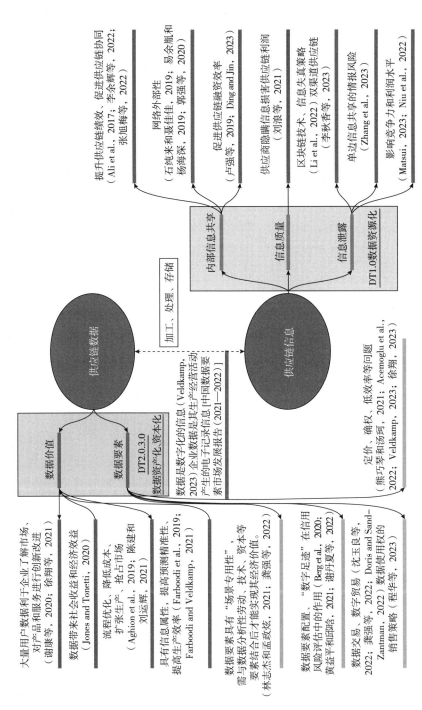

图 11-1 供应链信息和供应链数据研究结构及现状梳理

资料来源：笔者整理。

状。分析上述工作，发现供应链的数据资源化方面，已有研究更多关注数据资源作为一种信息化手段在促进供应链运营绩效及融资效率提升的效率价值，该信息化手段的质量及安全问题对于供应链利润和竞争力的影响，较少探讨数据价值化（资源化、资产化、资本化）的作用，即忽略了数据本身作为一种生产要素所蕴藏的要素价值。

尽管部分研究关注了供应链数据的要素价值，也分析了数据作为一种要素具有交易场景的情形，但主要针对"数据供应链"这一特定研究对象（数据采集方、数据分析方、数据需求方），少有研究关注到数据要素在供应链金融的范畴的应用范式，以及数据价值化下供应链数据要素的市场化问题。随着数据供给能力增强，数据产业链日臻完善，数据要素市场快速发展，数据价值化进程不断深化，数据资源作为数字经济最重要的生产要素，正成为企业获得经济利益、获取可持续竞争优势的关键性资源。供应链网络中，生产、交付、采购和销售等各个环节所涉数据庞大、主体多且交易复杂，海量的交易数据也是供应链中最重要的资源之一。如何在供应链金融应用场景下，构建基于供应链数据要素的交易促进策略、设计场内外结合的数据要素流通机制；如何将供应链的数据形态从数据资源转变为数据产品、使其从增信辅助手段发展为供应链金融的加速器，是供应链金融数字化转型中应重点关注的问题。

第三节　本章小结

本章主要探讨了供应链信息共享、数字技术创新投入以及供应链数字化协同发展的重要性，同时深入分析了供应链数据和信息的价值。

首先，供应链信息共享被视为供应链数据信息价值的基础。通过信息共享，企业能够减少信息失真和风险，提升运营绩效，并有效协调供应链伙伴关系，整合优势资源，增强供应链的竞争优势。数字技术的运用进一步促进了供应链伙伴之间的协作，产生了多种协同措施，如协同计划、预测和补货等，尽管信息共享的中介作用在某些情况下可能不显著，但通过关系和契约等治理方式可以提升其效果。同时，数字时代的信息泄露问题也成为信息共享的主要障碍之一。

其次，本章关注了供应链信息共享中的数字技术创新投入。研究指出，数字技术的创新投入对供应链竞争和企业数字化转型具有重要影响。数字化转型被视为企业塑造竞争优势的重要手段，而数字经济的深化发展也加剧了市场竞争。数字技术的资源整合能力促进了企业对资源的高效配置，推动了供应链数字化协同创新的高效开展。然而，数字化转型也面临诸多挑战，如认识不足、技术资金支持缺乏以及数据隐私问题等。

再次，本章探讨了数字技术与供应链协同发展的关系。多数研究认为，稳定的供应链协同创新网络可以提高资源触达率、分摊研发成本、降低风险，从而创建更高效的供应链。数字技术的运用促进了供应链数字化协同创新的践行，通过信息共享和同步业务运营，使企业运营更加流畅。然而，供应链数字化协同发展也存在问题，如企业对数字化转型认识不足、数据隐私问题等。

最后，本章还深入分析了供应链数据和信息的价值。数据和信息是相互联系的，数据经过加工处理成为信息，而信息需要数字化转变成数据才能存储和传输。在数字化时代，数据资源作为数字经济最重要的生产要素，正成为企业获得经济利益和可持续竞争优势的关键性资源。数据要素化以后，供应链数据资源的要素价值逐渐受到关注。然而，当前研究更多关注数据资源作为信息化手段的效率价值，较少探讨其要素价值。随着数据要素市场的快速发展，如何在供应链金融应用场景下构建基于数据要素的交易促进策略、设计数据要素流通机制，以及如何将供应链数据从资源转变为产品，成为供应链金融数字化转型中应重点关注的问题。

第十二章　数据驱动供应链金融数字化转型的架构基础

第一节　供应链数据类型与概念界定

数据的来源和生成特征赋予各类数据不同的价值。根据《数据要素白皮书（2023）》，供应链数据主要分为三类：一是企业自行采集、记录客观现象所得到的数据；二是企业在生产经营活动中，采集与用户的交互记录所得到的数据；三是企业基于已产生的数据，在赋予数据全新价值过程中得到的数据。

一、自有数据

第一类数据涉及企业生产经营活动中自行采集、记录的原始数据，例如供应商对物料的进出库、转移、质检、报废等过程进行追踪和记录的数据，由于不涉及公共利益及个人利益，依据《中共中央　国务院关于构建数据基础制度更好发挥数据要素作用的意见》（以下简称数据二十条）第五条意见提出的"对各类市场主体在生产经营活动中采集加工的不涉及个人信息和公共利益的数据，市场主体享有依法依规持有、使用、获取收益的权益"，本书认为这一类数据应被认定为企业全权所有数据。基于此，本书定义该类数据为企业自有数据。本书认为，企业自有数据是企业在生产经营活动中生成的数据，是企业的重要资产和竞争优势之一。这些数据包含了企业的运营情况、供应链活动、销售数据等，对企业的决策和发展具有重要的参考价值。企业自有数据的所有权归属于企业自身，企业有权依法合规地持有、使用和获取收益。

二、交易数据

第二类数据涉及企业生产经营活动中与用户（个人或企业）交互所采集、记录的数据，如制造商与供应链交易过程中形成的合同信息、交易信息、发票信息、仓储信息等方面的原始数据，由于涉及交互双方的利益，根据"数据二十条"第十二条意见提出的"谁投入、谁贡献、谁收益"原则，本书认为这一类数据应共同归属于交互双方，即参与交易的企业。基于此，本书定义该类数据为交易数据。交易数据是企业在与用户进行交互过程中所产生的数据，包括合同信息、交易记录、发票信息、仓储信息等。这些数据对于交易双方都具有重要的价值和意义，对于双方的业务决策和合作关系具有指导作用。因此，根据"谁投入、谁贡献、谁收益"的原则，交易数据应该被视为双方共同拥有的数据。

三、加工数据

第三类数据涉及企业对已产生数据的再次加工和价值开发。例如，制造商基于和供应商交互过程中所记录的供应商产能、质量、交货期等方面数据，经整合分析后得到的供应商综合评估数据。根据"数据二十条"第七条意见指出的"尊重数据采集、加工等数据处理者的劳动和其他要素贡献，充分保障数据处理者使用数据和获得收益的权利"和第八条意见提出的"支持数据处理者依法依规在场内和场外采取开放、共享、交换、交易等方式流通数据"。本书认为，由于该类数据是企业加工、分析所得，应该归属于贡献劳动和其他相关要素的企业。基于此，本书定义该类数据为加工数据。本书认为由于加工数据是企业经过加工和分析得到的结果，应归属于贡献劳动和其他相关要素的企业。这些企业通过对原始数据的加工和分析，提取出有价值的信息和洞察，对企业的决策和业务发展具有重要作用。

第二节 供应链数据价值释放途径

《数据价值化数据要素市场发展报告（2021 年）》提出的"数据资源化、数据资产化、数据资本化"的数据价值化框架是本书的理论基础。该框架中，数据资源化是使无序、混乱的原始数据成为有序、有使用价值的数据资源；数据资产化是形成数据交换价值，初步实现数据价值的过程；数据资本化是数据信贷融资与数据证券化的过程。基于该理论框架，结合供应链数据类型，本书认为供应链数据有如下价值释放路径：

一、数据资源价值——增信辅助手段

供应链金融场景下，供应链数据的第一层价值释放在于其作为增信辅助手段对受资金约束企业的信息价值。企业融资过程中，供应链各类数据可帮助金融机构更精确地识别企业真实信用。然而，供应链数据生成过程中往往涉及多个主体，包括产品服务的供需双方、第三方平台、网络电信运营商等，使数据信息自生成之时起就同时栖息于多个不同主体（蔡跃洲和马文君，2021）；数据提供者对于数据的各项权利需要数据控制处理者的支持和配合才可有效行使（田杰棠和刘露瑶，2020）。这意味着供应链数据资源的信息价值的释放程度及效率一定程度上取决于数据的多主体确权和授权。实践中，由于缺乏供应链管理协作意识以及有效激励，企业往往不愿意协助其上下游受资金约束中小企业融资，导致供应链金融业务开展受阻。换言之，激励相关企业对数据进行确权及授权是供应链数据资源能否作为增信辅助手段以释放其信息价值的关键。

二、数据资产价值——数据产品交易

数据要素具有虚拟性、非竞争性、价值不确定性等独特的技术经济特征（蔡继明等，2022；蔡跃洲和马文君，2021），如何在数据价值释放路径中确保数据安全是一个重要议题。本书主要关注供应链数据价值化路径和流通交易机制,因此本书假设数据产品均是在"可用不可见"的安全交易环境下进行的数据使用权交易(龚强等,2021)。由于供应链数据的信息价值释放依赖于交易数据所涉主体的确权及授权,而这也是数据产品的形成基础。本书认为,供应链数据市场化的关键一环是将数据资源(具有使用价值的信息)增值成为数据资产(可实现交换价值的数据产品)。数据产品兼具信息属性和交换价值,其市场潜力会倒逼传统应链进行数字化转型。换言之,供应链金融场景下,供应链数据的第二层价值释放在于数据产品的市场潜力。

三、数据资本价值——数据信贷融资

根据《数据价值化数据要素市场发展报告(2021年)》,数据信贷融资是用数据资产作为信用担保获得融通资金的一种方式,如数据质押融资。目前,数据市场化体系初步形成,数据的资源化、资产化过程依旧处于初级阶段。实践中,尽管部分数据交易所提供数据资产登记服务,但将数据资产拓展到数据资本的应用凤毛麟角。已有研究也更多关注数据的资源化和资产化(龚强等,2021;谢丹夏等,2022;蔡继明等,2022),较少涉及数据的资本化过程。企业在生成经营活动中会形成很多自有数据,如供应商对物料的进出库、转移、质检、报废等过程进行追踪和记录的数据等,这些经营管理的相关数据不涉及个人信息和公共利益。根据"数据二十条",该类数据归市场主体依法依规持有、使用、获取收益的权益。如何在供应链中,利用数据质押的担保方式,挖掘并释放这类资产化特征明确的数据资产的社会化配置价值,是供应链金融场景下,供应链数据的第三层价值释放的关键。

四、供应链各类数据的价值差异

供应链网络中,生产、交付、采购和销售等各个环节所涉数据庞大,为了充分释放供应链中海量数据要素的价值,学者们关注供应链数据的信息价值(李余辉等,2022)及其与数字技术伴生的效率价值(Zhao et al.,2023),即数据在资源化过程中产生的使用价值。也有学者关注数据通过交换实现的经济价值,如企业财务数据和"数字足迹"在信贷市场的福利效

应和分配效应（Buchak et al.，2018；Tang，2019；谢丹夏等，2022），但不同供应链数据蕴藏的价值差异还需进一步厘清。

基于第一节对供应链数据类型的分类，供应链数据包括自有数据、交易数据和加工数据。不同类型的数据，其价值释放路径也有一定差异。供应链加工数据是供应链企业对已产生数据的再次加工和价值开发，具有信息属性。在供应链金融场景下，加工数据的资源化和资产化是拓展其数据价值的可能途径。一方面，企业可充分利用其挖掘加工出的信息价值，有效提升运营管理效率；另一方面，企业将该加工数据进一步市场化，通过场内、场外交易模式释放数据要素的资产价值。供应链交易数据是供应链企业生产经营活动中与用户（个人或企业）交互所采集、记录的数据，具有资源属性。若数据产权运行机制完善，交易数据的资源化和资产化是拓展其数据价值的可能途径。一方面，交易数据可作为企业融资的增信辅助手段提升企业融资效率；另一方面，交易数据所蕴含的要素价值在金融信贷领域极具市场潜力，可从具备增信辅助作用的数据资源增值为数据产品，从而高效释放其数据价值。供应链自有数据为企业全权所有数据，具备资产属性。自有数据的资本化是拓展其数据价值的可能途径。数据信贷融资是用数据资产作为信用担保获得融通资金的一种方式，如数据质押融资《数据价值化与数据要素市场发展报告（2021年）》。受资金约束的供应链企业可通过该方式拓展融资渠道，深度挖掘其自有数据的社会化价值。

五、数据驱动供应链金融数字化发展

数字经济的发展在于数据要素的价值释放，而数据要素的流通交易是数据价值释放的关键路径，也是数据要素市场化建设的核心环节。数据交易主要分为场内集中交易和场外分散交易两种模式。尽管围绕数据资源的大数据产品和服务体系初步形成，但我国数据场内交易市场的活跃性却不尽如人意，而目前场外交易由于缺乏规则指引和符合市场规范的交易撮合体系，数据交易泛滥且极易扰乱数据交易市场。这意味着数据要素虽具有丰富的应用场景优势，但数据要素价值尚未被充分挖掘，大量数据还处于散乱、低效的休眠状态，其潜能亟待激发。

"数据二十条"明确指出"充分发挥我国海量数据规模和丰富应用场景

优势，激活数据要素潜能，做强做优做大数字经济，增强经济发展新动能……"。数据要素的价值不仅局限于整合数据资源、助力企业融资，还在于促进数据合规高效流通使用的同时，助力金融创新、赋能实体经济。因此，如何在场内集中交易和场外分散交易的实践中，摸索出既促进数据要素价值释放，又助力实体经济高质量发展的数据交易策略与流通机制，是当前"激活数据要素潜能、做强做优做大数字经济"进程中亟待解决的研究难题。

如图 12-1 所示，本书认为，首先，可以根据供应链数据的来源和生成特征，对各类供应链数据进行概念界定及权属分析，形成供应链数据产权运行机制。其次，以数据价值化为基本框架，将供应链金融作为供应链数

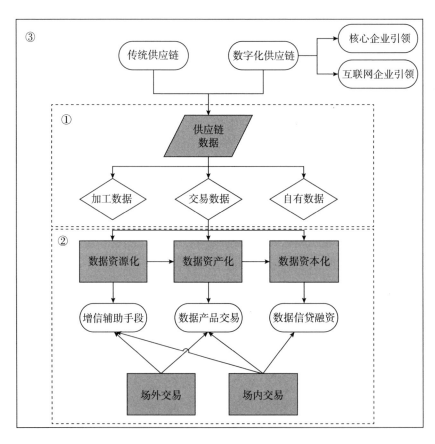

图 12-1　数据驱动供应链金融模式

资料来源：笔者绘制。

据价值挖掘的应用场景，分析供应链数据价值释放路径。最后，根据供应链数据的产权运行机制，构建供应链数据的场内、场外流通交易模式，制定供应链数据流通交易促进策略，设计供应链金融场景下供应链数据的流通交易机制。着眼于供应链交易数据的价值释放路径和流通交易策略，深化供应链交易数据在供应链金融场景中的信息溢出效应，为数据价值化提升中小企业融资能力和金融机构风险管控效率提供理论依据，也能为供应链理论的数字化拓展提供新思路。

第三节　本章小结

本章介绍了数据驱动供应链金融数字化转型的架构基础。首先，根据数据的来源和生成特征将供应链数据分为自有数据、交易数据、加工数据；其次，分析了供应链数据在供应链金融场景下的价值释放路径，如数据资源的增信辅助手段作用、数据资产的产品交易价值、数据资本的信贷融资价值；最后，分析了数据驱动供应链金融数字化发展的路径和供应链金融场景下数据价值的市场化策略。

第十三章　数据价值化与供应链金融数字化转型

第一节　数据要素流通交易现状概览

一、数据要素流通交易现状

我国数据资源规模庞大，总量位居全球前列。为促进数据流通，多家综合性数据交易中心应运而生，为数据产权的场内交易提供了规范的平台。在国家数据战略的统筹布局下，我国数据交易市场建设持续推进，截至2024年，已有五十余家持牌数据交易所（平台、中心）。表2-3整理了注册资本在5000万元以上，存续经营且有官方网站的数据交易所。数据交易所挂牌交易的产品和服务类型多以数据集、数据API、数据报告为主。以金融应用场景为例，多家数据交易所均提供面向金融机构及企业的企业征信数据服务、企业信息查询服务、企业全景画像、金融风控等产品及服务。数据交易所通过整合贸易流、资金流、信息流和物流等供应链产业链大数据，聚焦工商、司法、税务等多类风控数据，为金融机构提供企业征信数据服务及企业风控数据服务，推动企业融资需求高效转化。

二、数据要素场内、场外流通

尽管围绕数据资源的大数据产品和服务体系初步形成，但我国数据产权场内交易市场的活跃性却不尽如人意。据《数据要素交易指数研究报告（2023 年）》，我国有过半数据交易平台的年数据交易量不足 50 笔，超过 60% 的数据交易平台处于半停运状态。部分数据交易机构（如海南李时珍数据产权交易服务中心有限公司、河南大数据数字交易中心有限公司、华夏国信大数据交易中心有限公司等）正面临经营异常的困境。这说明，我国数据要素的价值潜力还没有充分释放，数据要素的场内交易也尚未充分流通。

相比场内交易，数据要素的场外交易较为活跃。依据《金融机构外部数据管理实践白皮书（2023 年）》，金融机构外部数据的采购规模呈指数级增长，数据采购项目数量符合年均增长率达 40%。这些外部数据多以点对点的场外数据交易为主要流通模式。然而，场外交易缺乏规则指引和符合市场规范的交易撮合体系，致使数据交易泛滥且极易扰乱数据交易市场[①]。

三、供应链交易数据的场内、场外流通交易模式

数据要素具有虚拟性、规模报酬递增、外部性、非竞争性和排他性（刘涛雄等，2023），这使数据的产权分配和交易机制不同于传统商品和服务（熊巧琴和汤珂，2021；徐翔等，2021）。一方面，数据产权在用户和数据收集者之间存在配置问题（李三希等，2023）；另一方面，数据要素不能独自发挥经济价值，必须与劳动、资本、技术等传统生产要素协调和配合（谢康等，2020b；林志杰和孟政炫，2021），即数据只有与具体应用场景相结合，其价值才得以体现（龚强等，2021）。基于此，本书主要探讨供应链金融应用场景下，供应链数据的交易模式。

在供应链金融应用场景下，当企业面临资金约束、有融资需求时，企业交易数据经过采集、清理、加工和分析等一系过程后形成高效率、具有使用价值的高质量信息，在金融机构对其进行信用审查时起到了重要背书作用（Vedlkamp，2023）。金融机构对融资企业信用评估过程中，往往需要从外部购买数据，以识别融资企业贸易背景真实性、跟踪信贷风险等（Luo

---

① 资料来源：数据要素交易指数研究报告（2023）。

and Yan，2021；Patel et al.，2021）。这些外部数据多以点对点的场外数据交易为主要流通模式。然而，由于场外交易缺乏规则指引和符合市场规范的交易撮合体系，致使数据交易泛滥且极易扰乱数据交易市场（《数据要素交易指数研究报告（2023）》）。

在场内交易方面，多家数据交易所均提供"企业全景画像"类型的数据产品（见图 13-1），但这类产品多由金融科技公司通过整合企业各类（工商、法务等）数据以及数字足迹（谢丹夏等，2023）所得，缺少供应链视角下的真实交易背景，不能充分体现供应链数据的价值。换言之，供应链交易数据的场内、场外流通交易模式及渠道亟待拓展。因此，本章针对供应链金融应用场景，基于供应链交易数据的价值化路径构建数据交易模式。

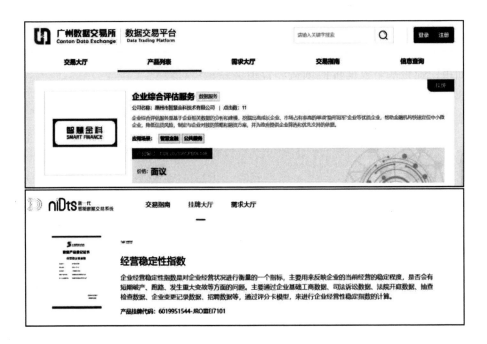

图 13-1 数据交易所相关数据产品详情

资料来源：相关数据交易所官方网站。

第二节　供应链数据的流通交易与价值化

一、供应链数据要素价值化

本书认为，供应链金融场景下供应链交易数据的三层价值释放首先在于数据的多主体确权和授权，其次在于将数据资源（具有使用价值的信息）增值成为数据资产（可实现交换价值的数据产品）。完善的数据产权运行机制是实现供应链交易数据价值释放的基础，数据确权及授权的激励策略是促进供应链交易数据价值释放的关键。

"数据二十条"第十二条意见指出"推动数据要素收益向数据价值和使用价值的创造者合理倾斜，确保在开发挖掘数据价值各环节的投入有相应回报，强化基于数据价值创造和价值实现的激励导向。通过分红、提成等多种收益共享方式，平衡兼顾数据内容采集、加工、流通、应用等不同环节相关主体之间的利益分配"。基于此，可以促进供应链交易数据的流通交易为导向，以分红、提成等收益共享方式为手段，构建供应链金融场景下供应链交易数据的场内、外流通交易促进策略。

二、数据价值化的供应链应用场景

实践中，由于供应链数字化转型程度各异，其供应链交易数据的流通交易模式和策略也存在差异。尽管业界已经认识到数字化转型的战略意义，但目前大部分企业尚未实现数字化转型或只处于转型初级阶段（蔡宏波等，2023）。数字化转型程度较低的传统供应链其体系内庞大的业务数据尚处于复杂、散乱的原始数据状态，这些数据蕴藏的信息价值往往难以被精准识别，数据本身具有的要素价值也亟待开发。因此，传统供应链是供应链数据价值挖掘的重要场景之一。

随着数字经济的发展，数字化转型已成为企业在日益数字化的全球经济中竞争和运营方式的关键驱动力（Kohtamäki et al.，2023；王文隆和王成

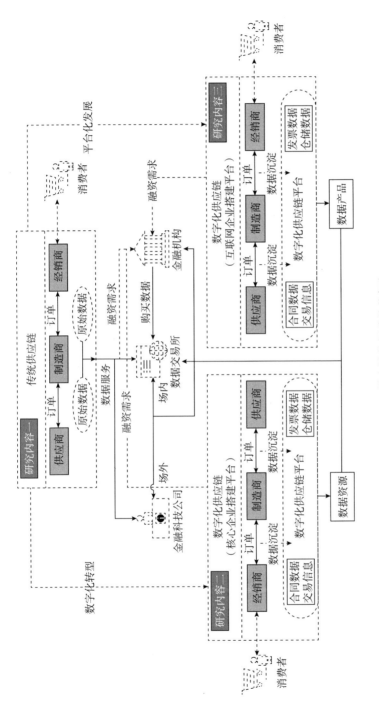

图 13-2 供应链数据价值化框架

资料来源：笔者自绘。

军，2022）。部分企业（产业链供应链和产业集群中龙头企业或数字化转型服务商）已具备大数据分析和云计算等尖端技术，这些企业的数字化发展会引领带动产业链供应链上游、下游和产业集群内中小企业协同数字化转型，这为供应链数据价值的释放提供了高效的平台。因此，龙头企业和数字化转型服务商引领的数字化供应链也是供应链数据价值挖掘的重要场景。

如图 13-2 所示，传统供应链在数字化转型程度较低时，数据从原始数据到数据资源的价值化的过程中，挖掘供应链数据资源的信息价值，可促进供应链数字化转型、提升供应链金融效率、实现供应链数据价值共创。根据实践中已有的数字化供应链金融业务模式，随着供应链数字化的转型进程，供应链可依托核心企业搭建数字化供应链平台或依托互联网企业搭建数字化供应链平台。该情形下，数字化供应链可通过数据价值的挖掘，如交易数据的增信辅助作用、自有数据的资本属性等，助力中小企业融资、激励上下游企业参与数据价值链共创及促进供应链交易数据市场化。

第三节　本章小结

本章主要对数据要素的流通交易现状、供应链交易数据的场内、场外流通交易机制，以及供应链数据的价值化过程进行了分析。数据要素的场内交易的服务体系虽初步形成，但活跃性不尽如人意；场外交易的活跃性较高，但交易泛滥且扰乱数据交易市场。供应链金融场景下，供应链各类数据的市场化路径主要依托于场内、场外结合的流通交易模式，供应链可通过数据价值的挖掘，如交易数据的增信辅助作用、自有数据的资本属性等，助力中小企业融资、激励上下游企业参与数据价值链共创及促进供应链交易数据市场化。

第十四章 数据：供应链金融数字化转型的驱动器

第一节 供应链数据生成与权属分析

一、供应链数据生成

在分析供应链数据的类型和权属关系时，本书试图从供应链数据的来源和生成特征来细化供应链数据生成过程。供应链数据的生成过程涉及界定数据的类型和权属关系，这与数据要素的产权机制建立了联系。基于数据科学理论和已有研究成果，本书初步厘清了供应链数据的类型（见第十二章第一节相关内容）以及分析了这三类供应链数据生成过程中涉及的数据主体（见图14-1）。

二、供应链数据生成参与主体

供应链数据生成参与主体方面，刘涛雄等（2023）从生成品确权的"按贡献分配""事前确权"的原则出发，把数据生成参与方区分为信息提供者和数据采集者。其中，信息提供是数据生成的起点，数据采集是信息向数据的转化。数据采集者需付出一定的资本、劳动并辅以特定的技术。本书借鉴该分类方式，将供应链三类数据生成过程中涉及的参与主体区分

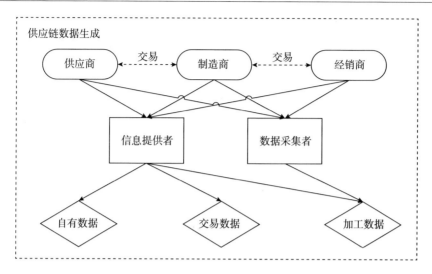

图 14-1 供应链数据生成

资料来源：笔者绘制。

为信息提供者和数据采集者。对于供应链交易数据，其信息提供者为业务往来交互过程中涉及的双方企业，数据采集者为具有数据采集需求或具备数据采集能力的一方企业、双方企业或第三方机构。在供应链交易数据生成的基础上，本书将进一步区分供应链内部生成的交易原始数据和经第三方机构（技术支持者和中介服务者）加工后的生成数据，以此展开对供应链交易数据价值生成过程的探讨。

三、供应链数据权属分析

在明确了供应链数据类型和数据生成参与主体的分类后，供应链数据的权属分析成为关键环节。信息提供者作为数据生成的源头，贡献了基础信息，在数据权属中应占据重要地位。其提供的信息往往蕴含着企业的核心业务特征、交易偏好等内容，这些信息是构建供应链数据价值体系的基石。例如，在汽车制造行业的供应链中，零部件供应商向整车制造商提供零部件的详细规格、性能参数、生产批次等信息，这些信息对于整车制造商的生产计划制定、产品质量把控以及售后服务都起着决定性作用。数据采集者虽然通过投入资本、劳动及运用特定技术实现了信息向数据的转化，但他们的权属范围应基于其实际的采集行为和付出进行界定。以供应链交易数据为例，若一方企业独自进行数据采集，那么其在遵循相关法律法规和道德准则的前提下，对采集到的原始数据拥有一定的采集权益，但这种权益不应超越信息提供者的基础权益。一家服装制造企业在自身的采购管理系统中，记录了与布料供应商的每一笔交易订单信息，包括采购数量、价格、交货日期等。该服装制造企业作为采集者拥有基于采集行为的管理和使用权限，能够利用这些数据进行采购成本分析、供应商评估等，但不能随意篡改或滥用其中涉及布料供应商关键信息的部分，如布料的独特生产工艺数据等。

上述过程在涉及第三方机构作为数据采集者时，情况更为复杂。第三方机构凭借专业技术和服务能力参与数据采集，其与信息提供者和委托采集企业之间需通过明确的合同或协议来约定数据权属。对于经第三方机构加工后的生成数据，权属的界定不仅要考虑原始信息提供者的权益，还要考量第三方机构在数据加工过程中的创造性投入。例如，在电商行业供应链中，第三方物流数据服务公司受多家电商企业委托，对物流配送过程中的数据进行采集和分析。该公司通过先进的物流追踪技术，收集包裹的运输轨迹、配送时间、签收状态等原始数据，并运用大数据分析算法对这些数据进行深度挖掘和分析，形成了具有物流效率优化建议和市场趋势预测价值的报告数据。对于这部分数据，其权属应在保障电商企业和物流企业（作为信息提供者）基本权益的基础上，根据第三方物流数据服务公司的加工贡献，合理确定其分享数据收益和使用数据的权限范围。该数据服务公司可以基于这些分析数据为电商企业提供物流优化方案并收取一定费用，但在将数据用于其他商业用途时，需获得信息提供者的明确授权。

此外，在供应链数据权属分析中，还需考虑数据的流转和共享场景。当供应链数据在不同企业和机构间流转时，数据权属的界定应确保数据来源的可追溯性和信息提供者权益的持续性保护。在数据共享过程中，无论是基于供应链协同合作的内部共享还是与外部合作伙伴的有限共享，都要依据事先明确的权属规则，保障各方在数据使用和收益分配上的合理权益，避免因权属不清引发的数据纠纷，从而促进供应链数据的有序流通和高效利用，为供应链的数字化转型和可持续发展奠定坚实的数据产权基础。

第二节 构建供应链交易数据价值化理论框架

一、供应链交易数据的价值化

为了构建该理论框架，在分析供应链交易数据的价值释放路径时，本书首先结合供应链交易数据的产权结构，分析了供应链金融场景下供应链交易数据价值释放的几个层次。通过分析实践中由核心企业引领及互联网企业引领的数字化转型案例，本书整理了供应链数字化发展的实践模式中供应链交易数据在供应链金融应用场景中发挥的主要驱动作用，其中"整合多方数据和资源、对企业真实交易数据进行数据分析、采集全流程交易的真实数据、运用真实交易数据构建产业信用生态"等对供应链数据尤其是交易数据的采集和运用，为助力供应链上下游中小微企业融资的主要举措。这凸显了供应链真实交易背景在供应链融资中的重要背书作用，也体现了供应链交易数据作为增信辅助手段的信息价值。

通过收集实践中数据交易所的金融场景相关数据产品情况，本书分析了数据从资源增值为产品的市场化路径，发现目前挂牌交易的"企业全景画像数据、经营稳定性指数、企业授信审查报告"等数据产品的主要特征是通过整合工商照面信息、企业主要人员信息核验、企业失信查询等多类风控数据，为金融机构提供企业征信数据服务及企业风控数据服务。其数据来源多聚焦于企业的工商数据和数字足迹，缺少能够体现供应链真实交易背景的数据，而这是金融机构验证企业信用的关键，也是金融机构极力寻求的外部数据支撑。

此外，通过梳理数据价值化框架相关研究，本书认为在完善的数据产权运行机制下，在不涉及个人信息和公共利益的前提下，供应链交易数据还可作为企业资产发挥其价值，即基于数据资本化的理论设想，在不泄露企业商业机密的安全交易环境下，若将该类数据登记为企业合法资产，并在企业融资过程中作担保予以质押，将是释放企业数据价值的有效途径。

因此，本书认为供应链数据的第一层价值释放在数据资源其作为增信辅助手段对受资金约束企业的信息价值；第二层价值释放在于数据产品交易产生的经济价值；第三层价值释放在于数据资产发挥信贷融资功能时产生的社会化配置价值。基于上述研究和梳理，本书发展出供应链金融场景下的供应链数据价值化理论（见图14-2）。

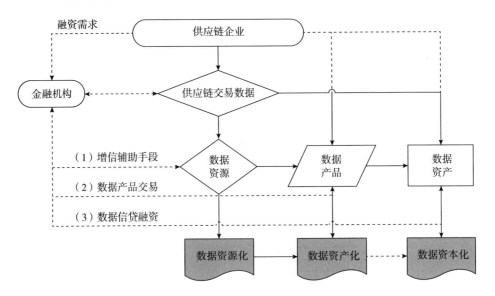

图14-2　供应链金融场景下供应链数据价值化理论框架

资料来源：笔者绘制。

二、供应链交易数据价值的生成

本书认为供应链数据生成过程可延伸到供应链交易数据的价值生成过程。在供应链交易数据生成的基础上，技术支持商和中介服务商的参与实现了供应链交易数据的价值增值，即推动了供应链交易数据的资源化、资产化和资本化过程。因此，本书试图将供应链交易数据的特征与其价值生成过程建立联系，这涉及数据要素的产权分置结构（数据资源持有权、数据加工使用权、数据产品经营权等）和数据要素的流通交易模式（场内集中交易、场外分散交易）。其中，供应链交易数据的产权分置结构是本书拟突破的重点问题，突破该问题的关键在于厘清供应链中交易数据所涉及主体的参与方式（提供者、采集者、支持者、服务者等）和参与程度，并以此明确供应链数据生成和数据价值生成过程中各参与方享有的合法权利。沿着数据生成和数据价值生成的发展顺序，以下初步梳理了供应链交易数据由无序、混乱的原始数据发展为具备价值的数据资源、数据产品的价值生成过程（见图14-3）。

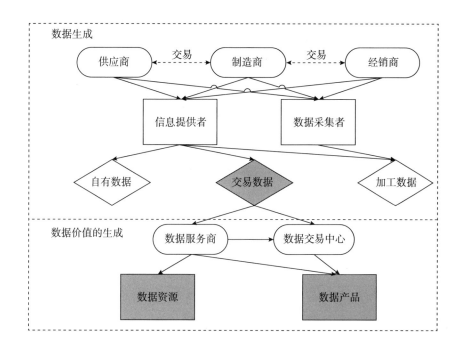

图 14-3　供应链交易数据价值的生成过程

资料来源：笔者自绘。

第三节　供应链交易数据流通交易模式和交易促进策略

形成供应链金融场景下的供应链交易数据的市场化策略在于构建相关交易模式以及形成相关交易促进策略。首先，本书将结合数据市场化实践，分析数据的流通交易模式；其次，基于供应链交易数据的产权机制和供应链交易数据的价值化理论框架构建供应链交易数据流通交易促进策略。实践中，由于供应链数字化转型程度各异，其供应链交易数据的流通交易模式和交易促进策略也存在差异，因此本书将选取传统供应链和数字化供应链分别作为研究对象。其中，结合对实践中已有的数字化供应链金融业务模式的梳理，本书将数字化供应链分为核心企业引领和互联网企业引领两种情形。

一、传统供应链

尽管业界已经认识到数字化转型的战略意义，但目前大部分企业尚未实现数字化转型或只处于转型初级阶段（蔡宏波等，2023）。数字化转型程度较低的供应链其体系内庞大的业务交易数据尚处于复杂、散乱的原始数据状态，这些交易数据蕴藏的信息价值往往难以被精准识别。因此本书将传统供应链的交易数据资源化作为阶段三将开展的研究工作的第一个方面，并以此作为开展后续数字化供应链的交易数据资产化的相关研究的基础。

对于传统供应链而言，目前其交易数据资源的使用价值的开发程度尚浅，本书构建的传统供应链交易数据的流通交易模式和交易促进策略能够在一定程度上弥补这个不足。本书在供应链交易数据价值化的框架基础上，将供应链金融作为应用场景，主要从数据资源化探讨传统供应链在面临资金约束时，其内部数据资源的流通模式与策略问题（数据资产化将于数字化供应链情形中讨论）。

传统供应链由于数字化程度较低，供应链内部交易数据多处于无序、混乱的状态，需要经过第三方机构对原始数据的采集、清理、加工和分析等一系列过程（Veldkamp，2023），才能形成高效率、具有使用价值的高质量信息。因此，为体现实践中普遍存在的中小企业"融资难、融资贵"问题，可考虑一个由中小企业供应商、核心企业制造商构成的传统两层级供应链，并假定上游中小企业供应商面临资金约束。实践中，核心企业具有供应链管理意识且愿意引领其上下游中小企业数字化转型以实现供应链协同的案例较多。例如，中国铁建股份有限公司通过"铁建云租"产融互联网平台助力设备租赁产业链中小企业数字化转型升级、安徽安凯汽车股份有限公司通过建设供应链管理 SCM 平台赋能供应链上中小企业数字化协同、山推工程机械股份有限公司通过打造供应商云平台推动供应链上游中小企业数字化转型等案例。因此，本书进一步假设本研究中核心企业具有供应链管理意识且关注供应链整体运作绩效。根据上述背景，可构建以下数据流通促进模式。

如图 14-4 所示，针对传统供应链，其交易数据从无序、混乱的原始数据发展为具备信息价值的数据资源，需寻求第三方机构的数据服务；从数据资源发展为具备经济价值的数据产品需完成市场化的增值过程。根据前文的界定，供应链交易数据为供应链生产经营活动中各参与主体通过业务往来形成，并经采集、记录的数据。供应商和制造商均为供应链交易数据的提供者。受限于数字化转型程度，该传统供应链尚不具备对原始交易数据进行采集、清洗、加工、分析的数字能力，因此传统供应链的交易数据采集者需要依托第三方机构提供的数据服务。这说明传统供应链交易数据的价值挖掘首先在于供应链企业对数据资源化的投资决策。然而，由于供

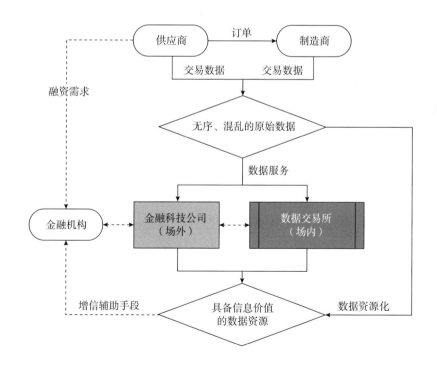

图 14-4 传统供应链数据流通交易模式

资料来源：笔者自绘。

应链交易数据的产权运行机制尚不清晰，供应链企业关于数据价值挖掘的合作与博弈策略也是供应链交易数据市场化的关键。综上所述，构建传统供应链交易数据的流通模式和策略，具体分为以下几个步骤：

（1）对传统供应链交易数据进行产权界定。根据供应链交易数据从数据生成到数据价值生成过程中各主体的参与方式（提供者、采集者、支持者、服务者等）和参与程度界定数据资源持有权、数据加工使用等。

（2）提出假设。传统供应链交易数据的价值化由数据主体（供应商、制造商）共同参与实现。假设参与博弈的供应商和制造商都是有限理性的，且制造商（供应商）采取的决策会影响供应商（制造商）的策略选择，即双方需通过动态调整策略选择才能达到均衡状态。针对该策略选择过程，可采用演化博弈的方式构建模型。

（3）模型构建。模型涉及多主体多因素的策略选择，演化博弈论将博弈理论分析和动态演化分析相结合，是一种处理多方意愿决策选择的定量研究方法。针对传统供应链的交易数据资源化过程，可采用演化博弈的方式来构建供应链交易数据的流通决策博弈模型。可将双方博弈参数设定如表 14-1 所示、收益矩阵如表 14-2 所示。

表 14-1　参数设定

供应商	C_1	供应商进行数据投资的总成本
	C_2	供应商不进行数据投资的总成本
	R_1	数据资源化后供应商的综合收益（供应商进行数据投资带来的融资效率提高、运作效率提升等效益）
	R_2	数据资源化前供应商的综合效益
	L_1	供应商因资金约束带来的损失
	d_1	发生数据泄露问题的概率
	d_2	数据资源化前供应商获批贷款的概率
制造商	C_3	制造商配合确权授权的成本
	C_4	制造商不配合确权授权的成本
	R_3	数据资源化后制造商的综合收益（制造商配合确权授权带来的供货稳定性、供应链协同效率提升等效益）
	R_4	数据资源化前制造商的综合效益
	L_2	发生数据泄露问题造成的损失

表 14-2　收益矩阵

	供应商投资（x）		供应商不投资（$1-x$）	
	供应商	制造商	供应商	制造商
制造商确权授权（y）	R_1-C_1	$R_3-C_3-d_1L_2$	$R_2-C_2-(1-d_2)L_1$	R_4-C_3
制造商不确权授权（$1-y$）	$R_2-C_1-(1-d_2)L_1$	R_4-C_4	$R_2-C_2-(1-d_2)L_1$	R_4-C_4

资料来源：笔者整理。

（4）形成传统供应链交易数据流通促进策略。对上述双方博弈模型进行 ESS 求解并进行仿真分析，以寻求传统供应链交易数据第一层价值释放的最优策略。

（5）传统供应链交易数据的场内、场外流通策略。可将步骤 4 求得的均衡解，代入两种流通场景并进行对比分析。对场内流通模式而言，数据交易中心提供数据服务，但服务提供方为平台入住的金融科技公司；对场外流通模式而言，金融科技公司自身也提供点对点数据服务。因此，可针对数据服务的场内（数据交易所）、场外（金融科技公司）的流通模式进行对比分析，以形成传统供应链交易数据的场内、场外流通策略。

二、数字化供应链——核心企业引领

2023 年政府工作报告明确提出"加快传统产业和中小企业数字化转型，着力提升高端化、智能化、绿色化水平"。在强有力的政策导向下，企业数字化转型动力强劲。根据《中小企业"链式"数字化转型典型案例集（2023 年）》，以产业链供应链和产业集群中龙头企业、链主企业等大企业或数字化转型服务商引领带动产业链供应链上、下游和产业集群内中小企业协同数字化转型的"链式"数字化转型模式富有成效。核心企业引领的数字化供应链主要围绕以供应链核心企业（龙头企业、链主企业）带动上、下游中小企业数字化转型的情形（如中国铁建股份有限公司通过"铁建云租"产融互联网平台助力设备租赁产业链中小企业数字化转型升级、安徽安凯汽车股份有限公司通过建设供应链管理 SCM 平台赋能供应链上中小企业数字化协同、山推工程机械股份有限公司通过打造供应商云平台推动供应链上游中小企业数字化转型等案例），探讨数字化供应链的数据价值释放路径与市场化问题。如图 14-5 所示，核心企业制造商主导数字化供应链平台，其与上下游企业合作交易过程中会沉淀大量业务数据（如合同数据、交易信息、发票数据、仓储数据等）。这些交易数据在供应链金融场景下的价值释放路径和流通交易策略是核心企业引领的数字化供应链主要关注的问题。

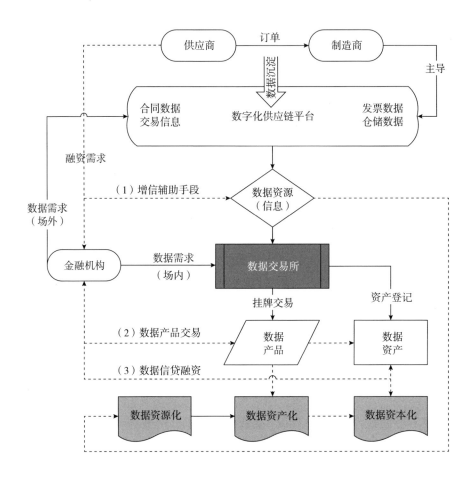

图 14-5　核心企业引领的数字化供应链

资料来源：笔者自绘。

实践中，供应链核心企业（龙头企业、链主企业）主要依托数字化供应链平台来带动上、下游中小企业数字化转型。核心企业作为行业龙头企业或链主企业，自身的数字化程度通常较高，能凭借其数字技术优势和数字资本带动中小企业数字化转型升级。例如，中国铁建股份有限公司自建的"铁建云租"产融互联网平台，利用物联网、区块链等数字技术可采集全流程交易的真实数据，开展物流、资金流和数据流等交叉验证，形成可为金融机构提供增信依据的供应链数据，一方面，帮助解决中小企业融资难、融资贵的问题；另一方面，也可激发企业增强自身信用，积累数据资产。不同于传统供应链，数字化供应链已具备挖掘数据价值的数字技术，其资源化过程往往于供应链内部完成，而资产化过程往往通过场外点对点的方式对接数据需求方，较少实现场内的集中交易。换言之，核心企业引领的数字化供应链情形中，较少涉及金融科技公司提供数据服务的情形。实践中，数字化供应链通过整合数据、对接金融机构，助力上下游中小企业融资的情形较为常见（如表5-1中"数据驱动供应链金融模式"中的相关举措），因此为区别于传统供应链，核心企业引领的数字化供应链可主要探讨数字化供应链的数据资产化问题。针对数字化供应链交易数据的流通交易模式和交易促进策略，可分为以下几个步骤展开研究：

对核心企业引领的数字化供应链的交易数据进行产权界定。参考Vedlkamp（2023）对数据的价值分析，根据供应链交易数据从数据生成到数据价值生成过程中各主体的参与方式（提供者、采集者、支持者、服务者等）和参与程度，界定数字化供应链交易数据的数据资源持有权、数据加工使用权、数据产品经营权等。此步骤的关键在于厘清供应链交易数据从数据生成到价值生产过程中各主体的贡献程度和收益分配方式。具体分析如下：

（1）贡献程度分析。可通过定义努力水平来分析供应商和制造商各自的贡献程度。假设供应链企业在数据资产化过程中的努力水平为：t_i，（$i=S,M$），努力成本为：C_i，（$i=S,M$），且 $C_c'(t_i)>0$，$C_c''(t_i)>0$。

（2）数据产品收益分析。构建供应链在数据资产化中创造的总收益函数：$R=R_S(t_s)+R_M(t_M)+\varepsilon$，其中 R_S 和 R_M 分别为各数据主体对总收益的贡献，且该贡献值虽努力水平递增，ε 为随机变量。

（3）数据主体收益分配分析。依据"数据二十条"第十二条意见，"通过分红、提成等多种收益共享方式，平衡兼顾数据内容采集、加工、流通、应用等不同环节相关主体之间的利益分配"，可设计数据产品的线性提成计划：$P = P_0 + \alpha R$，其中，P 为供应商参与数据价值共创的收益，P_0 为作为数据提供者的固定报酬，α（$0 \leqslant \alpha \leqslant 1$）为利益提成系数。数据资产化过程中，供应链各企业在追求自身利润最大化时会受个人理性和激励相容的约束。考虑到核心企业制造商是供应链数字化转型的引领者，可将其最大化期望效用 $V(.)$ 作为目标函数。供应商参与数据价值共创的激励一方面在于数据产品在其融资过程中发挥的信息价值，另一方面在于数据产品的经济价值，因此，可将供应商的最大化期望效用 $U(.)$ 作为模型的约束条件。基于经典斯塔克尔伯格博弈理论（Stackelberg Game），可构建供应链关于数据产品的利益分配模型为：

$$\underset{t_S, t_M}{\mathrm{Max}} E[V(R - C_M(t_M) - P], \ \mathrm{s.\,t.\,} E[U(P - C_S(t_S))] \geqslant 0$$

供应链金融场景下，数据需求方（银行）和数据提供方（供应链）的交易模式及策略分析。核心企业引领的数字化供应链主要关注供应链金融场景下供应链交易数据的资产化过程，即供应链交易数据从具有增信辅助作用的数据资源发展为具备经济交易价值的数据产品的过程。由于数据资产化之前，银行购买数据主要通过点对点的场外交易实现，即本研究中银行与核心企业主导的数字化供应链平台进行对接的情形。该对接过程中，数据资源的经济价值模糊，缺乏对数据价值的标准化评估，致使数据的要素价值释放程度有限。数据资产化意味着数据资源到数据产品的增值，该过程中数字化供应链需进一步投入以实现数据产品的定向化服务和市场化功能。假定数据产品的定向化服务可有效节省银行的外部数据管理成本，但银行是否愿意为该数据产品的增值部分支付额外的费用，还需进一步探讨。对于该问题，分析数据需求方与数据提供方的博弈过程如下：第一阶段，供应链对交易数据价值化的方式进行决策。一是实现与银行的数据资源对接，采用点对点的数据资源交易模型；二是开发数据产品并于数据交易所挂牌交易。第二阶段，银行决定是否购买该数据产品，一是采用数据管理成本较为高昂的数据资源，二是购买数据管理成本较为低廉的标准化数据产品。

针对上述博弈过程，可同样构建由供应链整体和银行在内的双方动态演化博弈模型，并求出均衡解。

三、数字化供应链——互联网企业引领

互联网企业引领的数字化供应链主要围绕以互联网企业引领供应链数字化转型的情形［如拉卡拉支付股份有限公司通过"数字支付+开放平台+数字金融服务平台"为中小企业经营赋能推动制造业企业实现链式数字化转型、浪潮工创（山东）供应链科技有限公司通过数字化供应链模式赋能钢铁行业中小企业"链式"数字化助力泛五金产业集群中小企业数字化转型等案例］，探讨数字化供应链的数据价值释放路径与市场化问题。与核心企业引领的数字化供应链不同，互联网引领的数字化供应链中供应链的交易数据生成和数据价值生成过程多了第三方数据服务商的参与，即金融科技公司作为技术支持者提供的数据采集、清洗、加工等数据服务，以及金融科技公司生成数据产品，实现点对点场外交易和挂牌场内交易的过程。如图 14-6 所示，互联网企业（金融科技公司）凭借自身数字技术的优势，搭建数字化供应链平台，助力产业链供应链内中小企业数字化转型。在平台运作过程中，供应链企业在合作交易过程中会沉淀大量业务数据（如合同数据、交易信息、发票数据、仓储数据等）。这些交易数据在供应链金融场景下的价值释放路径和流通交易策略是互联网企业引领的数字化供应链主要关注的问题。

互联网企业在引领供应链数字化转型中，投入了劳动、资本、技术等生成要素，对供应链交易数据的生成及数据价值生成起了关键推动作用。根据"数据二十条"第十二条意见，"推动数据要素收益向数据价值和使用价值的创造者合理倾斜，确保在开发挖掘数据价值各环节的投入有相应回报，强化基于数据价值创造和价值实现的激励导向"，如何界定互联网企业作为技术支持者和中介服务者在供应链交易数据价值化的过程中推动作用？数据产品的利益在供应商、制造商、互联网企业之间如何分配？互联网企业作为数据产品的场内和场外交易的参与者，如何影响供应链交易数据的市场化策略？这是研究对象待将解决的问题。针对上述问题，本书认为可以从以下几个步骤进行分析：

厘清供应链交易数据从数据生成到价值生产过程中各主体的贡献度以及各主体的利益分配问题。针对该问题，可采用沙普利值法（Shapley Value

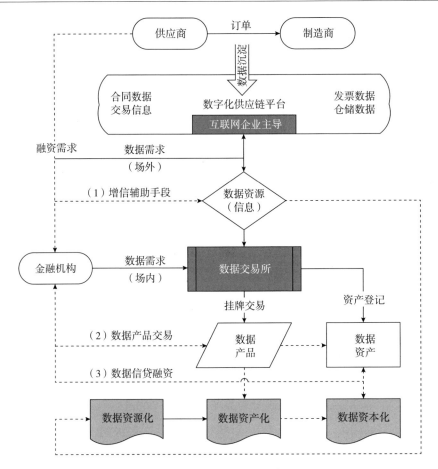

图 14-6　互联网企业引领的数字化供应链

资料来源：笔者自绘。

Method）来解决供应链交易数据的各主体在合作博弈中各方的贡献及利益分配问题。沙普利值法是用于解决多人合作对策的一种数学方法，可以实现数据贡献的公平分配。由于数据价值生成过程中各主体的参与程度较难精确量化，合作前各主体所能分配的收益也不能确定，沙普利值法可以体现合作各方对合作总目标的贡献程度，是解决数据产品利益分配的可能方式。具体分析如下：

（1）场内交易模式下，设供应链交易数据资产化过程中涉及的主体（供应商、制造商、互联网企业、数据交易所）联盟为 $I = \{1, 2, 3, 4\}$，并记各自不参与数据价值共创情形时的收益为 v_i，（$i=1,2,3,4$）。I 中 i 企业从合作的最大收益 $v(I)$ 中分得的利益份额为 x_i，则该合作成功的条件是：$\sum_{i=1}^{4} x_i = v(I)$，且 $x_i \geq v_i$。

（2）当 I 中任意子集 S_i（$S_i \subseteq I$）的收益函数值 v_s 满足：$v(\phi) = 0$，$v(S_1 \cup S_2) \geq v(S_1) + v(S_2)$，$S_1 \cap S_2 = \phi$ 时，定义 $[I, v]$ 为供应链交易数据资产化所涉主体的合作策略。基于此，可得出合作 I 下 i 企业的利益分配值（Shapley 值）为：$\varphi_i(v) = \sum_{S_i} \dfrac{(4 - |S_i|)! \, (|S_i| - 1)!}{4!} [v(S_i) - v(S_i)/i]$，其中 $|S_i|$ 是子集 S_i 中的元素个数，$v(S_i)/i$ 是子集 S_i 除去企业 i 后的收益。

（3）基于上述沙普利值，可对求解场内交易模式下各数据主体的收益贡献情况。

（4）类比场内交易模式，求解出场外交易模式下各数据主体（制造商、供应商、互联网企业）的收益贡献。

基于上述过程，在互联网企业引领的数字化供应链情形中，数据各主体的利益分配方式得以明确。但该情形下供应链交易数据的市场化策略还需进一步厘清。该问题的具体分析如下：

（1）结合实践案例（如表4-6中"数据驱动供应链金融模式创新"中的相关案例），本书认为互联网企业引领下，供应链交易数据的产权交易权应归属于为该数据创造价值和实现价值贡献更多劳动、技术、资本等要素的互联网企业。而作为原始数据的提供者，供应链各企业应享有数据所有权及数据收益分配权，以激励供应链企业的数据供给。基于该假设，供应链交易数据产品的流通交易过程主要涉及的参与者应为互联网企业和银行。因此，可针对上述两个参与方，进行供应链金融场景下数据产品的交易模式及策略分析。

（2）类似研究对象二，分析数据所有方、数据需求方、数据提供方的博弈过程如图 14-7 所示：第一阶段，供应链企业决定是否授权互联网企业进行数据资源的经营。第二阶段，互联网企业对交易数据价值化的方式进行决策。一是实现与银行的数据资源对接，采用点对点的数据资源交易模型；二是开发数据产品并于自有平台销售；三是开发数据产品并于数据交易所挂牌交易。第三阶段，银行决定是否购买该数据产品，一是采用数据管理成本较为高昂的数据资源；二是购买数据管理成本较为低廉的标准化数据产品。第四阶段，若银行决定购买数据产品，需进一步决策购买渠道。

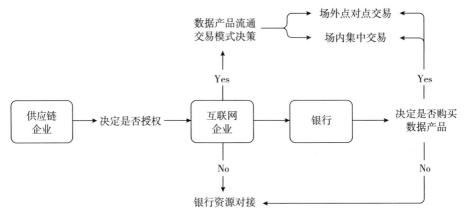

图 14-7　博弈过程

资料来源：笔者自绘。

（3）针对上述博弈过程，可构建由互联网企业、供应链企业和银行在内的三方动态演化博弈模型，并求出均衡解。

第四节　本章小结

本章主要分析了数据对供应链金融数字化转型的推动作用。首先，分析了供应链的数据类型，并以供应链交易数据为例，对其进行了概念界定和权属分析。其次，以供应链交易数据为例，构建了供应链交易数据的价值化理论框架，即第一层价值释放在数据资源其作为增信辅助手段对受资金约束企业的信息价值；第二层价值释放在于数据产品交易产生的经济价值；第三层价值释放在于数据资产发挥信贷融资功能时产生的社会化配置价值。最后，基于供应链交易数据的数据生成和价值生成过程，分别针对传统供应链、核心企业引领的数字化供应链、互联网企业引领的数字化供应链，分析了供应链交易数据的流通交易模式和交易促进策略。

参考文献

［1］ Ali M, Babai M Z, Boylan J E, et al. Supply chain forecasting when information is not shared ［J］. European Journal of Operational Research, 2017, 260 （3）: 984-994.

［2］ Anjum, A. , Sporny, M. , Sill, A. Blockchain standards for compliance and trust ［J］. IEEE Cloud Computing, 2017, 4 （4）: 84-90.

［3］ Ardolino M, Rapaccini M, Saccani N, et al. The role of digital technologies for the service transformation of industrial companies ［J］. International Journal of Production Research, 2018, 56 （6）: 2116-2132.

［4］ Arribas-Bel D et al. Open data products-A framework for creating valuable analysis ready data ［J］. Journal of Geographical Systems, 2021, 23 （10）: 1-18.

［5］ Aung M M, Chang Y S. Traceability in a fold supply chain: Safety and quality perspectives ［J］. Food Control, 2014, 39, 172-184.

［6］ Avanzo R, Von Lewinski H, Van Wassenhove LN. The link between supply chain and financial performance ［J］. Supply Chain Management Review, 2003, 7 （6）: 40-47.

［7］ Azzi R, Chamoun R K, Sokhn M. The power of a blockchain-based supply chain ［J］. Computers & Industrial Engineering, 2019, 135 （SEP）: 582-592.

［8］ Banerjee, A. Blockchain technology: Supply chain insights from ERP ［J］. Advance in Computers, 2018, 111 （4）: 69-98.

［9］ Behnke K, Janssen M. Boundary conditions for traceability in food supply chain using blockchain technology ［J］. International Journal of Information Management, 2020, 52. 101969.

［10］ Brinch M. Understanding the value of big data in supply chain management and its business processes: Towards a conceptual framework ［J］. International Journal of Operations & Production Management, 2018, 38 (7): 1589-1614.

［11］ Brown R G. Technology, Chapter 2 in Distributed Ledger Technology: Beyond Blockchain ［M］. Government Office for Science, London, 2016: 32-38.

［12］ Bryant C, Camerinelli E. Supply Chain Finance European market guide: Version 2. 0 ［M］. Paris: European Bauking Authority, 2014.

［13］ Buchak G, Matvos G, Piskorski T, et al. Fintech, Regulatory arbitrage, and the rise of shadow banks ［J］. Journal of Financial Economics, 2018, 130 (3): 453-483.

［14］ Buzacott J A, Zhang Q R. Inventory management with asset-based financing ［J］. Management Science. 2004, 50 (9): 1274-1292.

［15］ Cai C G, Chen X, Xiao Z. The roles of bank and trade credits: Theoretical analysis and empirical evidence ［J］. Production and Operation Management, 2014, 23 (4): 583-598.

［16］ Caldentey R, Chen X F. The Role of Financial Services in Procurement Contract, Handbook of Integrated Risk Management in Global Supply Chains ［M］. Hoboken: Wiley, 2012: 289-326.

［17］ Camerinelli E. Supply chain finance ［J］. Journal of Payments Strategy & Systems, 2009, 3 (2): 114-128.

［18］ Cheng T C E, Wu Y N. The impact of information sharing in a two-level supply chain with multiple retailers ［J］. Journal of the Operational Research Society, 2005, 56 (10): 1159-1165.

［19］ Chen J J, Cai T F, Hu W X, et al. A Blockchain-Driven supply chain finance application for auto retail industry ［J］. Entropy, 2020, 22 (1): 95.

[20] Chen S C, Cardenas-Barron L E, Teng J T. Retailer's economic order quantity when the supplier offers conditionally permissible delay in payments link to order quantitiy [J]. International Journal of Production Economics, 2014, 155: 284-291.

[21] Chen T, Wang D. Combined application of blockchain technology in fractional calculus model of supply chain financial system [J]. Chaos Solitions & Fractals, 2020, 131, 109461.

[22] Chen X F, Cai G S, Song J S. The cash-flow of advantages of 3PLs as supply chain orchestrators [J]. Manufacturing & Service Operations Management, 2019, 21 (2): 251-477.

[23] Chen X F, Wang A Y. Trade credit contract with limited liability in the supply chain with budget constraints [J]. Annals of Operations Research, 2012, 196 (1): 153-165.

[24] Chen X, Hu C. The Value of Supply Chain Finance [M]. Habib M. Supply Chain Management—Applications and Simulations. In Tech, 2011: 111-132.

[25] Chen X, Wang Z Z, Yuan H S. Optimal pricing for selling to a static multi-period newsvendor [J]. Operations Research Letters, 2017, 45 (5): 415-420.

[26] Chen X. A model of trade credit in a capital-constrained distribution channel [J]. International Journal of Production Economics, 2015, 159 (1): 347-357.

[27] Chod J, Trichakis N, Tsoukalas G et al. On the financing benefits of supply chain transparency and blockchain adoption [J]. Management Science, 2018, 66 (10): 4387-4396.

[28] Choi T M, Feng L P, Li R. Information disclosure structure in supply chains with rental service platforms in the blockchain technology era [J]. International Journal of Production Economics, 2020, 221, 107473.

[29] Choi T M. Creating all-win by blockchain technology in supply chains: Impacts of agents' risk attitudes towards cryptocurrency [J]. Journal of The Op-

erational Research Society, 2020a（2）：1800419.

[30] Choi T M. Information disclosure structure in supply chains with rental service platforms in the blockchain technology era ［J］. International Journal of Production Economics, 2020b, 221, doi：10. 1016/j. ijpe. 2019. 08. 008.

[31] Choi T M. Supply chain financing using blockchain：Impacts on supply chains selling fashionable products ［J］. Annals of Operations Research, 2020（inpress）.

[32] Choi T, Xu O. Initial coin offerings for blockchain based product provenance authentication platforms ［J］. International Journal of Production Economics, 2021. 223：107995.

[33] Clohessy T, Acton T. Investigating the influence of organizational factors on blockchain adoption an innovation theory perspective ［J］. Industrial Management & Data Systems, 2019, 119（7）：1457-1491.

[34] Coface. China corporate payment survey：Longer delays as growth falters ［EB/OL］. 2019, （2019-03-14） ［2019-8-25］ http：//www. coface. com. tw/News-Publications-Events/Publications/China-Payment-Survey-2019-Longer-delays-as-growth-falters.

[35] Cole R, Stevenson M, Aitken J. Blockchain technology：Implications for operations and supply chain management ［J］. Supply Chain Management：An International Journal, 2019, 24（4）：469-483.

[36] Cong L W, He Z. Blockchain disruption and smart contracts ［J］. The Review of Financial Studies, 2019, 32（5）：1754-1797.

[37] Demertzis M, Merler S, Wolff C B. Capital markets union and the fintech opportunity ［J］. Journal of Financial Regulation, 2018（4）：157-165.

[38] Demica. Demand and Supply-Supply Chain Finance a Second Report from Demica ［M］. London：Demica Report Series, 2008.

[39] Duan Y Q, Cao G M, John S E. Understanding the impact of business analytics on innovation ［J］. European Journal of Operational Research, 2020, 281（3）：673-686.

[40] Du M X, Chen Q J, Xiao J, Yang H H, Ma X F. Supply chain Fi-

nance innovation using blockchain [J]. IEEE Transportation on Engeering Management, 2020, 67 (4): 1045-1058.

[41] Dutta P, Choi T M, Somani S, Butala R. Blockchain technology in supply chain operations: Applications, challenges and research opportunities [J]. Transportation Research Part E: Logistics and Transportation Review, 2020 (142): 102067.

[42] Gao G X, Fan Z P, Fang X, Lim Y F. Optimal stackelberg strategies for financing a supply chain through online peer-to-peer lending [J]. European Journal of Operational Research, 2018, 267 (2): 585-597.

[43] Gao Z, Xu L, Chen L, Zhao X, Lu Y, Shi W. CoC. A unified distributed ledger based supply chain management system [J]. Journal of Computer Science Techonology, 2018, 33 (2): 237-248.

[44] Gelsomino L M, et al. Supply chain finance: A literature review [J]. International Journal of Physical Distribution & Logistics Management, 2016, 46 (4): 348-366.

[45] Ge Z H, Hu Q Y, Xia Y S. Firms' R&D cooperation behavior in a supply chain [J]. Production and Operations Management, 2014, 23 (4): 599-609.

[46] Ghorbani A, Zou J Y. Selling privacy at auction [J]. Games and Economic Behavior, 2019, 91: 334-346.

[47] Gomm M L. Supply chain finance: Applying finance theory to supply chain management to enhance finance in supply chains [J]. International Journal of Logistics Research and Applications, 2010, 13 (2): 133-142.

[48] Gray J V, Tomlin B, Roth A V. Outsourcing to a powerful contract manufacturer: The effect of learning-by-doing [J]. Production and Operation Management, 2009, 18 (5): 487-505.

[49] Grosse-Ruyken P T, Wagner S M, Jonke R. What is the right cash conversion cycle for your supply chain? [J]. International Journal of Services and Operations Management, 2011, 10 (1): 13-29.

[50] Gscff. Standard definitions for techniques of supply chain finance

［R］. 2015.

［51］ Guan Z, Zhang X, Zhou M, et al. Demand information sharing in competing supply chains with manufacturer provided service［J］. International Journal of Production Economics, 2020, 220（2）: 1-10.

［52］ Guerar M, Merlo A, Migliardi M, Verderamel. A Fraud - Resilient Blockchain-Based Solution for Invoice Financing［J］. IEEE Transactions on Engineering Management, 2020, 67（4）: 1086-1098.

［53］ Gurtu A, Johny J. Potential of blockchain technology in supply chain management: A literature review［J］. International Journal of Physical Distribution and Materials Management, 2019, 49（9）: 881-900.

［54］ Hao L, Wei J, Geng Z F, et al. Information leakage and supply chain contracts［J］. Omega, 2020, 90: 101994.

［55］ Hofmann E, Strewe U M, Bosia N. Supply Chain Finance and Blockchain Technology［M］. Springer Briefs in Finance, 2018.

［56］ Hofmann E, Zumsteg S. Win - win and no - win situations in supply chain finance: The case of accounts receivable programs［J］. Supply Chain Forum: An International Journal［J］, 2015, 16（3）: 30-50.

［57］ Hofmann E. Supply chain finance: Some conceptual insights［J］. Logistik Management-Innovative Logistikkonzepte, 2005, 80: 203-314.

［58］ Holmström J, Holweg M, Lawson B, Pil FK, Wagner SM. The digitalization of operations and supply chain management: Theoretical and methodological implications［J］. Journal of Operations Management, 2019, 65（8）: 728-734. DOI: 10. 1002/joom. 1073.

［59］ Ivanov, D. , Sokolov, A. , Boris, D. The impact of digital technology and Industry 4.0 on the ripple effect and supply chain risk analytics. Int. J. Prod. Res. 2019, 57（3）: 829-846.

［60］ James F. Moore. Predators and prey: A new ecology of competition［J］. Harvard Business Review, 1993, 71（3）: 75-86.

［61］ Jia F, Blome C, Sun H, et al. Towards an integrated conceptual framework of supply chain finance: An information processing perspective

[J]. International Journal of Production Economics, 2020, 219: 18-30.

[62] Jing B, Chen X F, Cai G S. Equilibrium financing in a distribution channel with captial constraint [J]. Production and Operations Management, 2012: 1-12.

[63] Jones C, Tonetti C. Nonrivalry and the economics of data [J]. American Economics Review, 2020, 110 (9): 2819-2858.

[64] King R G, Levine R. Finance, entrepreneurship and growth [J]. Journal of Monetary Economics, 1993, 32 (3): 513-542.

[65] Kitching R, Lauriault T P. Small data in the era of big data [J]. Geo Journal, 2015, 80 (4): 463-475.

[66] Kohtamäki M, Parida V, Oghazi P, et al. Digital servitization business models in ecosystems: A theory of the firm [J]. Journal of Business Research, 2019, 104: 380-392.

[67] Ko, T., Lee, J., and Ryu, D.. Blockchain technology and manufacturing industry: Real-time transparency and cost savings [J], Sustainability, 2018, 10, 4274.

[68] Kouvelis P, Zhao W. Financing the newsvendor: Supplier vs. bank, and the structure of optimal trade credit contracts [J]. Operations Research, 2015, 60 (3): 566-580.

[69] Kraljic P. Purchasing must become supply management [J]. Harvard Business Review, 1983, 5: 109-117.

[70] Lamoureux J-F, Evans T A. Supply Chain Finance: A New Means to Support the Competitiveness and Resilience of Global Value Chains [R]. Working Paper 2179944, Social Science Research Network, Rochester, NY, 2011.

[71] Lee C H, Rhee B. Trade credit for supply chain coordination [J]. European Journal of Operational Research, 2011, 214 (1): 136-146.

[72] Lee H L, So K T, Tang C S. The value of information sharing in a two-level supply chain [J]. Management Science, 2000, 46 (5): 626-643.

[73] Lee I, Shin Y J. Fintech: Ecosystem, business models, investment decisions, and challenges [J]. Business Horizons, 2018, 61 (1): 35-46.

［74］ Lerman L, Benitez G, Muller J, et al. Smart green supply chain management: A configurational approach to enhance green performance through digital transformation ［J］. Supply Chain Management: An International Journal, 2022, 27 (7): 147-176.

［75］ Lewis A. The emergence of blockchains as activity registers ［EB/OL］. (2016-08-05) ［2020-02-28］ https: //bitsonblocks. net/2016/08/05/the-emergence-of-blockchains-as-activity-registers/.

［76］ Liang F, Wei Y, Dou A, et al. A Survey on big data market: Pricing, trading and protection ［J］. IEEE Access, 2018, 6: 15132-15154.

［77］ Li C H, Wan Z X. Supplier competition and cost improvement ［J］. Management Science, 2017, 63 (8): 2460-2477.

［78］ Liebl J, Hartmann E, Feisel E. Reverse factoring in the supply chain: Objectives, antecedents and implementation barriers ［J］. International Journal of Revenue Management, 2016, 5: 121-144.

［79］ Liem V N, Aron O. In search of innovation and customer-related performance superiority: The role of market orientation, marketing capability, and innovation capability interactions ［J］. Journal of Product Innovation Management, 2012, 29 (5): 861-877.

［80］ Li G F, Liu H L, Li G X. Payment willingness for VIP subscription in social networking sites ［J］. Journal of Business Research, 2014, 67 (10): 2179-2184.

［81］ Li J, Lai K K. The abatement contract for low-carbon demand in supply chain with single and multiple abatement mechanism under asymmetric information ［J］. Annals of Operations Research, 2021, 1-23.

［82］ Li Lode. Cournot oligopoly with information sharing ［J］. The Rand Journal of Economics, 1985, 16 (4): 521-536.

［83］ Li P, Tan D, Wang G, et al. Retailer's vertical integration strategies under different business modes ［J］. European Journal of Operational Research, 2021, 294 (3): 965-975.

［84］ Li Q X, Ji H M, Huang Y M. The information leakage strategies of the supply chain under the block chain technology introduction [J]. Omega, 2022, 110: 102616.

[85] Li T, Sethi S P, He X. Dynamic pricing, production, and channel Coordination with Stochastic Learning [J]. Production and Operations Management, 2015, 24 (6): 857-882.

[86] Liu L, Li Y, Jiang T. Optimal strategies for financing a three-level supply chain through blockchain platform finance [J]. International Journal of Production Research, 2021, 2001601.

[87] Liu P, Long Y, Song H, et al. Investment decision and coordination of green agri-food supply chain considering information service based on blockchain and big data [J]. Journal of Cleaner Production, 2020, 277 (20): 123646.

[88] Liu W Ha, Wei S, Kevin W. et al. Supplier participation in digital transformation of a two-echelon supply chain: Monetary and symbolic incentives [J]. Transportation Research Part E, 2022, 161: 102688.

[89] Li X M, Liao X M, Wang H M, et al. Coordinating data pricing in closed-loop data supply chain with data value uncertainty [J]. SSRN Electronic Journal, 2018, 4: 1-16.

[90] Li Z, Zhong R Y, Tian Z G, et al. Industrial blockchain: A state-of-the-art survey [J]. Robotics and Computer-Integrated Manufacturing, 2021, 70: 102124.

[91] Luo H, Yan D. Blockchain architecture and its applications in a bank risk mitigation framework [J]. Economic Research - Ekonomska Istrazivanja, 2021, 34 (1): 3119-3137.

[92] Luo J W, Zhang Q H. Trade credit: A new mechanism to coordinate supply chain [J]. Operations Research Letters. 2012, 40 (5): 378-384.

[93] Martinez, V., Zhao, M., Blujdea, C., Han, X., Neely, A., and Albores, P. Blockchain-driven customer order management [J], International Journal of Operations & Production Management, 2019, 39 (6/7/8): 993-1022.

[94] Maryam G, Sepideh E, Khaled H. Data analytics competency for im-

proving firm decision-making performance [J]. Journal of Strategic Information Systems, 2018, 27 (1): 101-113.

[95] Meralli S. Privacy-preserving analytics for the securitization market: A zero-knowledge distributed ledger technology application [J]. Financial Innovation, 2020, 6 (1): 1-20.

[96] Min H. Blockchain technology for enchancing supply chain resilience [J]. Business Horizons, 2019, 62 (1): 35-45.

[97] Misha Birendra K, Raghunathan Srinivasan, Yue Xiaohang. Demand Forecast Sharing in Supply Chains [J]. Production and Operations Management, 2009, 18 (2): 152-166.

[98] Mobini Z, Van den Heuvel W, Wagelmans A P M. Designing multi-period supply contracts in a two-echelon supply chain with asymmetric information [J]. Econometric Institute Research Papers, 2014, (No. EI2014-28)

[99] Mohammadivojdan R, Genues J. The newsvendor problem with capacitated suppliers and quantity discounts [J]. European Journal of Operational Research, 2018, 271 (1): 109-119.

[100] Moody D, Walsh P. Measuring the value of information: An asset valuation approach [C]. ECIS' 99: Proceedings of Seventh European Conference on Information Systems, 1999.

[101] More D, Basu P. Challenges of supply chain finance: A detailed study and a hierarchical model based on the experiences of an Indian firm [J]. Business Process Management Journal, 2013, 19 (4): 624-647.

[102] Mostard J, Teunter R. The newsboy problem with resalable returns: A single period model and case study [J]. European Journal of Operational Research, 2006, 169 (1): 81-96.

[103] Nadine C R, Tiago O, Pedro R. Assessing business value of big data analytics in European firms [J]. Journal of Business Research, 2017, 70: 379-390.

[104] Nakamoto S. Bitcoin: A peer-to-Peer Electronic CashSystem [ER/OL]. (2008-11-30). https: //bitcoin. org/bitcoin. pdf.

［105］ Niu B, Dong J, Liu Y. Incentive alignment for blockchain adoption in medicine supply chains ［J］. Transportation Research Part E: Logistics and Transportation Review, 2021 (152): 102276.

［106］ Niu, X. X., and Li, Z. P.. Research on supply chain management based on blockchain techonology ［J］, Journal of Physics: Conference Series, 2019, 1176: 042039.

［107］ O' Leary D E. Configuring blockchain architectures for transaction information in blockchain consortiums: The case of accounting and supply chain systems ［J］. Intelligent Systems in Accounting, Finance and Management, 2018, 24 (4): 138-147.

［108］ Osmani M, El-Haddadeh R, Hindi N, Janssen M, Weerakkody V. Blockchain for next generation services in banking and finance: Cost, benefit, risk and opportunity analysis ［J］. Journal of Enterprise Information Management, 2021, 34 (3): 884-899.

［109］ Parida V, Sjödin D, Reim W. Reviewing literature on digitalization, business model innovation, and sustainable industry: Past achievements and future promises ［J］. Sustainability, 2019, 11 (2): 391.

［110］ Patel S B, Bhattacharya P, Tanwar S, Kumar N. KiRTi: A Blockchain-based credit recommender system for financial institutions ［J］. IEEE Transactions on Network Science and Engineering, 2021, 8 (2): 1044-1054.

［111］ Pfohl HC, Gomm M. Supply chain finance: Optimizing financial flows in supply chains ［J］. Logistics Research, 2009, 1 (3-4): 149-161.

［112］ Philipp M H, Mohamed Z, Niels F, et al. Capturing value from big data - a taxonomy of data - driven business models used by start - up firms ［J］. International Journal of Operations & Production Management, 2016, 36 (10): 1382-1406.

［113］ Philipp R, Prause G, Gerlitz L. Blockchain and smart contracts for entrepreneurial collaboration in maritime supply chains ［J］. Transport and Telecommunication Journal, 2019, 20 (4): 365-378. 。

［114］ Pietro De Giovanni. Closed-loop supply chain coordination through incentives with asymmetric information [J]. Annals of Operations Research, 2017, 253 (1): 133-167.

[115] Popa V. The financial supply chain management: A new solution for supply chain resilience [J]. Amfiteatru Economic, 2013, 15: 140-153.

[116] Queiroz M M, Telles R, Bonilla S H. Blockchain and supply chain management integration: A systematic review of the literature [J]. Supply Chain Management: An International Journal, 2019, 25 (2): 241-254.

[117] Randall W S, Theodore Farris M. Supply chain financing: Using cash-to-cash variables to strengthen the supply chain [J]. International Journal of Physical Distribution & Logistics Management, 2009, 39 (8): 669-689.

[118] Ritter T, Pedersen C L. Digitization capability and the digitalization of business models in business-to-business firms-Past, present, and future [J]. Industrial Marketing Management, 2020, 86 (1): 180-190.

[119] Romer P M. Endogenous Technological change [J]. Journal of Political Economy, 1990 (98): S71-S102.

[120] Saberi S, Kouhizadeh M, Sarkis J, Shen L. Blockchain technology and its relationships to sustainable supply chain management [J]. International Journal of Production Research, 2019, 57 (7): 2117-2135.

[121] Saulnier R J, Jacoby N H. The development of accounts receivable financing [M]. Cambridge: NBER, 1943.

[122] Schoenherr T, Speier-Pero C. Data science, predictive analytics, and big data in supply chain management: Current state and future potential [J]. Journal of Business Logistics, 2015, 34 (2): 77-84.

[123] Seifert D, Seifert R W, Protopappa-Sieke M. A review of trade credit literature: Opportunities for research in operations [J]. European Journal of Operational Research, 2013, 231 (2): 245-256.

[124] Seuring S, Muller M. Fromo a literature review to conceptual framework for sustainable supply chain management [J]. Journal of Clean Production, 2008 (16): 1699-1710.

[125] Shang Weixin, Ha A Y, Tong Shilu. Information sharing in a supply

chain with a common retailer [J]. Management Science, 2016, 62 (1): 245-263.

[126] Shapiro C, Varian H R. Versioning: The smart way to sell information [J]. Harvard Business Review, 1998, 76 (6): 106-114.

[127] Shapiro Roy D. Get leverage from logistics [J]. Harvard Buiness Review, 1984, 3: 119-127.

[128] ShenY, Willems S P, Dai Y. Channel selection and contracting in the presence of a retail platform [J]. Production and Operations Management, 2019, 28 (5): 1173-1185.

[129] Singh A. Multi-period demand allocation among supplier in a supply chain [J]. Journal of Modelling in Management, 2015, 10 (2): 138-157.

[130] Singh N, Vives X. Price and Quantity Competition in a Differentiated Duopoly [J]. RAND Journal of Economics, The RAND Corporation, 1984, 15 (4): 546-554, Winter.

[131] [美] 施耐德LV, [中] 申作军. 供应链理论基础 [M]. 冉伦, 钟华, 李金华译. 北京: 清华大学出版社, 2016.

[132] Sommer M, O'Kelly R. Supply China Finance: Riding the waves [R]. United Kingdom Oliver Wyman, 2017.

[133] Song X, Cai X. On optimal payment time for a retailer under permitted delay of payment by the wholesaler [J]. International Journal of Production Economics, 2006, 103 (1): 246-251.

[134] Spiekermann M. Data marketplaces: Trends and monetization of data goods [J]. Intereconomics, 2019, 54 (4): 208-216.

[135] Srinvasa Raghavan N R, Mishra V K. Short-term financing in a cash-constrained supply chain [J]. International Journal of Production Economics, 2011, 134 (2): 407-412.

[136] Sugirin M. Financial supply chain management [J]. Journal of Corporate Treasury Management, 2009, 2: 237-240.

[137] Taehyun Ko, Jaeram Lee, Doojin Ryu. Blockchain technology and manufacturing industry: Real-time transparency and cost savings [J]. Sustainability,

2018, 10：4274.

[138] Tang C S, Yang S A, Wu J. Sourcing from suppliers with financial constraints and performance risk [J]. Manufacturing & Service Operations Management, 2017, 20 (1)：70-84.

[139] Tang D, Zhuang X. Financing a capital-constrained supply chain：Factoring accounts receivable vs a BCT-SCF receivable chain [J]. Kybernetes, 2021, 50 (8)：2209-2231.

[140] Tapsott, D. , Tapscott, A. How Blockchain Will Change Organizations [J]. MIT Sloan Management Review, 2017, 58 (2)：10-3.

[141] Thakor A V. Fintech and banking：What do we know? [J]. Journal of Financal Intermediation, 2020, 41 (C)：100833.

[142] Tian F. A Supply Chain Traceability System for Food Safety Based on HACCP, Blockchain & Internet of Things [C]. International conference on Sevice Systems and Service Management (ICSSSM), IEEE, 2017.

[143] Timme S G, Williams Timme C. The financial SCM connection [J]. Supply Chain Management Review, 2000, 4 (2)：33-40.

[144] Urbinati A, Bogers M, Chiesa V, et al. Creating and capturing value from big data：A multiple-case study analysis of provider companies [J]. Technovation, 2019, 84：21-36.

[145] Vandenber P. Adapting to the financial landscape：Evidence from small firms in Nairobi [J]. World Development, 2003, 31 (11)：1829-1843.

[146] Van der Vliet K, Reindorp M, Fransoo J. The price of reverse factoring：Financing rates vs. payment delays [J]. European Journal of Operational Research, 2015, 242 (3)：842-853.

[147] Veldkamp L. Valuing data as an asset [J]. Review of Finance. 2023, 27 (5)：1545-1562.

[148] Venkatesh V G, Kang K, Wang B, et al. System architecture for blockchain based transparency of supply chain social sustainability [J]. Robotics and Computer-Integrated Manufacturing, 2020, 63：101896. DOI：10.1016/j. rcim. 2019. 101896.

［149］Verhoef P C, Broekhuizen T, Bart Y, et al. Digital transformation: A multidisciplinary reflection and research agenda ［J］. Journal of Business Research, 2021, 122: 889-901.

［150］Villanacci A, Zenginobuz U. Subscription equilibrium with production: Non-neutrality and constrained suboptimality ［J］. Journal of Economic Theory, 2012, 147（2）: 407-425.

［151］Waller M A, Fawcett S E. Data science, predictive analytics, and big data: A revolution that will transform supply chain design and management ［J］. Journal of Business Logistics, 2013, 34（2）: 77-84.

［152］Wallsten S. The Competitive Effects of the Sharing Economy: How Is Uber Changing Taxis ［D］. New York, Technology Policy Institute, 2015.

［153］Wamba S F, Kamdjoug J R K, Bawack R E, et al. Bitcoin, Blockchain and Fintech: A systematic review and case studies in the supply chain ［J］. Production Planning & Control, 2020, 31（2-3）: 115-142.

［154］Wang C, Fan X, Yin Z. Financing online retailers: Bank vs. electronic business platform, equilibrium, and coordinating strategy ［J］. European Journal of Operational Research, 2019, 276（1）: 343-356.

［155］Wang D, Liu W, Liang Y, et al. Decision optimization in service supply chain: The impact of demand and supply-driven data value and altruistic behavior ［J］. Annals of Operations Research, 2021: 1-22.

［156］Wang G, Gunasekaran A. Big data analytics in logistics and supply chain management: Certain investigations for research and applications ［J］. International Journal of Production Economics, 2016, 176（6）: 98-110.

［157］Wuttke D A, Blome C, Henke M. Focusing the financial flow of supply chains: An empirical investigation of financial supply chain management ［J］. International Journal of Production Economics, 2013b, 145: 773-789.

［158］Wu Y. B, Wang Y. Y, Xu X. Chen X. F. Collect payment early, late, or through a third party's reverse factoring in a supply chain ［J］. International Journal of Production Economics, 2019, 218: 245-259.

［159］Wyman O, Euroclear. Blockchain in capital markets—the prize and the journey［EB/OL］.（2016-02-16）［2020-3-2］http：//www. oliverwyman. com/content/dam/oliver - wyman/global/en/2016/feb/Blockchain - InCapital - Markets. pdf.

［160］Xiaxia Niu，Zeping Li. Research on supply chain management based on blockchain techonology［J］. Journal of Physics：Conference Series，2019，1176，042039.

［161］Xie X F，Yang Y，Zhou Y M，et al. The culstering analysis on data and lending strategy of supply chain with information asymmetry method［J］. Cluster Computing，2017：1-9.

［162］Xu N. Myopic optimal policy for a multi-period, two-delivery-lead-times, stochastic inventory problem with minimum cumulative commitment and capacity［J］. International Journal of Production Economics，2011，133（2）：719-727.

［163］Xu X，Chen X，Jia F，et al. Supply chain finance：A systematic literature review and bibliometric analysis［J］. International Journal of Production Economics，2018，204：160-173.

［164］Yang H L，Zhuo W Y，Zha Y，et al. Two-period supply chain with flexible trade credit contract［J］. Expert Systems with Applications，2016，66（30）：95-105.

［165］Yue X，Liu J. Demand forecast sharing in a dual-channel supply chain［J］. European Journal of Operational Research，2006，174（1）：646-667.

［166］Yu G，Gong W，Regina F，et al. Blockchain application in circular marine plastic debris management［J］. Industrial Marketing Management，2022，102：164-176.

［167］Yu L，Tsai W，Li G et al. Smart-contract execution with concurrent block building［C］. 2017 IEEE Symposium on Serivice-Oriented System Engineering（SOSE），IEEE，2017：160-167.

［168］Yu M，Cao E. Information sharing format and carbon emission abatement in a supply chain with competition［J］. International Journal of Production

Research, 2019, 58 (22): 6775-6790.

［169］Zhang J, Fang S C, Xu Y. Inventory centralization and risk-averse newsvendors ［J］. Annals of Operations Research, 2018, 268: 215-237.

［170］Zhang M, Beltran F. A survey of data pricing methods ［D］. Social Science Research Network, 2020.

［171］Zhao N, Hong J, Lau K H. Impact of supply chain digitalization on supply chain resilience and performance: A multi - mediation model ［J］. International Journal of Production Research, 2023, 259: 108817.

［172］Zheng K N, Zhang Z P, Gauthier J. Blockchain-based intelligent contract for factoring business in supply chains ［J］. Annals of Operations Research, 2020 (2): 1-21.

［173］Zhen X P, Shi D, Li Y J, et al. Manufacturer's financing strategy in a dual-channel supply chain: Third-party platform, bank and retailer credit financing ［J］. Transportation Research Part E Logistics and Transportation Review, 2019, 133, 101820.

［174］Zhou J, Zhao R, Wang W, Pricing decision of a manufacturer in a dual-channel supply chain with asymmetric information ［J］. European Journal of Operational Research, 2019, 278 (3): 809-820.

［175］Zhou X, Zhu Q, Xu, Z. The role of contractual and relational governance for the success of digital traceability: Evidence from Chinese food producers ［J］. International Journal of Production Research, 2023, 255: 108659.

［176］巴洁如（腾讯研究院）. 区块链技术的金融行业应用前景挑战 ［J］. 金融理论与实践, 2017 (4): 109-112.

［177］蔡宏波, 汤城建, 韩金镕. 减税激励、供应链溢出与数字化转型 ［J］. 经济研究, 2023, 58 (7): 156-173.

［178］蔡继明, 刘媛, 高宏等. 数据要素参与价值创造的途径——基于广义价值论的一般均衡分析 ［J］. 管理世界, 2022 (7): 108-121.

［179］蔡跃洲, 马文君. 数据要素对高质量发展影响与数据流动制约 ［J］. 数量经济技术经济研究, 2021 (3): 64-83.

［180］陈剑, 黄朔, 刘运辉. 从赋能到使能——数字化环境下的企业

运营管理［J］. 管理世界，2020，36（3）：117-28.

［181］陈静，曾德明，欧阳晓平. 知识重组能力与高新技术企业绩效——冗余资源与创新开放度的调节效应分析［J］. 管理工程学报，2021，35（3）：23-33.

［182］陈卫华. 资金约束供应链的渠道定价策略研究［D］. 东北大学，2018，52.

［183］陈祥锋，石代伦，朱道立. 融通仓与物流金融服务创新［J］. 2005，23（509）：30-33.

［184］陈晓红等. 数字经济理论体系与研究展望［J］. 管理世界，2022（2）：208-224.

［185］陈晓华，吴家富. 供应链金融［M］. 北京：人民邮电出版社，2018：29.

［186］陈永辉，孟子良，曾燕. 基于零售商异质性的贸易信用贷款定价与供应链金融模式选择［J］. 系统工程理论与实践，2018，38（10）：2479-2490.

［187］陈中洁，于辉. 资金约束背景下反向保理的供应链合作［J］. 中国管理科学，2018（12）：113-123.

［188］邓爱民，李云凤. 基于区块链的供应链"智能保理"业务模式及博弈分析［J］. 管理评论，2019，31（9）：231-240.

［189］刁叶光，任建标. 供应链金融下的反向保理模式研究［J］，上海管理科学，2010，32（1）：47-50.

［190］段伟常，梁超杰. 供应链金融5.0，自金融+区块链票据［M］. 北京：电子工业出版社，2019：11-12.

［191］冯檬莹，陈海波，郭晓雪. 大数据能力、供应链协同创新与制造企业运营绩效的关系研究［J］. 管理工程学报，2023（3）：51-59.

［192］冯芷艳，郭迅华，曾大军等. 大数据背景下商务管理研究若干前沿课题［J］. 管理科学学报，2013，16（1）：1-9.

［193］龚强，班铭媛，张一林. 区块链、企业数字化与供应链金融创新［J］. 管理世界，2021，37（2）：22-35.

［194］郭菊娥，陈辰. 区块链技术驱动供应链金融发展创新研究［J］.

西安交通大学学报（社会科学版），2020，40（3）：46-54.

［195］郭菊娥，史金召，王智鑫．基于第三方 B2B 平台的线上供应链金融模式演进与风险管理研究 ［J］．商业经济与管理，2014，267（1）：13-22.

［196］贺超，刘一锋．融合区块链的新型供应链模式研究 ［J］．管理现代化，2020，40（1）：84-87.

［197］胡颖．城市商业银行发展数字普惠金融的案例与借鉴——基于票据区块链视角 ［J］．金融与经济，2019（4）：78-82.

［198］胡跃飞，黄少卿．供应链金融：背景，创新与概念界定 ［J］．金融研究，2009（8）：10-19.

［199］黄甫，宋华明，杨慧等．价格、质量与服务竞争情形下的二级供应链系统协调策略分析 ［J］．中国管理科学，2018，26（8）：106-117.

［200］黄浩．数字金融生态系统的形成与挑战——来自中国的经验 ［J］．经济学家，2018（4）：80-85.

［201］黄秋萍，赵先德，王志强．供应链管理视角下的企业预付款融资采纳研究 ［J］．商业经济与管理，2014，274（8）：13-25.

［202］黄湘民，陈雪松．我国物流金融业务的实践 ［J］．物流技术与应用，2008（1）：98-101.

［203］金骋路，陈荣达．数据要素价值化及其衍生的金融属性：形成逻辑与未来 ［J］．数量经济技术与经济研究，2022，39（7）：69-89.

［204］郎艳怀．非对称信息和弹性需求下的供应链激励机制研究 ［J］．中国管理科学，2012，29（5）：106-110.

［205］雷蕾，史金召．供应链金融理论综述与研究展望 ［J］．华东经济管理，2014，28（6）：158-162.

［206］李秋香，张舸，吉慧敏等．基于信息泄露的区块链技术引入策略研究 ［J/OL］．中国管理科学，1-14 ［2024-01-23］．https：//doi.org/10.16381/j.cnki.issn1003-207x.2023.0081.

［207］李三希，王泰茗，刘小鲁．数据投资、数据共享与数据产权分配 ［J］．经济研究，2023，58（7）：139-155.

［208］李晓静，艾兴政，唐小我．创新驱动下竞争供应链的纵向整合

决策［J］. 管理工程学报，2018，32（2）：151-158.

　　［209］李雪松，于霞. 供应链管理［M］. 北京：清华大学出版社，2010：7-8.

　　［210］李怡娜，徐学军. 信息不对称条件下可控提前期供应链协调机制研究［J］. 管理工程学报，2011，25（3）：194-199.

　　［211］李毅学，汪寿阳，冯耕中. 一个新的学科方向——物流金融的实践发展与理论综述［J］. 系统工程理论与实践，2010（1）：1-13.

　　［212］李勇建，陈婷. 区块链赋能供应链：挑战、实施路径与展望［J］. 南开管理评论，2021，24（5）：192-201+202-203+212.

　　［213］李余辉，倪得兵，唐小我. 双渠道条件下基于 CSR 的产品质量信号传递博弈模型［J］. 管理科学学报，2022，25（3）：88-106.

　　［214］林木西，张紫薇. "区块链+生产"推动企业绿色生产——对政府之手的新思考［J］. 经济学动态，2019（5）：42-56.

　　［215］林志杰，孟政炫. 数据生产要素的结合机制——互补性资产视角［J］. 北京交通大学学报（社会科学版），2021（2）：28-38.

　　［216］刘丹，朱意秋. 物流成本管理中的库存资金成本［J］. 商品储运与养护，2004（4）：24-27.

　　［217］刘东霞，陈红. 产品服务供应链定价决策：数据资源挖掘与共享策略的影响分析［J/OL］. 中国管理科学，2022. https：//doi：10.16381/j. cnki. issn1003-207x. 2022.0007.

　　［218］刘浪，汪惠，黄冬宏. 生产成本信息不对称下零售商风险厌恶的回购契约［J］. 系统工程理论与实践，2021，41（1）：113-123.

　　［219］刘丽文. 供应链管理思想及其理论和方法的发展过程［J］. 管理科学学报，2003，6（2）：81-88.

　　［220］刘利民，王敏杰，詹晓旭. 反向保理在小微企业供应链融资中的应用［J］. 物流科技，2014（1）：65-68.

　　［221］刘露，李勇建，姜涛. 基于区块链信用传递功能的供应链融资策略［J］. 系统工程理论与实践，2021（5）：1179-1196.

　　［222］刘萍. 论《物权法》对担保制度的完善及对银行信贷业务的影响［J］. 金融研究，2009（12）：188-200.

［223］刘涛雄，李若菲，戎珂．基于生成场景的数据确权理论与分级授权［J］．管理世界，2023，39（2）：22-39.

［224］刘小鲁，王泰茗．数据要素市场中的确权与规制：研究综述［J］．中国人民大学学报，2022（5）：92-105.

［225］刘洋．区块链金融：技术变革重塑金融未来［M］．北京：北京大学出版社，2019：16.

［226］卢强，杨晓叶，周琳云．关系治理与契约治理对于供应链融资绩效的影响研究［J］．管理评论，2022，34（8）：313-326.

［227］鲁其辉，曾利飞，周伟华．供应链应收账款融资的决策分析与价值研究［J］．管理科学学报，2012，15（5）：10-18.

［228］罗春林，毛小兵，田歆．网络平台销售模式中的需求信息分享策略研究［J］．中国管理科学，2017，25（8）：149-157.

［229］马士华，林勇．供应链管理（第三版）［M］．北京：高等教育出版社，2011，36-37.

［230］马士华，曾鉴明．预付款融资下基于收益转移支付机制的三级供应链协调问题研究［J］．工业工程与管理，2015，20（4）：92-99.

［231］欧阳日辉，杜青青．数据要素定价机制研究进展［J］．经济学动态，2022（2）：14-124.

［232］戚聿东，肖旭．数字经济时代的企业管理变革［J］．管理世界，2020，36（6）：135-152.

［233］任龙，刘骏，周学广．考虑外汇风险的保理融资研究［J］．中国管理科学，2017，25（9）：63-70.

［234］深圳发展银行——中欧国际工商学院"供应链金融课题组"．供应链金融：新经济下的新金融［M］．上海：上海远东出版社，2009.

［235］石纯来，聂佳佳．网络外部性对双渠道供应链信息分享的影响［J］．中国管理科学，2019，27（8）：142-150.

［236］宋华．供应链金融［M］．北京：中国人民大学出版社，2016：136-138.

［237］宋华．互联网供应链金融［M］．北京：中国人民大学出版社，2018.

［238］宋华，陈思洁．供应链金融的演进与互联网金融——一个理论框架［J］．中国人民大学学报，2016，30（5）：95-104.

［239］宋华，杨璇．供应链金融风险来源与系统化管理：一个整合性框架［J］．中国人民大学学报，2018（4）：119-128.

［240］宋华，杨雨东，陶铮．区块链在企业融资中的应用：文献综述与知识框架［J/OL］．南开管理评论．2021：1-19［2022-01-11］．

［241］谭小芬，张辉．信息不对称下基于回购的供应链金融决策研究［J］．南开经济研究，2018（1）：104-123.

［242］唐丹，庄新田．基于"应收款链"平台的多期供应链融资［J］．系统工程，2021，39（4）：56-70.

［243］唐松，伍旭川，祝佳．数字金融与企业技术创新——数字结构特征、机制识别与金融监管下的效应差异［J］．管理世界，2020，36（5）：52-67.

［244］田杰棠，刘露瑶．交易模式、权利界定与数据要素市场培育［J］．改革，2020（7）：17-26.

［245］屠建平．基于电子商务平台的供应链融资收益研究［D］．武汉：武汉理工大学，2013.

［246］陀前途，许重建．区块链实战：金融于贸易落地案例分析［M］．北京：电子工业出版社，2020：97.

［247］汪晓文，陈明月，陈南旭．数字经济、绿色技术创新与产业结构升级［J］．经济问题，2023（1）：19-28.

［248］王静．数字化供应链转型升级模式及全链路优化机制研究［J］．经济学家，2022（9）：59-68.

［249］王文利，骆建文，李彬．需求依赖价格下的供应链预付款融资策略［J］．系统管理学报，2014，23（5）：642-649.

［250］王文隆，王成军．基于竞争型制造商创新投入的零售商需求预测信息共享研究［J］．中国管理科学，2020，28（8）：127-138.

［251］王晓玉，张意姣，冉林瓒．企业的物流协同能力量表开发及其对市场导向与绩效关系的影响研究［J］．管理科学，2018，31（5）：56-73.

［252］魏益华，陈旭琳，邹晓峰．数据共享，企业策略和政府监督激

励——基于演化博弈分析 [J]．财经科学，2020（4）：107-120.

[253] 文悦，王勇．电商平台物流策略与零售商需求预测信息共享策略的博弈分析 [J]．系统工程理论与实践，2023，43（1）：151-168.

[254] 谢丹夏，魏文石，李尧等．数据要素配置、信贷市场竞争与福利分析 [J]．中国工业经济，2022（8）：25-43.

[255] 谢康，夏正豪，肖静华．大数据成为现实生产要素的企业实现机制：产品创新视角 [J]．中国工业经济，2020（5）：42-60.

[256] 邢海龙，高长元，翟丽丽等．大数据联盟成员间数据资源共享动态演化博弈模型研究——基于共享积极性视角 [J]．管理评论，2020，32（8）：155-165.

[257] 熊巧琴，汤珂．数据要素的界权、交易和定价研究进展 [J]．经济学动态，2021（2）：143-158.

[258] 徐翔，厉克奥博，田晓轩．数据生产要素研究进展 [J]．经济学动态，2021（4）：142-158.

[259] 徐晓燕，吴三平．生产成本信息不对称的两级供应链协调研究 [J]．系统工程学报，2009，24（1）：18-24.

[260] 徐燕．我国保理业务发展研究 [J]．金融研究，2003，272（2）：49-62.

[261] 许恒，张一林，曹雨佳．数字经济、技术溢出与动态竞合政策 [J]．管理世界，2020，36（11）：63-84.

[262] 许志勇，刘宗慧，彭芸．中小企业资产、价值、大数据与平台融资 [J]．中国软科学，2021（12）：154-162.

[263] 姚山季，来尧静，金晔等．客户协同产品创新、转化式学习和新产品开发绩效：一项实证研究 [J]．管理工程学报，2017，31（4）：63-71.

[264] 易宪容，陈颖颖，位玉双．数字经济中的几个重大理论问题研究——基于现代经济学的一般性分析 [J]．经济学家，2019（7）：23-31.

[265] 尹西明，林镇阳，陈劲等．数据要素价值化动态过程机制研究 [J]．科学学研究，2022，40（2）：220-229.

[266] 于海静．"互联网+"下商业银行供应链金融创新发展路径研究

［D］．武汉：武汉理工大学，2018．

［267］于辉，李西，王亚文．电商参与的供应链融资模式：银行借贷VS电商借贷［J］．中国管理科学，2017，25（7）：134-140．

［268］于辉，马云麟．订单转保理融资模式的供应链金融模型［J］．系统工程理论与实践，2015（7）：1733-1743．

［269］余喜章．市场经济条件下财务管理目标的探讨［J］．会计研究，1996（9）：35-37．

［270］曾小军，张三波．商业银行流动性管理理论［J］．经济学动态，1995（4）：56．

［271］张偲．区块链技术原理、应用及建议［J］．软件，2016，37（11）：51-54．

［272］张华，顾新．供应链竞争下制造商数字化转型的博弈均衡研究［EB/OL］．中国管理科学，2022．https：//doi．org/10.16381/j．cnki．issn1003-207x.2021.1572.

［273］张慧颖，王贝芬．开放式创新策略与新产品绩效的关系研究［J］．管理工程学报，2019，33（1）：94-101．

［274］张金萍，周游．基于商业生态系统的企业竞争战略［J］．管理世界，2005（6）：159-160．

［275］张亮，李楚翘．区块链经济研究进展［J］．经济学动态，2019（4）：112-124．

［276］张令荣，彭博，程春琪．基于区块链技术的低碳供应链政府补贴策略研究［J/OL］．中国管理科学，2021：1-13［2021-12-21］．

［277］张路．博弈视角下区块链驱动供应链金融创新研究［J］．经济问题，2019（4）：48-54．

［278］张夏恒．基于区块链的供应链管理模式优化［J］．中国流通经济，2018，32（8）：42-50．

［279］张勋，万广华，张佳佳，何宗樾．数字经济、普惠金融与包容性增长［J］．经济研究，2019，54（8）：71-86．

［280］郑刚，朱凌，金珺．全面协同创新：一个五阶段全面协同过程模型——基于海尔集团的案例研究［J］．管理工程学报，2008（2）：24-30．

［281］郑志刚.金融发展的决定因素——一个文献综述［J］.管理世界，2007（3）：138-151.

［282］郑忠良，包兴.供应链金融应收账款融资的检查率和惩戒机制研究［J］.经济评论，2014（6）：149-158.

［283］中国信息通信研究院.中国数字经济发展报告2022年［R］.北京：中国信息通信研究院，2022.

［284］中国信息通信研究院.中国数字经济发展与就业白皮书（2020年）［EB/OL］.（2020-07-20）［2022-12-14］.

［285］钟腾，汪昌云.金融发展与企业创新产出——基于不同融资模式对比研究［J］.金融研究，2017（12）：127-142.

［286］周茂森，张庆宇.竞争环境下考虑供应链透明度的大数据投资决策［J］.系统工程理论与实践，2018，38（12）：2993-3009.

［287］朱兴雄.大数据分析能力如何影响供应链绩效——基于供应链弹性视域的分析［J］.中国流通经济，2021，35（6）：84-93.

［288］朱兴雄，何清素，郭善琪.区块链技术在供应链金融中的应用［J］.中国流通经济，2018，32（3）：111-119.